普通高等教育酒店管理专业系列教材

民宿运营与管理

李雨轩　杨晓星　编著

机械工业出版社

本书从民宿的基本定义入手，有针对性地介绍了国内外民宿业的发展历程及各个代表国家的民宿发展特点。对民宿的起源与发展、我国民宿业发展概况、民宿筹建、民宿设计、民宿岗位设置与人员管理、民宿服务管理、民宿营销管理、民宿后勤管理、民宿的发展趋势做了详细的介绍。通过对本书的学习，酒店管理专业学生将拓宽视野，民宿从业人员将提升管理水平。

本书理论与实践高度结合，并严格贯彻以培养技能为目标的应用型人才教育理念。结构体例上强调民宿运营的可操作性，全书穿插多个案例，通过丰富的图片展示，让读者能够切实体会民宿运营，并从中学习民宿经营者的经营理念与营销哲学。

本书可作为本科及高职高专院校酒店管理专业、旅游管理专业的教学用书，并能给相关从业人员提供一定的指导和帮助。

图书在版编目（CIP）数据

民宿运营与管理/李雨轩，杨晓星编著. —北京：机械工业出版社，2022.9（2024.1重印）

普通高等教育酒店管理专业系列教材

ISBN 978-7-111-71646-4

Ⅰ.①民… Ⅱ.①李… ②杨… Ⅲ.①旅馆-经营管理-高等学校-教材 Ⅳ.①F719.2

中国版本图书馆CIP数据核字（2022）第173086号

机械工业出版社（北京市百万庄大街22号　邮政编码100037）
策划编辑：常爱艳　　　　责任编辑：常爱艳　刘　畅
责任校对：贾海霞　李　婷　封面设计：鞠　杨
责任印制：常天培
北京机工印刷厂有限公司印刷
2024年1月第1版第2次印刷
184mm×260mm·18.75印张·403千字
标准书号：ISBN 978-7-111-71646-4
定价：53.80元

电话服务　　　　　　　　网络服务
客服电话：010-88361066　　机　工　官　网：www.cmpbook.com
　　　　　010-88379833　　机　工　官　博：weibo.com/cmp1952
　　　　　010-68326294　　金　书　网：www.golden-book.com
封底无防伪标均为盗版　　机工教育服务网：www.cmpedu.com

PREFACE 前 言

随着经济的高速发展，旅游者的闲暇时间和可支配收入都得到了大幅增加，我国旅游业进入休闲度假游的蓬勃发展阶段。旅游者对住宿业的要求，不再是满足住宿和饮食的基本需求，而是提供一种更加成熟的、全方位的差异化生活体验。这种体验不仅包括住宿、饮食等物质层面，还包括交流与体验等精神层面，住宿业产品不再是满足旅游者外出的基本住宿需求的产品，而是满足旅游者外出的综合需求的产品。

民宿的诞生满足了旅游者对物质与精神的多重需求。各地民宿因经济发展水平、环境与文化的差异而有所不同：英国政府规定业主必须维持农业历史遗产政策，同时鼓励利用民间空闲房间为客人提供床铺和早餐，因此英国诞生了"B&B"（Bed&Breakfast）；20世纪80年代的日本因旅游观光区附近住宿设施不足，旅游者进而选择投宿民宅，于是诞生了和式民宿"Minshuku"；法国在民宿业发展的最初便制定了相关的法律和规定，设立专门机构引导民宿业的发展，成为其他国家民宿业发展的借鉴对象。

我国民宿业也进入了规范化发展阶段。2019年7月19日，我国文化和旅游部正式发布旅游行业标准《旅游民宿基本要求与评价》（LB/T 065—2019）。2021年2月文化和旅游部又发布了旅游行业标准《旅游民宿基本要求与评价》第1号修改单的公告；同年5月全国旅游标准化技术委员会发布关于推荐全国旅游民宿等级评定和复核专家的通知；同年7月全国旅游标准化技术委员会发布关于推荐申报首批甲级、乙级旅游民宿的公函；2022年3月全国甲级、乙级旅游民宿申报工作正式启动。

民宿的兴起是自助游与休闲度假旅游发展的必然结果，本质上是一种个性化和深度游的体验过程。民宿经营者的关注点应在民宿设计的个性化、独特文化的可体验性、优质的服务等方面。民宿的发展还需要依托旅游景区或旅游目的地，依靠食、住、行、游、购、娱等多项休闲产业，借用附近自然环境及人文资源，与周边社区互动。旅游业的发展日新月异，民宿行业未来可期。

本书由云南省丽江文化旅游学院组织编写，其中第一、五、七、八、九章由李雨轩编写，第二、三、四、六章由杨晓星编写，全书由李雨轩统稿。

为方便教师授课，我们为选择本书作为授课教材的老师免费提供教学课件（PPT）、教学大纲和课后习题答案。读者可登录机械工业出版社教育服务网（www.cmpedu.com）索取。

本书在编写过程中，参阅了大量相关资料，在此一并向有关作者和机构表示感谢！由于学识水平有限，书中存在问题在所难免，敬请读者批评指正。

编 者
2022年8月

目 录

前 言

第一章 民宿的起源与发展 ... 1

【本章导读】 ... 1
第一节 民宿的定义与特点 ... 1
第二节 民宿的起源与发展 ... 4
第三节 民宿的主要类型 ... 12
第四节 民宿与传统酒店的区别 ... 15
【复习思考题】 ... 24

第二章 我国民宿业发展概况 ... 25

【本章导读】 ... 25
第一节 我国民宿业发展的历程 ... 25
第二节 我国民宿业研究现状 ... 28
第三节 华东、华南地区民宿概况 ... 33
第四节 西南及川藏地区民宿概况 ... 46
【复习思考题】 ... 57

第三章 民宿筹建 ... 58

【本章导读】 ... 58
第一节 民宿主题确定 ... 58
第二节 民宿命名 ... 60
第三节 民宿选址 ... 67
第四节 民宿筹建的其他事项 ... 77
【复习思考题】 ... 97

第四章 民宿设计 ... 98

【本章导读】 ... 98

第一节	民宿设计原则与内容	98
第二节	民宿设计类型及风格	104
第三节	民宿主要功能空间的设计	108
第四节	民宿设计步骤	114
第五节	民宿设计的主要趋势	118
第六节	民宿空间设计要素	121

【复习思考题】 133

第五章　民宿岗位设置与人员管理 134

【本章导读】 134

第一节	民宿人员基本素质	134
第二节	民宿岗位设置与职责	136
第三节	民宿员工招募	140
第四节	民宿员工培训	146
第五节	民宿员工团队建设	149

【复习思考题】 151

第六章　民宿服务管理 152

【本章导读】 152

第一节	民宿前台服务管理	152
第二节	民宿客房服务管理	156
第三节	民宿餐饮服务管理	163
第四节	民宿茶艺服务管理	167
第五节	民宿咖啡服务管理	175
第六节	民宿鸡尾酒服务管理	186
第七节	民宿烘焙服务管理	196

【复习思考题】 211

第七章　民宿营销管理 212

【本章导读】 212

第一节	民宿服务设计营销	212
第二节	民宿 PMS 系统应用	218
第三节	民宿 OTA 运营策略	229
第四节	民宿 IP 建设与传播	235

第五节　民宿品牌化营销 ………………………………………………………… 238

【复习思考题】 …………………………………………………………………… 255

第八章　民宿后勤管理 ……………………………………………………………… 256

【本章导读】 ……………………………………………………………………… 256

第一节　民宿安全管理 …………………………………………………………… 256

第二节　民宿财务管理 …………………………………………………………… 260

第三节　民宿物资管理 …………………………………………………………… 262

第四节　民宿成本控制 …………………………………………………………… 266

【复习思考题】 …………………………………………………………………… 270

第九章　民宿的发展趋势 …………………………………………………………… 271

【本章导读】 ……………………………………………………………………… 271

第一节　民宿的成长之道 ………………………………………………………… 271

第二节　民宿的未来趋势 ………………………………………………………… 275

【复习思考题】 …………………………………………………………………… 283

附录 …………………………………………………………………………………… 284

附录 A　2021 年民宿行业全国数据 …………………………………………… 284

附录 B　房屋短租合同样本 ……………………………………………………… 290

参考文献 ……………………………………………………………………………… 292

第一章　民宿的起源与发展

【本章导读】

　　民宿业为什么"崛起"？从古至今，住宿业的发展无不和当时的时代背景和社会生产力水平息息相关。三千年前的驿站是中国古代供传递官府文书和军事情报的人或来往官员途中食宿、换马的场所；近现代中西合璧建筑风格的大饭店依然可见；第二次世界大战之后，经济的复苏和人们对乡村休闲生活的向往催生了民宿业。本章通过梳理住宿业的发展历程，对比民宿与传统酒店的差异，展示了国际上最初发展民宿业的国家和区域的概况，帮助读者厘清民宿业"崛起"的深层机理。

第一节　民宿的定义与特点

　　民宿业的诞生有它的历史必然性。民宿的称谓也是近些年随着我国住宿业新业态的成长与变化产生出来的。在我国漫长的历史长河中，住宿业的名称可以说是在每一个历史阶段都有其独特的称谓，如"客舍""逆旅"等，追溯这些称谓的源头，住宿业的称谓和当时的政治、经济形态的发展密不可分。

一、民宿的定义

　　民宿一词来源的普遍说法是源自日本的"民宿"（Minshuku），是指利用当地闲置资源，民宿主人参与接待，为游客提供体验当地自然、文化与生产生活方式的小型住宿设施。此定义完全诠释了民宿有别于旅馆或饭店的特质，民宿不同于传统的饭店旅馆，也许没有高级奢华的设施，但它能让人体验当地风情、感受民宿主人的热情与服务、并体验当地生活。

　　我国文化和旅游部于 2019 年 7 月 19 日正式发布旅游行业标准《旅游民宿基本要求与评价》（LB/T 065—2019）。该标准对民宿做了如下定义和解释。

　　旅游民宿（Homestay Inn）是指利用当地民居等相关闲置资源，经营用客房不超过四层、建筑面积不超过 800m²，主人参与接待，为游客提供体验当地自然、文化与生产生活方式的小型住宿设施。

该标准适用于正式营业的小型旅游住宿设施，包括但不限于客栈、庄园、宅院、驿站、山庄等。

2001 年 12 月 12 日，台湾省颁定的《民宿管理办法》就民宿的定义、规模、建筑物设施消防安全设备、申请登记管理监督等相关事宜做出详细的规定，设定民宿为农林渔牧业的附属产业，正式推进了台湾省民宿产业合规化、健全的管理体制，有利于提高民宿的质量与管理，推进农业休闲、观光产业的发展。

台湾省的发展观光条例（2001）对民宿的定义为：民宿（Bed & Breakfast；B&B）是利用自用住宅房间，结合当地人文、自然景观、生态、环境资源及农林渔牧生产活动，以家庭副业方式经营，提供旅客乡野生活之住宿处所。民宿之经营规模，以客房数五间以下、且客房总楼地板面积 150m² 以下为原则。但位于原住民保留地、经农业主管机构核发经营许可登记证之休闲农场，经农业主管机构划定之休闲农业区、观光地区、偏远地区及离岛地区之特色民宿，得以客房数 15 间以下，且客房总楼地板面积 200m² 以下之规模经营之。

因此，本书认为，民宿是指利用自用住宅空闲房间，结合当地人文、自然景观、生态、环境资源及农林渔牧生产活动，为外出郊游或远行的旅客提供个性化住宿场所。除了一般常见的酒店以及旅馆之外，其他可以提供旅客住宿的地方，例如，民宅、休闲中心、农庄、农舍、牧场等，都可以归纳成民宿类。

民宿在世界各地的产生是必然的。世界各地都可以看到提供类似性质服务的场所。民宿这个称谓，在世界各国会因环境与文化生活不同而略有差异。根据以上定义的相关界定和解释，本书探讨的民宿范围包含一般的客栈和带有民宿性质的小型精品酒店等住宿设施。

二、民宿的特点

民宿作为当下流行的旅居形式，已经呈现出多种多样的个性和特点。我国民宿诞生于现代共享经济的时代潮流中，相比于历史上任意时期的住宿形式都有所不同。无论是经营模式，还是入住体验，民宿都展示出了它前所未有的特色。

1. 共享住宿

共享住宿是共享经济发展以来新出现的交易模式。民宿传递了"共享的精神"，通过共享将其住宿功能和其他资源充分利用起来，不仅盘活了社会资源，更拉近了人与人之间的关系，社会因为共享住宿的理念而变得更加开放和包容。

2. 主人参与接待

民宿经营是依托在民宿主人的生活场景中的。客人通过入住民宿，体验民宿主人的日常生活。民宿主人可以是当地房屋所有者，即民宿物业主人参与经营；也可以是外来的投资者或房屋租赁者参与经营。民宿主人在经营过程中除了参与接待，还可以融入个人的经营理念、设计风格、文化解读等。

3. 当地文化指标

体验民宿当地的生活，包括住宿建筑体验、地方文化参与、感受自然环境等方面已经成为一种文化现象。很多旅行爱好者，文艺工作者都会聚集在各种民宿中，交流各种心得、增长见识。民宿经营者也通过体验多元化、关注人文融入当地文化，围绕所在地的特有文化指标定制特色活动。

4. 多项休闲产业结合

民宿的兴起根本上是自助游与休闲度假旅游发展的必然结果，本质上是一种个性化和深度游的体验方式。个性化的民宿设计、可体验的独特文化、优质的服务应是核心关注点。民宿的吸引力还必须依赖民宿依托旅游景区或旅游目的地而发展，依靠食、住、行、游、购、娱等多项休闲产业结合与发展。

5. 行销群体的特殊性

人们在选择民宿时，会较多地关注价格、居住体验感和房屋性能等。而价格低廉、产品性能好、房源数量多正是民宿的优势。

中国民宿在线预订用户有50.7%在26～35岁，38%在18～25岁，主要集中在年轻的一代。根据数据显示，在使用在线平台预订民宿的用户中，高达48%的人为月收入低于2500元的"90后"，同时，42%的用户月收入在9000～16000元，剩余10%为中间收入群体。

民宿的使用者主要集中在高收入和低收入水平的人群，市场消费群体呈现哑铃状分布。

【拓展阅读】

住宿业名称的演变

1. 逆旅

"逆旅"是我国古代对旅馆的别称。在《左传·僖公二年》中记载："今虢为不道，保于逆旅。"杜预注："逆旅，客舍也。"逆旅发展到战国后期，已经为数甚多。商民数众，影响到了农业生产的正常进行。商鞅的《废逆旅令》认为取消旅店便可以奸人不生，老百姓一心务农，天下太平。这当然是逆时代潮流的行为，行不通的。但也说明了当时住宿业的发达。

2. 客舍

"客舍"一词大约出现在商代。《史记·商鞅列传》记载：公子虔之徒告商君欲反，发吏捕商君。商君亡至关下，欲舍客舍。客人不知其是商君也，曰："商君之法，舍人无验者坐之。"商君喟然叹曰："嗟乎，为法之敝一至此哉！"由此可见"客舍"已经作为当时的旅馆称谓在使用了。

3. 驿站

驿站制度始于商朝时期，止于清朝光绪年间，世代沿袭。驿站是中国古代供传递官府文书和军事情报的人或来往官员途中食宿、换马的场所。中国是世界上最早建立机构传递信息的国家之一。因而，驿站堪称中国历史上最古老的酒店设施。

4. 客栈

客栈最初也是我国古代酒店的称号。"客栈"一词见于晚清文学家吴趼人创作的《二十年目睹之怪现状》第二十一回："一班挑夫、车夫，以及客栈里的接客伙友，都一哄上船，招揽生意。"古代"客栈"一般是指设备较简陋、为出外远行的人们提供住宿的酒家，有的兼供货商堆货并代办转运等事项。现代客栈一般是在旅游目的地，依托原有住宿形态而发展起来的，具有当地建筑风格、生活气息的接待设施。客栈的经营者多为外来投资者。具有古代气氛的旅游城市，如云南丽江、大理等地住宿的地方就称之为客栈。

5. 青年旅舍

青年旅舍简称青旅。1912年，世界上第一个青年旅舍在德国的古堡Altena中诞生，并奠定了青年旅舍的基本结构，即以"安全、经济、卫生、隐私、环保"为特点。青旅创建最初的主张是青年应该走出校门，亲近自然。现在世界青年旅舍已经遍布各个国际旅游区的中心地带，青旅的客人除了传统的学生和青少年外，还有很多是30岁左右的年轻人和"背包客"一族。

6. 酒店

酒店一词来源于法语，当时的意思是贵族在乡间招待贵宾的别墅，"酒店"一词在我国港澳台地区及东南亚地区较早被使用，中国大陆是在20世纪90年代大量的外资酒店集团进驻后才开始广泛使用"酒店"一词的。

特色酒店是在普通酒店结构的基础之上加上综合的设计元素后，彰显着不同文化或气质底蕴的酒店。特色酒店多以独特的主题文化打造身临其境的酒店空间环境；或者以特殊的地理环境结合创造性的设计理念打造的另类住宿设施。今天特色酒店的风格众多，在酒店市场的竞争中以各自的特色彰显着竞争力。

（资料来源：作者根据王仁兴《中国旅馆史话》整理。）

第二节 民宿的起源与发展

民宿在世界各地的兴起，因各地的经济发展水平，环境与文化差异而有所不同，但总体上摆脱不了旅行者不断追求旅宿空间新鲜变化的规律。在英国，政府规定业主必须维持农业历史遗产政策，同时鼓励利用民间空闲房间为客人提供床铺和早餐，因此英国的民宿也称为"B&B"（Bed&Breakfast）；在日本的一些旅游观光区附近因住宿设施不足，游客进而选择投宿民宅，因此诞生了日本和式民宿"Minshuku"；美国则是以居家式民宿和青年旅社

（Homestay 或 Hostal）为主，不刻意的家具布置和主人热情的服务深受广大旅游者们的喜爱；法国在民宿发展的最初便制定了相关的法律和规定，引导民宿业的发展方向，成为其他国家民宿发展领域借鉴的对象。

一、英国民宿

（一）基本概况

英国是欧洲最早发展工业的国家，因为工业化的结果间接影响到农村经济的发展和生态环境，故而英国的农业与观光业很早便结合在一起，也是欧洲民宿发展最完备的国家之一。

20 世纪 60 年代初期，英国的西南部与中部人口较稀疏的农家，为了增加收入开始出现民宿。当时的民宿数量并不多，是采用 B&B 的经营方式，B&B 是英国一种传统的旅馆经营方式，是英语 Bed and Breakfast 的缩写，也就是提供床铺和早餐的家庭旅馆服务方式，它的性质是属于家庭式的招待，这就是英国最早的民宿。

英国政府于 1968 年时颁布了 Countryside Act，特别强调地主有义务维持英国农业历史的遗产——密集的田埂及骑马道的现状，并规定不得加以破坏，因此现今英国的农村保留了许多观光游憩的步道系统。

到了 20 世纪 70 年代后期，民宿经营的范围扩大至露营地、度假平房，并运用集体营销的方式，联合当地的农家组成自治会，共同推动民宿的发展。

在 1983 年民间成立了"农场假日协会"（Farm Holiday Bureau），并获得农业主管团体与政府观光局的支持。农场假日协会根据规章条文将民宿应具备的水平加以分级，其会员必须是农渔粮食部登记在案的农场经营者，或经营农家住宿设施、在农场假日协会登记且具有一定服务质量水平者。

（二）发展特色

1. 等级制度

英国将农家民宿设施比照旅馆分级认证方式，由观光局制定审查标准，共分为四级，依序为登录（Listed）、1 冠（1-Crown）、2 冠（2-Crown）及 3 冠（3-Crown），每年并由观光局以不预先告知方式进行查核。

这种分级制度一开始实行时是从硬件方面来做评分认定，近几年来则着重在软件方面，包括对地毯质地、窗帘及房间色调、起居室空间、服务等方面进行评分来界定等级，并且对业主从事民宿经营进行辅导，可见英国政府对观光发展与民宿推行的重视程度。其目的就是要保障消费者的权益，并提升民宿的水平。

2. 规范民宿经营

英国主管部门制定包括消防设施、室内改装之许可、食品卫生查核、税额标准等法规规范民宿经营。民宿经营业者所设定之容客量超过 6 人以上者，在卫生条件上将有较为严格的限制，课税也较重，因此大多数的经营者都将容客量定于 6 人以下。

3. 提供咨询及培训

政府为促进农家适应国家农业发展的变化，主动提供农家民宿经营咨询及训练课程，其内容包括农场住宿设施、农场环境之保全维护、农场附设运动及游憩设施等方面，并设立专务团体，其成员包括农政、观光、农业推广组织、大学、义工团体及民间业者组织。

尽管和旅馆饭店相比，B&B 提供的服务和设施有限，但是它低廉的价格对于普通老百姓来说还是很有吸引力的。夏季的旅游者中，多数人会选择 B&B 这种住宿方式。英国的 B&B 不同于嘈杂的青年旅馆与拥挤的一般旅社，热心的民宿主人通常会带游客去享受采摘农产品、喂食牛羊的乐趣，探索乡村的奥秘。

（三）经典民宿

庄园是英国历史上贵族生活的居所和社交的舞台，它不仅代表着财富，更代表着权力。一座座散落在英国乡间田野的由名师设计和建造、珍藏着世界各地宝藏的庄园，堪比珍贵的文物馆。坐落在英国乡野之间的宅邸与庄园，以其丰富的建筑装饰风格、深厚的文化底蕴和浓重的历史色彩，成为英国一道独特的风景线。它们大多富丽堂皇、华贵典雅，拥有丰富的绘画、家具、雕塑、挂毯、书籍、金属制品、陶器、纺织品等。庄园大多都有庭院、花园、露台、湖泊和喷泉，房舍附近的花园里还有灿烂的英国玫瑰，庄园主坐在养着盆栽秋海棠的小客厅里喝茶、看书，等待着访客的按铃声。

班奇鲁别墅原是一座 17 世纪的苏格兰宅邸，现为一家豪华的四星级乡村民宿。该民宿以英国唯美的庄园风格为蓝本，将英式庄园文化融入其中。该民宿的每一处细节都深深印刻着不列颠王国的气质，勾勒出一幅优美的别墅风情画，畅游其中你会感受到它丰富的历史特色和英伦魅力。英国的科茨沃尔德（Cotswold）地区被誉为英国最美乡村，布雷特弗顿周围有许多著名美丽乡村小镇，每栋房子都特点鲜明，特别是当地圆润、流线型的茅草屋，让这里古朴如童话，是英国乡村民宿的经典代表。

二、法国民宿

（一）基本概况

20 世纪 60 年代，随着法国经济的逐渐复苏，法国城市人们出城度假的需求也越来越旺盛，法国乡村农场主顺应这个潮流，将战争中废弃的房屋和谷仓进行改建，形成了早期的法国民宿。同时，法国政府为了保存历史文物古迹和农家生活文化，鼓励当地民俗保持古老农庄的原型，旅游者可以享受到真正古老的法式田园乡村的氛围。法国民宿也是沿袭 B&B 家庭形态的经营方式，在经过了近 10 年的发展，特别是国际旅游热的兴起，法国民宿逐渐从乡村发展到了城市，越来越多的法国人投入到了这个行业当中。

为了保证民宿的质量，2000年后，法国政府重新修订了民宿法，限定民宿房间不得超过五间，超过五间的则称之为旅馆。在法国，民宿分为按天计价和按周计价两种，经营方式以家族经营为主。法国政府对民宿的占地面积、设备配备、清洁卫生情况、环境等都有严格要求，每五年进行一次评鉴，保证民宿业良性发展，并要求为旅客们办理保险，确保旅客的人身和财务安全。

（二）发展特色

1. 发展时期早

1951年，法国第一个农村民宿开张，比中国台湾省民宿早了30年。目前法国民宿联合会已成为世界最大的民宿组织，从事五万六千家民宿从业者的辅导与咨询各项管理事项，并向两百万绿色旅游爱好者推销这些民宿。

2. 民宿种类多样

法国民宿的类型可谓多种多样。从简单的小农庄到毗邻城市的复古阁楼再到文艺复兴时期的文艺城堡，应有尽有。通过一栋栋风格迥异的民宿，可以充分领略法国当地的历史风貌与现代产业文化相结合的魅力。

3. 等级制度规范

法国民宿以法国乡村常见的麦穗枝数来显示等级，从一枝到级别最高的五枝，数目越多表示该民宿的住宿条件及环境越好，舒适度也越高，在规模、面积、设备、清洁卫生、环境等方面都有严格的标准规范。

政府要求民宿经营者加入公认的民宿联盟，民宿联盟会提供给经营者多样的资金补助。其中法国度假宿所联盟（Gites De France）是法国最大的非营利性民宿组织，同时该组织也是世界最大的民宿组织，雇用六百名职员，协助五万六千家民宿业者辅导与咨询各项管理事项，负责监督、严格检查旅舍质量，并向两百万绿色旅游爱好者推销这些民宿。法国民宿从简单的小农庄到设在文艺复兴城堡的可爱客房，应有尽有。政府规定民宿房间数最高是六间，申请设立必须符合消防、建筑及食品卫生等安全规范，同时必须为旅客办理保险。

（三）经典民宿

城堡民宿是法国丰富多彩的民宿中的艺苑奇葩。中世纪的欧洲，逐渐实现从游牧经济向农耕经济的转变，城堡作为保护人们生命和财产安全的坚实壁垒而日渐繁荣，法国城堡也逐渐发展兴盛，到文艺复兴时期，城堡更是以美妙无比的想象力把中世纪的传统风格与意大利式的古典结构融为一体，给人以极佳的视觉享受。许多城堡地处森林，盛产各种食材、葡萄酒，有各种野生动物，成为今天法国民宿业发展的重要因素。位于法国巴黎西南的丽芙城堡，卢瓦尔河谷的古堡群以及位于蔚蓝海岸地区的埃兹（EZE）艺术小镇，都是法国城堡风貌保存较好的区域。入住法国城堡民宿就是一场法国历史与艺术的"博物馆奇妙夜"之旅，这对世界民宿爱好者来说是难能可贵的文化深度体验。

三、美国民宿概况

（一）基本概况

美国的民宿业是在 20 世纪 80 年代开始发展的，以加州的乡村农舍改成的民宿最有名。美国的民宿业发展得十分迅速且完整，民宿通常在乡村、农庄较为常见，这些民宿的房间数量平均都在四间以下，其内部装潢比较精致，通常是由屋主自己经营。

在美国，多数大学周边都提供留学生寄宿服务（Home Stay），以此方法来帮助留美学生了解美国文化。

2009 年前后，越来越多新奇有趣、具有当地特色的民宿加入到了美国民宿业中。在全美，有数百家民宿租赁公司为游客们提供在线民宿租赁服务。

美国品保协会负责民宿业的总监督，在美国各地设有 R.S.O.（Reservation Service Organization），提供地区民宿的相关资讯。

（二）发展特色

1. 发展较晚

美国民宿业发展约晚于欧洲 30 多年，欧洲的主要国家早在 20 世纪五六十年代纷纷开始了民宿业的发展。美国的民宿业虽然起步较晚，但因为陆路交通的发达、汽车旅馆的便利性和网络资讯的发达，在 20 世纪 80 年代得到迅速的发展。

2. 增长迅速

目前，美国的特色民宿产业仍保持每年约 6%的增长。从风格简约的圆顶帐篷到奢华的岛屋，从童话里的树屋到无拘无束的船屋，特色民宿正带给人们度假旅行的新体验。

3. 投资热潮

美国特色民宿产业的快速兴起，不仅催生了民宿租赁公司，也带动了人们对土地投资的热情。尤其在景区周边，很多人选择购买地皮，然后仅投资数万美元或者数千美元，建造摩押帐篷、圆顶帐篷、印第安式帐篷或树屋或豪华帐篷等投资少但是收益快的特色民宿，短短两三年就可以收回成本。因为这种民宿离景区更近、更舒适、更接地气也更经济，人们也更倾向于选择这样的民宿。

（三）经典民宿

美国民宿的类型也多种多样，其中不乏经典的好莱坞电影场景民宿，也不乏淘金时代荒凉意境民宿。廊桥家庭民宿就坐落在加利福尼亚州的山城小镇内华达城（著名好莱坞电影

《廊桥遗梦》的取景地），这里曾因金矿闻名而被誉为"黄金城（Gold City）"。不论是滑雪、山地自行车、皮划艇或者徒步，人口只有 3000 人的小城极其适合喜欢户外活动的旅游者。民宿"爱巢"（LOVE NEST）坐落于加利福尼亚州的约书亚树国家公园（Joshua Tree National Park）附近的一个私人谷仓。约书亚树国家公园以约书亚树（Joshua Tree）闻名，植被以墨西哥刺木、多刺仙人掌和沙漠灌木为主，除了拥有广袤的沙漠地貌，还有高山、石林、干河床和峡谷，同时这里也是嬉皮士和牛仔情结爱好者的向往之地。

四、日本民宿

（一）基本概况

1960 年开始，日本进入旅游业高速发展期，夏季旅游胜地与冬季滑雪活动人潮汹涌，旅馆住宿空间明显不足。民宿就在此时迅速发展起来。各种家庭式旅馆、公寓还有村落一时成为最受欢迎的住宿形式。

据昭文社 1997 年 4 月出版的《全国民宿》记载，1970 年前后，日本民宿曾达到两万余家。这种家庭式旅馆一度成为最受欢迎的形式。无论是在热闹繁华的现代都市，如东京、大阪，还是在文化蕴涵深厚的古都，如京都、奈良，这种民宿随处可见。至于那些风景名胜之地，本来就是民宿发源地，其民宿的数量自然远远超过后起的都市。

日本民宿主要分为洋式民宿（Pension）和农家民宿（Stay Home on Farm）两类，而洋式民宿和农家民宿最大的不同在于经营者身份及价位不同。洋式民宿均为民间具有一技之长的白领阶层转业投资，并采取全年性专业经营。洋式民宿结合了西方文化，比较随意，最大的卖点就是"一泊两食"，即一宿两餐。农家民宿则有公营、农民经营、农协（农会）经营、准公营及第三部门（公、民营单位合资）经营等五种形式，有正业专业经营，也有副业兼业经营，主要卖点都是提供地方特色及体验项目。

（二）发展特色

1. 许可制

日本在民宿立法上学习欧洲的模式，采用许可制，日本与欧美发达国家一样重视法治、安全风险及环境维护，因此即使偏远地区的简易民宿都执行许可制，营业须先取得执照，禁止非法经营，由各种立法条款来规范。

2. 体验型

农业体验是日本农家民宿的主要卖点和特色。日本进入发达国家后，劳动时间缩短化，使得都市民众的自然生活取向及农业体验取向日渐增强，另外农家收入也需要农业旅游提供新的来源，因此日本未来农业旅游及农家民宿将扮演可期许的新城乡交流模式。

日本民宿发展鼎盛期，民宿曾多达两万多家，20 世纪 90 年代因日本经济泡沫的破灭，经济持续衰退，导致民宿业也一度没落，从巅峰期进入寒冬期。进入 21 世纪，随着经济的回温和 2003 年日本政府"观光立国"政策的提出，民宿业枯木逢春，再度呈复苏趋势，经过半个多世纪的发展，目前日本民宿已趋向"专业化"经营。

（三）经典民宿

日本的经典民宿当属温泉民宿。其中"最古老旅馆"的世界纪录保持者——庆云馆就是其中之一，如图 1-1 所示。庆云馆坐落在日本南阿尔卑斯山脉的深处、富士河源头流域。它的客房门外不远处，就是将日本列岛一分为二的大裂谷西缘，风景堪称独特。附近的人们总会带上做好的食物聚到庆云馆，一边分享彼此的美食，一边泡汤疗养。一直以来，庆云馆都十分低调，20 世纪末，庆云馆开始发力，逐渐打开国际知名度，并于 2011 年成功申请了吉尼斯世界纪录。这一切，都归功于第五十二代经营者深泽雄二。深泽雄二顶着压力，前后投资近一亿日元，最终在地下 888m 处成功挖出泉水。如今，这处新泉水温高达 52℃，每分钟喷水量高达 1630L，其余 5 个自然涌出的源泉喷水量合计才每分钟 400L。凭借它，庆云馆拿到了第二个吉尼斯世界纪录——温泉喷水量世界第一。

图 1-1　日本庆云馆

照片来源：京华世家财富公众号

【拓展阅读】

韩国民宿与泰国民宿

1. 韩国民宿

韩国的文化受中国影响十分明显，早在唐朝时期，朝鲜半岛的新罗国就专门派人到中国学习中国的文化以及治国的策略，随后结合本土的特点发展成为自己的文化。韩国传统文化非常具有自己的特色，主要包括建筑、饮食、音乐、舞蹈、绘画、书法、版画、工艺、装饰等方面。在漫漫历史长河中，传统文化深深扎根于韩国人的生活里。

韩屋是韩国人的传统居所，是古代韩国人智慧的结晶。一大家子人同住的传统韩屋，也有气势恢宏的大宅。在这些韩屋中遇见最真实的人,体验最当地的生活方式。

乐古斋顾名思义,即"以古为乐"的地方。首尔的乐古斋建筑至今已有130年的历史了。曾是两班(朝鲜时代的贵族阶级)之家,百年过往,一草一木依然保留着旧时的痕迹。跨过优雅的大门,你可以看到整洁舒适的韩屋。竹子和松树散布在院子里增添了许多来自大自然的气息。传统的胶鞋放置在石阶上,将思绪带回到曾经的年代里,耐人寻味。落雪的日子,院落里白茫茫一片。松枝、竹叶上白雪覆盖,小屋中灯火亮起,恍如穿越回李朝时代,如图1-2所示。

图1-2 冬季的乐古斋民宿

照片来源:三晋古韵文旅圈公众号

乐古斋是体验古代上流贵族文化最好的地方。燃起炉火,喝茶品茗,体验下黄土桑拿,冬日也跟着温暖起来。作为一个感受韩国传统文化的地方,乐古斋还为你提供了体验传统技艺的机会,比如品尝韩国传统美食、品味茶道、黄土桑拿、试穿韩服,或亲手制作泡菜。

许多明星剧组也是乐古斋的座上客,比如电视剧《我的名字叫金三顺》中,丹尼尔·海尼所饰角色就居住在乐古斋。

2. 泰国民宿

泰国的民宿也极具民族特色。泰国的部分民族属于古代百越民族的范畴,因而承袭了百越的传统民族文化,表现在房屋建筑中即广泛地采用干栏式建筑。又因泰国地处热带和亚热带地区,天气湿热,没有四季寒暑的变化,只分为旱季和雨季。每当雨季来临之时,常是连日暴雨。而居住在高脚屋中的民众,因其楼板高出地面数尺,通常可借此躲避水患。到了旱季,楼上住人,凉爽宜人。

泰国的建筑还注重与自然和谐共处,有绿化点缀在环境建设中。环境建设都以精巧的园林艺术来体现热带雨林的园林式、花园式的建筑特色。环境园艺绿化是泰国小环境建设的重要特色,是体现以人为本、与大自然和谐共处的重要特征。其中拜县是泰国民宿与大自然和谐共处的经典代表。

拜县是泰国北部夜丰颂府的一个县,与缅甸接壤,大概在清迈通往夜丰颂的北部公路80km处,位于拜河(Pai River)沿岸。

拜县又被誉为"泰国的瑞士",从清迈坐上小型巴士(Minibus)需要弯过726个发夹弯才能到达,翻山越岭后就是充满田园风情的拜县。这里的正确打开方式是白天看书、喝茶、游泳,落日后才穿着夹脚拖慢悠悠地晃进市区吃东西。要做民宿和度假村,到拜县考察真是最好不过了,那里民宿密集、多样、优质。具体如图1-3所示。

图1-3 独具特色的泰国民宿
照片来源：泰游趣官网

（资料来源：作者根据相关资料整理。）

第三节 民宿的主要类型

民宿从最初的民宅发展到今天,已经产生了多种类型。从最初的淳朴民居到精品民宿,再到如今已经演变成利用不同地理环境、旅游资源和设计理念所经营的特色民宿,每一种类型的民宿都有着自己独特的风格。在今天,民宿解决的不仅是住宿的基本需求,它还承载着审美和艺术等一系列的文化熏陶与启示功能。

按照不同的标准,民宿可以划分为以下四种类型。

一、按照地理位置划分

按照地理位置划分,民宿可分为城市民宿和乡村民宿两大类。

1. 城市民宿

城市民宿多以公寓大楼式的形式呈现,以现代风格的建筑为特色,住宿需求呈现多样化。在旅游业态中,相较于酒店"流水线"般的标准化布局,装修风格多样化的城市民宿越来越多地成为人们出游的优先选择项,因为可以体验到房东对温馨的"家"的不同布置风格。目前城市民宿已经成为民宿市场的主力品类,城市民宿的间夜量⊖在民宿市场的占比

⊖ 间夜量：酒店在某个时间段内,房间出租率的计算单位。

约为54%，预计到2024年，这一数据可能接近70%。推测城市民宿在未来5年将迎来爆发式增长，为整个民宿行业撑起一片大地。我国华南地区一直是民宿活跃度非常高的市场，居民生活水平高，人们短途出游需求旺盛。从数据看，广州、厦门、深圳等城市的民宿预订量在全国经常盘踞前十位。未来城市民宿会成为行业发展的最大机会点。

2. 乡村民宿

乡村民宿以乡村文化为内涵，多依托景区或者地域特色资源而发展，乡土气息浓厚。乡村民宿是能够促进乡村旅游转型升级、丰富旅游产品供给的重要领域，也是贫困地区脱贫致富的一条有效途径。当前，我国乡村旅游正处在蓬勃发展之际。2019年，全国乡村旅游人次达到了30亿，占国内旅游人次的一半，越来越多的城市人口会选择到乡村体验生活和放松自我。怀揣着"乡村梦"走进乡村旅游发展民宿项目的投资者也越来越多，关注地域特色、看重当地体验的乡村民宿可以承担起为未来旅游"圆梦"的责任，让乡村"悦目"亦"赏心"，乡村民宿将得到越来越大的发展空间。

二、按照建筑风格划分

按照建筑风格划分，民宿可分为古风民宿和现代民宿两大类。

1. 古风民宿

古风民宿是指未使用大量现代化生产的建筑材料，而是采用传统工艺建造的仿古建筑，或经过改造的有50年以上历史的民居。古风民宿的建筑风格与周边大自然环境融为一体，身居其中可以切身感受古风生活氛围。我国的古风民宿多存在于江南古建筑群、徽派建筑群、古都西安以及大理、丽江等古建筑保留完好的历史文化名城及周边。古风民宿可以延续古建筑的审美价值和保护措施。随着国内各地涌现出一批古建筑民宿，人们再次发现了古建筑之美和传统文化的魅力。通过资本运作将年久失修的、损坏的、坍塌的一些古建筑修缮起来办民宿，也不失为一件两全其美的好事，保护传统文化的同时还能实现经济创收，让美轮美奂的古建筑重新绽放活力。以古风民宿为"历史资源"带动旅游业振兴和城市发展的措施也在日本、韩国、泰国等其他亚洲国家推进。

2. 现代民宿

现代民宿多以独特的设计风格取胜。民宿的设计随心、随性、求不同而非大同，让民宿设计有了自己的设计语言。①新中式简约风：青山绿水间，返璞归真心。整个空间古色典雅，冷色调的沙发、地毯、窗帘，让情境的回归变得如此纯粹，也让生活回归它原有的样子。感受着田园的乐趣，呼吸着人间的烟火。②日式现代风："择一庭院，居止而歇"，以简化的"山水"形式表达了人与山林以及自然的关系。这种民宿设计风格清幽、恬静、唯美，正好能满足年轻人的各种追求。③自然田园风：设计理念源自中国传统的黑白灰三种色调，从民宿设计几何线条简洁清晰的外观一直延伸到内部空间，家具多为原木以及装饰多为陶土等天然材质，风格的自然简约，舒适自由更符合年轻人的气质。现代民宿设计已逐渐成为旅游中人们对品质、生活态度的追求，是生活美学与情感表达的一种方式。

三、按照民宿功能划分

按照民宿功能划分，民宿可分为纯粹住宿型和特色服务型两大类。

1. 纯粹住宿型

纯粹住宿型一般类似于早期欧洲的 B&B，服务的内容仅限于住宿的基本功能。这类民宿一般距离景区等旅游资源环境较远，不具备产生附带服务的可能性。或者纯粹的住宿产品设计源于经营者的理念，仅提供干净清爽、赏心悦目的环境，而不附加其他的服务内容，此类民宿在日本较多，是力求简约的经营模式。

2. 特色服务型

特色服务型民宿往往其自身也是旅游吸引物，通常结合周边资源，打造温泉养生、乡村运动等特色主题，提供农业体验、生态观光等多项服务。在国内许多旅游城市，这类民宿已十分普遍。其特点是配套齐全且极具地方特色，不仅提供舒适的居住环境，还能让游客"身临其境"，轻松了解当地民俗风情。这时，民宿就像是一个文化传播的载体，通过一对一的交流，将民宿所在地的文化传递给旅游者。

四、按照区位和市场划分

按照区位和市场划分，民宿可分为景区依托型和城市依托型。

1. 景区依托型

景区依托型即民宿是依托景区、景点的吸引力，借助先天的旅游住宿优势发展而成的民宿类型。景区依托型民宿与周边娱乐、餐饮等旅游配套共同形成旅游区的服务体系，其选址与旅游区及周边配套关系密切，丽江古城和大理洱海周边的民宿集群就属于这一类型。洱海地处中国独特的地理气候区域，享有绝佳的湖景、山景和人文资源，并形成了良好的旅游环境，这个地区的民宿自然应运而生，其主要服务前来观光旅游的消费人群。

2. 城市依托型

城市依托型最主要的形成动力在于其临近城市庞大的消费市场。这类民宿首先出现在一线城市或城市群近郊，消费群体有很大一部分属于休闲度假型，有时候往往没有明确的出游目的，仅仅是身心放松。这类民宿与主城区的区位与交通的关系成为制约其发展的重要因素，上海与其周边的江南古镇民宿就属于这一类型，其周边交通环境通达，自然环境优美的硬性条件，使得这一区域的民宿经营品质较高。

【拓展阅读】

Airbnb 的诞生及其带来的改变

Airbnb 全称 Air Bed and Breakfast，是一家房屋短租服务公司，中文名为"爱彼迎"。2008 年 8 月由乔·杰比亚、布莱恩·切斯基在美国旧金山联合创立。

Airbnb 也是一个旅行房屋租赁社区，用户可通过网络或手机应用程序发布、搜索度假房屋租赁信息并完成在线预定程序。据官网显示以及媒体报道，其社区平台在 191 个国家和地区、65000 个城市为旅行者们提供数以百万计的独特入住选择，包括公寓、别墅、城堡和树屋。

2011 年，Airbnb 服务令人难以置信地增长了 800%。Airbnb 被《时代周刊》称为"住房中的 eBay"。2018 年 12 月，世界品牌实验室发布"2018 世界品牌 500 强"榜单，Airbnb 排名第 425。

首先，Airbnb 改变了人们的租住意识。人们大多不愿意让陌生人住进自己家里，安全问题、隐私问题等各种问题一直让房东们望而却步。而 Airbnb 能做到了让大家放心。

其次，Airbnb 改变它所在的行业。Airbnb 和它的竞争者们正走在颠覆酒店行业的路上，让出游的人们从此多了一个不错的选择。当然，Airbnb 等这些团队所拿到的市场份额也只不过是全球酒店市场份额的很小一部分，这可能也是这类服务的潜力所在吧。

最后，Airbnb 模式还可以应用到其他行业。如果把 Airbnb 的概念抽象一下的话，那它的逻辑应该是：有空闲的资源就可以出租，这样可以提高闲置资源利用率从而获得最大收益。这个逻辑同样可以应用到其他领域上，很多创业公司就依照这样的逻辑打造出了自己的产品，并且不少项目还获得了投资。比较典型的是邀请别人到自己家里进餐的餐饮服务。

（资料来源：作者根据相关资料整理。）

第四节　民宿与传统酒店的区别

民宿实际上可以算作是酒店业的鼻祖。早在公元前的古希腊和古罗马时期，从外地赶来朝圣的人群经常到当地居民的家中短住，这便是民宿早先的雏形。民宿业因平民化、平价化、亲民化而广受游客的喜爱。早期民宿的经营水平参差不齐，缺乏完善的管理制度，导致消费者对民宿和传统酒店的认知有着较大的偏差。根据现阶段民宿的发展特点，民宿与其他传统酒店有着如下区别：

一、经营者差异

传统酒店往往以标准化运作为基础，以总经理为核心的部门经理负责制运作。酒店职能部门划分明确，管理团队职责清晰；酒店的主要客户群体也呈现统一化、需求单一的特点，如商务团队、旅游团队等。

参与民宿共享住宿经营的民宿主往往具有年轻化、高学历等特点。与传统酒店相比，民宿的住宿供给主体更加多元化、服务内容更加多样化、用户体验更加社交化。通过共享平台可以降低业主、房客之间的信息不对称和交易风险，提供更好的体验。

在民宿这类共享住宿平台的房源中，有返乡青年在乡野间经营的乡村民宿，有赋闲老人在城市中心经营的城市短租，还有年轻人为彰显自我而经营的主题民宿，甚至有人经营着可以住的书房、花房、木屋等。从"共享"的原点出发，人与住宿空间的关系也正在被挖掘、被重塑，而传统酒店的经营者不具备这些特点。

二、氛围与周边环境

民宿更多展示的是一个家庭生活场景，与民宿经营者同吃同住，可以享受到更多家的感觉。同时，住宿者还可以与其他住宿者和民宿主人聊天，了解更多的异地趣闻，为旅途增添一份难得的经历。而酒店的管理更加标准化，与客户之间就是商家与消费者的关系，一旦出现问题会依据相应的规定来解决，缺少一定的人情味。

民宿经营常借用附近自然环境及人文资源，与周边社区形成共荣共生的互动关系，这种独特的互动关系往往也是民宿的吸引力所在；酒店资本往往在酒店内部打造充足的商业产品，通常不主动提供与周边社区的交流活动，较少利用周边资源，酒店与周边环境的关系往往不及民宿与周边环境的关系紧密。民宿与当地居民、团体互动性高，而酒店通常少与当地居民、团体互动。

三、经营方式与规模

民宿通常为家庭副业，大部分民宿主人都是有着其他的主业在打理，通常只有在比较空闲的时候以及节假日来打理民宿。民宿一般只提供5~10间房，毕竟民宿是从家庭接待演变而来；而且民宿的员工一般只有几个人，因为房间过多管理起来也较为困难。酒店的规模一般都是民宿的数十倍甚至百倍，同时工作人员数量也较多。民宿可以使用住宅的空余空间经营，而酒店只能使用专用的营业空间经营。且民宿建筑多为自用或租用的民宅改造而来，大部分传统酒店无此特点。

四、服务及硬件设施

民宿由主人或当地管家服务，强调风土人情与家庭氛围，注重主人和客人之间的交流互动，服务的方式比较亲民、随意，带有浓郁的地方特色；而酒店的服务人员多受过专业的培训，使用统一的服务用语、服务流程等接待客人，追求服务的标准与高效，一般缺少人情味和个性化。

民宿的硬件水平通常两极分化。优质的民宿硬件设施通常远高于酒店的硬件水平，而普通的民宿可能仅为日常家用；而酒店由于星级标准的硬性准则，通常都是按照准则的标准采购，不会有太多的上调空间。酒店有十分成熟的行业标准和管理规范；而在国内，民宿尚未有相应的管理体系。在满足基本需求的情况下民宿内有些设施客人可与主人共用，譬如说，民宿通常少有专门准备的会议室、健身室、礼堂、各式餐厅等；而酒店作为专业化的经营则必须要提供相应标准要求的设施给游客。

五、私密感等感受不同

传统酒店注重客户的隐私，无论是在设计上还是服务上都突出了这一点。同时酒店配有24h的安保人员，入住客户也较多，会让客户感觉比较安心。民宿既然作为家庭生活场景，注重交流和融合，在放松的同时也多少会减少私密性。但是近几年随着民宿的发展，这两点也在逐渐完善中。

从以上指标的比较中可以看出，民宿和酒店的区别十分明显。酒店重视规范化、标准化和高效率，追求舒适性和豪华感；而民宿重视当地性和特色化，体现家庭氛围。两者的区别还在于主人或管理者是否真实生活于该建筑所处的环境，游客是否能和主人或管家直接交流，游客是否能感受到真实的当地文化和家庭氛围。

在很多人眼中，相对于传统的酒店，民宿提供的是更具特色、更全品类的住宿选择。酒店更多面向的是商旅人群，提供的是标准化的服务、设施，与商旅场景需求更匹配；而民宿因为其个性化、多样性的特点，提供了不一样的住宿体验。共享住宿给了用户更多的住宿选择，两种业态相互补充，从不同的角度满足用户的住宿需求，而并非简单的取代关系。民宿从来不是一种现象，一个话题，而是对一种生活方式的自觉选择，是对自由和个性的尊重，对美的自我理解和呈现，对生活的敏感，对人与人之间的舒适距离与真诚的探寻。民宿作为一种全新的生活方式，诠释的恰恰就是个性、自由、灵活、舒适、便捷、随性的生活态度，是几代人对于乡愁的回归，对于丢失的"邻居"的寻访。高级酒店的归宿是资本，而民宿的归宿是人。

【拓展阅读】

我国《旅游民宿基本要求与评价》（LB/T 065—2019）

1. 范围

本标准规定了旅游民宿的等级和标志、基本要求、等级划分条件、等级划分方法。

本标准适用于正式营业的小型旅游住宿设施，包括但不限于客栈、庄园、宅院、驿站、山庄等。

2. 规范性引用文件

下列文件对于本文件的应用是必不可少的。凡是注日期的引用文件，仅注日期的版本适用于本文件。凡是不注日期的引用文件，其最新版本（包括所有的修改单）适用于本文件。

GB 5749 生活饮用水卫生标准

GB 50222 建筑内部装修设计防火规范

3. 术语和定义

下列术语和定义适应于本文件。

3.1 旅游民宿（homestay inn）

利用当地民居等相关闲置资源，经营用客房不超过4层、建筑面积不超过$800m^2$，主人参与接待，为游客提供体验当地自然、文化与生产生活方式的小型住宿设施。

注：根据所处地域的不同可分为城镇民宿和乡村民宿。

3.2 民宿主人（owner；investor）

民宿业主或经营管理者。

4. 等级和标志

4.1 旅游民宿等级分为3个级别，由低到高分别为三星级、四星级和五星级。

4.2 星级旅游民宿标志由民居与五角星图案构成，用三颗五角星表示三星级，四颗五角星表示四星级，五颗五角星表示五星级。

4.3 旅游民宿等级的标牌、证书由等级评定机构统一制作。

5. 基本要求

5.1 规范经营

5.1.1 应符合治安、消防、卫生、环境保护、安全等有关规定与要求，取得当地政府要求的相关证照。

5.1.2 经营场地应符合本市县国土空间总体规划（包括现行城镇总体规划、土地利用总体规划）、所在地民宿发展有关规划。

5.1.3 服务项目应通过文字、图形方式公示，并标明营业时间，收费项目应明码标价。

5.1.4 经营者应定期向文化和旅游行政部门报送统计调查数据，及时向相关部门上报突发事件等信息。

5.2 安全卫生

5.2.1 经营场地无地质灾害和其他影响公共安全的隐患。

5.2.2 易发生危险的区域和设施应设置安全警示标志，安全警示标志应清晰、醒目；易燃、易爆物品的储存和管理应采取必要的防护措施，符合相关法律法规。

5.2.3 应配备必要的防盗、应急、逃生安全设施，确保游客和从业人员的人身和财产安全。

5.2.4 应建立各类相关安全管理制度和突发事件应急预案，落实安全责任，定期演练。

5.2.5 食品来源、加工、销售应符合相关食品安全国家标准要求。

5.2.6 从业人员应按照要求持《健康证》上岗。

5.3 生态环保

5.3.1 生活用水（包括自备水源和二次供水）应符合 GB 5749 要求。

5.3.2 室内外装修与用材应符合环保规定，达到 GB 50222 的要求。

5.3.3 建设、运营应因地制宜，采取节能减排措施，污水统一截污纳管或自行有效处理达标排放。

5.4 其他

5.4.1 旅游民宿开业一年后可自愿申报星级评定，近一年应未发生相关违法违规事件，同一地点、同一投资经营主体只能以一个整体申报。

5.4.2 经评定合格可使用星级标志，有效期为三年，三年期满后应进行复核。

5.4.3 旅游民宿评定实行退出机制，经营过程中出现以下情况的将取消星级：

a) 发生相关违法违规事件。

b) 出现卫生、消防、安全等责任事故。

c) 发生重大有效投诉。

d) 发生私自设置摄像头侵犯游客隐私等造成社会恶劣影响的其他事件。

e) 日常运营管理达不到或不符合相应星级标准要求。

取消星级后满三年，可重新申请星级评定。

6. 等级划分条件

6.1 三星级

6.1.1 环境和建筑

6.1.1.1 周边环境应整洁干净。

6.1.1.2 建筑外观应与周边环境相协调。

6.1.2 设施和设备

6.1.2.1 客房应配备必要的家具。

6.1.2.2 客房应有舒适的床垫和床上棉织品（被套、被芯、床单、枕芯、枕套等）及毛巾。

6.1.2.3 客房应有水壶、茶杯。

6.1.2.4 客房应有充足的照明，有窗帘。

6.1.2.5 应有方便使用的卫生间，提供冷、热水。照明和排风应效果良好，排水通畅，有防滑防溅措施。

6.1.2.6 各区域应有方便使用的开关和电源插座。

6.1.2.7 厨房应有消毒设施，有效使用。

6.1.2.8 厨房应有冷冻、冷藏设施，生、熟食品及半成食品分柜置放。

6.1.2.9 应有适应所在地区气候的采暖、制冷设施，各区域通风良好。

6.1.3 服务和接待

6.1.3.1 各区域应整洁、卫生，相关设施应安全有效。

6.1.3.2 客房床单、被套、枕套、毛巾等应做到每客必换，并能应游客要求提供相应服务。

6.1.3.3 拖鞋、杯具等公用物品应一客一消毒。

6.1.3.4 卫生间应每天清理不少于一次，无异味、无积水、无污渍。

6.1.3.5 应有有效的防虫、防蛇、防鼠等措施。

6.1.3.6 民宿主人应参与接待，邻里关系融洽。

6.1.3.7 接待人员应热情好客，穿着整齐清洁，礼仪礼节得当。

6.1.3.8 接待人员应能用普通话提供服务。

6.1.3.9 接待人员应掌握并应用相应的服务技能。

6.1.3.10 接待人员应保护游客隐私，尊重游客的宗教信仰与风俗习惯，保护游客的合法权益。

6.1.3.11 夜间应有值班人员或值班电话。

6.1.4 特色和其他

应为所在乡村（社区）人员提供就业或发展机会。

6.2 四星级

6.2.1 环境和建筑

6.2.1.1 周边环境应整洁干净，绿植维护较好，宜有良好的空气质量和地表水质。

6.2.1.2 周边宜有医院或医疗点。

6.2.1.3 周边宜有停车场，方便出入。

6.2.1.4 周边宜有地方特色餐饮。

6.2.1.5 周边宜有地方生产生活方式的活动体验点。

6.2.1.6　建筑外观应与周边环境相协调，宜体现当地特色。

6.2.2　设施和设备

6.2.2.1　客房应配备必要的家具，摆放合理、方便使用、舒适美观。

6.2.2.2　客房应有舒适的床垫和柔软舒适的床上棉织品（被套、被芯、床单、枕芯、枕套及床衬垫等）及毛巾。

6.2.2.3　客房应有水壶、茶杯和饮用水。

6.2.2.4　客房应有充足的照明，有窗帘，隔音效果较好。

6.2.2.5　应有方便使用的卫生间，24h供应冷水，定时供应热水。照明和排风应效果良好，排水通畅，有防滑防溅措施。客房卫生间盥洗、洗浴、厕位宜布局合理。

6.2.2.6　各区域应有满足游客需求、方便使用的开关和电源插座。

6.2.2.7　宜有满足游客需求、方便使用的餐饮区。

6.2.2.8　厨房应有消毒设施，有效使用。

6.2.2.9　厨房应有与接待规模相匹配的冷冻、冷藏设施，生、熟食品及半成食品分柜置放。

6.2.2.10　应有清洗、消毒场所，位置合理，整洁卫生，方便使用。

6.2.2.11　应有布局合理、方便使用的公共卫生间。

6.2.2.12　应有适应所在地区气候的采暖、制冷设施，效果较好，各区域通风良好。

6.2.2.13　宜有与接待规模相匹配的公共区域，配置必要的休闲设施。

6.2.2.14　室内外装修宜体现文化特色。

6.2.3　服务和接待

6.2.3.1　各区域应整洁、卫生，相关设施应安全有效。

6.2.3.2　客房床单、被套、枕套、毛巾等应做到每客必换，并能应游客要求提供相应服务。

6.2.3.3　拖鞋、杯具等公用物品应一客一消毒。

6.2.3.4　卫生间应每天清理不少于一次，无异味、无积水、无污渍。

6.2.3.5　应有有效的防虫、防蛇、防鼠等措施。

6.2.3.6　应提供或推荐多种特色餐饮产品。

6.2.3.7　接待人员应热情好客，着装整齐清洁，礼仪礼节得当。

6.2.3.8　接待人员应熟悉当地文化旅游资源和特色产品，用普通话提供服务。

6.2.3.9　接待人员应掌握并熟练应用相应的服务技能。

6.2.3.10　接待人员应满足游客合理需求，提供相应服务。

6.2.3.11　接待人员应保护游客隐私，尊重游客的宗教信仰与风俗习惯，保护游客的合法权益。

6.2.3.12 夜间应有值班人员或值班电话。

6.2.4 特色和其他

6.2.4.1 宜建立有关规章制度，定期开展员工培训。

6.2.4.2 宜建立水电气管理制度，有设施设备维保记录。

6.2.4.3 宜提供线上预定、支付服务，利用互联网技术宣传、营销。

6.2.4.4 宜购买公众责任险以及相关保险。

6.2.4.5 应为所在乡村（社区）人员提供就业或发展机会。

6.3 五星级

6.3.1 环境和建筑

6.3.1.1 周边环境应整洁干净、环境优美，宜有良好的空气质量和地表水质。

6.3.1.2 周边宜有医院或医疗点。

6.3.1.3 宜设有民宿导向系统，标志牌位置合理、易于识别。

6.3.1.4 周边宜有停车场，方便出入。

6.3.1.5 周边宜有较多地方特色餐饮。

6.3.1.6 周边宜有地方非遗、风俗、生产生活方式等活动体验点。

6.3.1.7 建筑外观应与周边环境相协调，宜就地取材，突出当地特色。

6.3.2 设施和设备

6.3.2.1 客房、餐厅、公共活动等区域应布局合理。

6.3.2.2 客房应配备必要的家具，品质优良，摆放合理、方便使用、舒适美观。

6.3.2.3 客房应有品质优良的床垫和床上棉织品（被套、被芯、床单、枕芯、枕套及床衬垫等）及毛巾。

6.3.2.4 客房应有水壶、茶具和饮用水，品质优良。

6.3.2.5 客房应有充足的照明，有窗帘，遮光和隔音效果较好。

6.3.2.6 客房应有方便舒适的独立卫生间，24h供应冷、热水，客用品品质优良。照明和通风应效果良好，排水通畅，有防滑防溅措施。盥洗、洗浴、厕位布局合理。

6.3.2.7 餐厅宜氛围浓郁、方便舒适，满足游客需求。

6.3.2.8 各区域应有满足游客需求、方便使用的开关和电源插座。

6.3.2.9 应有专门的布草存放场所，位置合理，整洁卫生。

6.3.2.10 宜提供方便游客使用的消毒设施。

6.3.2.11 厨房应有消毒设施,有效使用。

6.3.2.12 厨房应有与接待规模相匹配的冷冻、冷藏设施,生、熟食品及半成食品分柜置放。

6.3.2.13 应有清洗、消毒场所,位置合理,整洁卫生,方便使用。

6.3.2.14 应有布局合理、整洁卫生、方便使用的公共卫生间。

6.3.2.15 应有适应所在地区气候的采暖、制冷设施,效果较好,各区域通风良好,宜采用节能降噪产品。

6.3.2.16 应有主题突出、氛围浓郁、与接待规模相匹配的公共活动区域,配置必要的休闲设施。

6.3.2.17 室内外装修应材质优良,宜体现地方文化特色,有主题。

6.3.2.18 宜提供方便有效的音响、充电、调控等智能化设施。

6.3.3 服务和接待

6.3.3.1 各区域应整洁、卫生,相关设施应安全有效。

6.3.3.2 客房床单、被套、枕套、毛巾等应做到每客必换,并能应游客要求提供相应服务。

6.3.3.3 拖鞋、杯具等公用物品应一客一消毒。

6.3.3.4 卫生间应每天清理不少于一次,无异味、无积水、无污渍。

6.3.3.5 应有有效的防虫、防蛇、防鼠等措施。

6.3.3.6 应提供或推荐多种特色餐饮产品。

6.3.3.7 接待人员应热情好客,穿着整齐清洁,礼仪礼节得当。

6.3.3.8 接待人员应熟悉当地文化旅游资源和特色产品,用普通话提供服务。

6.3.3.9 接待人员应掌握并熟练应用相应的服务技能。

6.3.3.10 接待人员应满足游客合理需求,提供相应服务。

6.3.3.11 接待人员应保护游客隐私,尊重游客的宗教信仰与风俗习惯,保护游客的合法权益。

6.3.3.12 夜间应有值班人员或值班电话。

6.3.3.13 宜提供接送服务,方便游客抵达和离开。

6.3.4 特色和其他

6.3.4.1 民宿主人宜有亲和力,游客评价高。

6.3.4.2 应提供不同类型的特色客房。

6.3.4.3 宜建立健全有关规章制度,定期开展员工培训,效果良好。

6.3.4.4 宜建立食品留样制度。

6.3.4.5 宜建立设施设备维护保养、烟道清洗、水箱清洗等管理制度，定期维保、有效运行。

6.3.4.6 宜建立健全水电气管理制度，有台账记录。

6.3.4.7 宜提供线上预定、支付服务，利用互联网技术宣传、营销，效果良好。

6.3.4.8 宜购买公众责任险以及相关保险，方便理赔。

6.3.4.9 应有倡导绿色消费、保护生态环境的措施。

6.3.4.10 应为所在乡村（社区）人员提供就业或发展机会，参与地方或社区公益事业活动。

6.3.4.11 宜参与地方优秀文化传承、保护和推广活动，定期为游客组织相关活动，有引导游客体验地方文化活动的措施。

6.3.4.12 宜利用地方资源开发旅游商品和文创产品，与当地居民或村民有良好互动。

7. 等级划分方法

7.1 根据旅游民宿等级划分条件，按照必备项目检查表和一般要求评分表的评价得分确定旅游民宿等级。

7.2 必备项目检查表、一般要求评分表及等级划分具体办法由等级评定机构制定。

（资料来源：中华人民共和国文化和旅游部官网。）

【复习思考题】

1. 民宿与一般酒店的区别是什么？
2. 我国《旅游民宿基本要求与评价》如何界定民宿？
3. 你认为民宿在住宿业领域的竞争优势是什么？
4. 和你的同学组成学习小组参观身边的民宿，讨论它属于哪一类型，它的竞争优势是什么。
5. 请查阅文化和旅游部关于发布旅游行业标准《旅游民宿基本要求与评价》第1号修改单的公告，对照《旅游民宿基本要求与评价》（LB/T 065—2019），看看哪些内容做出了改进？

第二章 我国民宿业发展概况

【本章导读】

我国民宿是在20世纪90年代开始兴起，主要以乡村个体农家乐的形式经营，提供的服务主要是住宿及餐饮功能，民宿起源是体验乡野生活。随着城市人口急剧增长，以及城市交通拥堵、食品安全等一系列问题的频繁出现，城市中的人们更加向往乡村生活并且已经成为一种趋势和时尚。随着休闲度假的发展，人们已不满足于蜻蜓点水、走马观花式的游玩，而是更加喜欢寻找一处山水极佳、环境舒适的地方，以拥抱生活、回归自然的心态停留下来，感受一段旅居生活。而民宿正是在尽量保留农村传统风貌的基础上，让城市人呼吸清新空气，欣赏山水风光，体验农耕文化。我国台湾省民宿发展迅速，20世纪80年代，台湾省民宿在垦丁公园地区发展起来，起初只是为解决游客住宿房间不足问题的简单旅宿形态，而后因其平价、亲民等特点受到游客的喜爱。到了21世纪初期，我国大陆民宿开始以个性化和情怀凸显主题基调，依托人文古镇、自然山水进行品牌化发展以及特色化服务。民宿在我国大陆发展了几十年，它已经由最初的农家乐住宿餐饮的形式发展到今天的体验多元化、追求精致化、关注人文的集群式发展形式。

第一节 我国民宿业发展的历程

民宿业最早发源于20世纪60年代初期，英国、日本、法国是较早发展民宿业的国家，对民宿的管理也较为规范。我国台湾省的民宿业从20世纪的80年代开始，最先在垦丁公园兴起，经过三十多年的发展，逐渐成为了台湾省旅游业的重要住宿业态。而我国大陆的民宿业，最早是20世纪的90年代，伴随着周边游的发展以"农家乐"的形式出现，最近十几年，随着旅游者们的旅游方式从观光游到休闲游、从团队游到自助游的转变，民宿作为具有浓厚地方特色的住宿业态受到了旅游者们的追捧，民宿业投资也得到了井喷式的增长，仅线上平台的民宿就有数万家之多。

一、我国大陆民宿业发展的历程

随着我国旅游业的发展，旅游者们对于旅游住宿的需求也在不断丰富，酒店的住宿业态已经不再能够满足旅游者们的需求，而民宿业的多样性特征得到凸显，受到了更多旅游者们的追捧。我国大陆民宿业的发展经历了以下三个阶段。

（一）第一阶段（2010年及以前）

我国大陆民宿业是在20世纪90年代开始兴起，主要以乡村个体农家乐的形式经营，提供的服务主要是住宿及餐饮。这一阶段我国大陆的民宿业主要参照民宿业已经发展比较成熟的国家和地区的模式开展，比如日本、英国、爱尔兰等国家和我国台湾省。在学习他们经验的基础上，分析自身发展民宿的可行性，并逐步摸索适合我国大陆民宿业的发展模式，逐步开展对已经存在的民宿雏形的现状分析以及转型升级的对策研究等。当时，我国大陆的云南丽江、江苏周庄、浙江乌镇等地区的民宿业，已经初具规模，发展势头突出。

（二）第二阶段（2011年—2014年）

这一阶段我国大陆其他省份已经开始重视"民宿"这一业态，并结合各省市的突出特色和文化积淀，大力倡导开发民宿，促进这一产业的规模化发展，努力建设产业格局。同时，行业自身对于民宿业的发展要求和趋势也进行了更加系统和完善的思考。我国大陆民宿业在此阶段的主要现状为：①从空间分布上来说，主要分布在南方；②从发展进度来看，行业整体处于起步阶段，少数地区发展相对成熟，但市场行情火爆；③从类型上来说，除农户自营的传统民宿外，外来者租赁经营的社会型民宿所占的比重较大。

（三）第三阶段（2015年至今）

2015年11月19日，我国大陆的民宿业在政策上迎来了春天。国务院办公厅印发的《关于加快发展生活性服务业促进消费结构升级的指导意见》中明确提出"积极发展绿色饭店、主题饭店、客栈民宿、短租公寓、长租公寓、有机餐饮、快餐团餐、特色餐饮、农家乐等满足广大人民群众消费需求的细分业态"，将民宿业定性为生活性服务业，大大地推动了我国民宿业的合法化，民宿首次出现在官方正式文件中。2016年4月中国饭店协会成立了客栈民宿委员会。2016年5月4日国务院常务会议上确定了支持住房开展租赁业务，鼓励个人依法出租自有住房等住房租赁市场。2016年11月，国务院办公厅印发《关于支持返乡下乡人员创业创新促进农村一二三产业融合发展的意见》中提到：各省（区、市）可以根据本地实际，制定管理办法，鼓励返乡下乡人员依法以入股、合作、租赁等形式使用农村集体土地发展农业产业，使用农村集体建设用地开展创业创新，依托自有和闲置农房院落发展农家乐，依规和当地农民合作利用宅基地改建自住房。在国家政策的大力支持和推动下，我国大陆的民宿业得到了高速发展。根据原国家旅游局的统计调查，2014年，我国大陆的民宿仅有 30231 家，到 2015 年年末，上升至 42658 家。2016 年年末，民宿总数已达 53852 家，短短两年之间民宿数量涨幅达到 78%。

2017 年 10 月 1 日，原国家旅游局在《旅游民宿基本要求与评价》（LB/T 065—2017）中明确指出，民宿是旅游目的地的社区居民对自身闲置住宅资源的使用，为游客提供家庭式的住宿设施，并亲身参与游客的旅游活动，从而让其更好地体验当地的自然、文化、生产和生活方式。进入 21 世纪以来，特别是近年来，我国大陆民宿在上述形式的基础上其功能、形式和特征发生了深刻的变化，这也成为旅游度假目的地民宿的发展趋势。

2019 年 7 月 3 日，文化和旅游部发布了《旅游民宿基本要求与评价》（LB/T 065—2019）行业标准。该标准由文化和旅游部提出，由全国旅游标准化技术委员会（SAC/TC 210）归口，代替 LB/T 065—2017。该标准包括了范围、规范性引用文件、术语和定义、等级和标志、基本要求和等级划分条件六个方面。2021 年 2 月 25 日《文化和旅游部关于发布〈旅游民宿基本要求与评价〉第 1 号修改单的公告》对于部分原标准中的内容进行了调整。

除国家层面的政策外，我国民宿发展比较发达的地区，如武夷山、深圳等地，地方政府也已经出台了相关民宿管理办法，由地方政府发放民宿经营许可证，将其纳入到常规管理之中。

这一时期我国大陆的民宿处于高速发展阶段，涌现出了大量受到旅游者们喜爱的民宿，产生了很多优秀的民宿品牌和平台，民宿业大发展呈现聚集化、区域化、规模化、品牌化、连锁化的发展趋势。民宿的品质、口碑、文化等方面都得到了进一步的深化，民宿业的发展也逐渐形成了自己的特色优势。同时，我国大陆的民宿开始以个性化和情怀凸显主题基调，依托人文古镇、自然山水进行品牌化发展以及特色化服务。

二、我国台湾省民宿业发展的历程

我国台湾省作为我国民宿业最早开始经营的省份，20 世纪 80 年代在台湾的垦丁公园内就出现了我国的第一家民宿。最初该地产生民宿的起因是为了解决当地旅游者住宿房间不足的问题，家中有空闲房屋的居民会挂起招牌或者直接到车站、饭店门口等旅游者们集中的地方招揽旅游者，久而久之便发展成为一个新兴的行业。

我国台湾省的民宿业正式走向行业化主要是借鉴日本、欧美等民宿发展成熟的国家和地区的经验和模式。经过了几十年的发展，台湾省民宿业在继承和学习中，实现了自己的创新发展，现在已经形成了较为成熟的状态，从最初独立经营、解决基本住宿问题，发展到民宿作为旅游吸引力最重要的因素之一，成为旅游产业中重要的组成部分，并且逐步实现了标准化与法制化。

1981 年，台湾省制定规划，辅导当地居民发展民宿以增加收入；2002 年 12 月台湾省出台了相应民宿管理办法，就民宿的设立地点、规模、建筑、消防、申请条件、管理监督等制定规则，在保证提升民宿质量与安全的基础上，促成台湾省民宿向精致化、豪华化和定制化转变。我国台湾省的旅游业对旅游者满意度、旅游者行为、民宿特色文化、生活美学、民宿评估系统的指标设置等问题也在不断地研究。同时，其他省份也积极学习台湾省的丰富经验和优秀模式，从中汲取更多的宝贵财富，获得更快的成长。

第二节 我国民宿业研究现状

随着我国旅游业的蓬勃发展，旅游者的住宿要求更加多元化，酒店等传统的住宿业难以满足旅游者们的需求。伴随着旅游者们需求的日益丰富，我国民宿业实现了突飞猛进的发展。从国家到地方，都加大了对于我国民宿业的政策支持力度，全方位努力地推进我国民宿业的发展，为我国民宿业的发展奠定了良好的基础。在学术界关于民宿的研究方面，日本、英国等民宿发展起步较早的国家已初成研究体系。近年来，我国的学术界关于民宿业的研究，也随着民宿业的红火开展而来，并且已经积累了一定的研究成果。

一、我国民宿业研究数量

在知网中输入"民宿"，以期刊为搜索对象，发现截至 2020 年，总计发表相关的期刊论文为 4925 篇。最早与此相关的期刊文章来自于 1990 年，从 1990 年—2008 年期间的论文都只有个位数字。2008 年后期刊文章的数量呈现高速增长的状态，如图 2-1 所示。

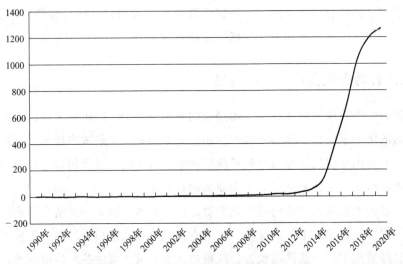

图 2-1　1990 年—2020 年知网期刊发表民宿研究趋势统计（单位：篇）

在知网中输入"民宿"，以硕博论文为搜索对象，发现截至 2020 年，总计发表相关的期刊论文为 1841 篇。最早与此相关的硕博论文来自于 2004 年，2004 年—2013 年期间的论文都只有个位数字。2013 年后期刊文章的数量呈现高速增长的状态，在 2020 年出现了小幅度的下降，如图 2-2 所示。

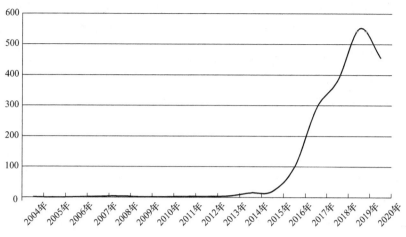

图 2-2 2004 年—2020 年知网硕博论文发表民宿研究趋势统计（单位：篇）

二、我国民宿业研究主题

本书对于我国现有的民宿研究成果进行了较为系统的研究整理，归纳出民宿相关基础概念方面的研究、民宿设计方面的研究、民宿存在问题方面的研究、民宿营销方面的研究、基于旅游者角度的民宿研究、对于其他国家民宿的研究、民宿与关联事项结合的研究、民宿其他方面的研究，期望以此来推进我国对于民宿业的进一步研究。

（一）民宿相关基础概念方面的研究

我国学术界对于民宿相关基础概念方面的研究从未停止。2016 年，张延等人认为民宿分类工作应是前提工作，具有重要的意义，利于民宿其他方面研究的开展和深入，因此其对于各种民宿分类方法进行了总结，清晰地认识了民宿的分类。2017 年，王伟全等人对于欧洲、美国、日本等国家和地区的民宿业发展历史开展研究，为我国民宿业的发展提供更多的理论依据，助力我国旅游产业升级。2018 年，吴晓隽等人指出，民宿的概念在实际应用中存在混淆、指代多样等问题，影响了民宿的相关研究，文章基于原有文献的梳理，对民宿概念进行总结。对于民宿、城镇民宿、乡村民宿、精品酒店等相关民宿的基础概念进行辨析。2019 年，李志英认为，民宿业发展在全球的热度都是上涨的，是旅游中必不可少的一部分，并对全球民宿发展的现状和民宿发展历史进行研究分析，希望能够以此来促进我国旅游产业的发展。

（二）民宿设计方面的研究

近些年，旅游者们越来越关注民宿的设计，从设计风格到设计细节。我国学术界对此也给予了关注。2016 年，高海伦以舟山东极岛民宿改造的内容为案例，研究在民宿设计中"本土化"和"人情化"的内涵、关系和影响等方面。2017 年，王浩对传统民宿开展研究，归纳总结出现代民宿的建筑空间设计要点、设计原则、设计观点等内容。2017 年，侯佳偲着眼于民宿中的旧建筑改造部分，对于乡村中旧建筑的改造开展研究，提出相应的设计策略，并以湖北罗田天堂湖景区村落改造为例，进行了实地验证，希望能引发设计的思考。2018 年，陆孟平等结合民宿空间的特殊性，从色彩、材质、造型三个方面，归纳出软装陈设在此特殊空间中的设计原则与方法。2018 年，宋雅将设计选址放在新疆昌吉回族自治州的哈萨克族聚居地（此处民宿业处于发展的起步阶段），探讨了如何将新疆哈萨克族的手工艺品运用到当地的民宿设计装饰中。2019 年，牟彪等以桂林龙胜江边为例，开展民族地域文化符号在民宿设计中的应用研究，以期为其他民宿设计提供参考。2020 年，许璇以我国民宿业的莫干山集中区域为例，探讨了民宿室内设计的内容，并提出了综合化、智能化、生态化的未来发展方向。2020 年，商甜将"慢设计"理念引入民宿设计中，从此理念设计的意义、存在问题、经典案例、设计的策略、发展趋势等方面进行探索。

（三）民宿存在问题方面的研究

近些年，我国民宿业处于快速发展的阶段。在快速发展的过程中，我国民宿业的一些问题，也渐渐浮出了水面，受到学者们的关注，成为民宿业研究中较为突出的部分。2013 年，潘颖颖从旅游形式的变化为背景，以西塘民宿旅游为研究对象，分析浙江民宿发展所面临的困难。2016 年，邢剑飞以杭州精品民宿为研究对象，分析其中存在的问题，指出杭州民宿的发展对策，以此来促进杭州民宿的发展。2016 年，沈梦涵以浙江德清乡村民宿为研究对象，探索发展中所面临的问题，以及其解决的方法，以期促进我国乡村旅游的发展。2019 年，张海洲等对我国台湾省的民宿学术成果从本体发展、利益相关者和特色运营专题三个方面开展研究，并与我国其他省份的民宿研究进行比较。2020 年，曾荣从民宿旅游为接入口，探讨阳朔民宿在转型过程中可能面临的问题，并提出建设性意见。2021 年，程艳红在共享经济背景下，分析了该背景下苏州民宿存在的问题，并提出相应的对策和建议。2021 年，赵莹莹等对云南丽江的民宿空间分布开展研究，总结其空间分布特征，以及分布的影响因素。

（四）民宿营销方面的研究

关于民宿传统营销的研究，已经不能满足当下民宿业的营销需求，当下的民宿业面临着新的营销方法、策略等方面的探索，是民宿业面临的挑战，学者们也对此展开了相应的研究探索。2017 年，郑雪认为云南大理民宿业经过 20 多年的发展，现已经形成了一定的规模，并具有自己的特色。文章指出，大理民宿的营销渠道中，网络渠道的地位日益凸显；并结合该地区的实际案例，分析了三种网络渠道模式的优劣势、所面临的机会和威胁；最后结合当地特征，提出了大理民宿的网络营销渠道构建思路。2018 年，齐琳认为互联网发展现在越发迅猛，而茶文化主题民宿的规模较小，如何能够开展互联网背景下的营销推广是需要研究的问题，文章就此展开全面分析，努力解决茶文化主题民宿的营销推广问题。2018 年，康卉等认为在信息技术发展的背景下，智慧民宿将成为民宿业未来发展的趋势之一。文章以南京的智慧民宿为研究对象，通过现状、特点的分析，探讨如何进行智慧民宿的营销，也为其他智慧民宿提供借鉴。2020年，余柯男依据相关理论和模型，对于北京"宜室怡趣"精品民宿的市场细分、定位等内容展开研究，突出拓展体验营销、口碑营销、网络营销等新型营销策略。同时，注重"民宿+"的内容开展，注重社群化运营的打造，形成病毒营销，以期也为该地区其他的民宿转型升级提供参考。

（五）基于旅游者角度的民宿研究

旅游者作为民宿的消费者受到了民宿经营者的重视，民宿如何能够让旅游者们满意、旅游者们在选择民宿时会受到哪些因素的影响等问题，都值得民宿经营者深思，学者们也对此展开了相应的研究。2018年，王敏等以成都市的民宿为研究对象，通过问卷调查的方法，从游客体验成都民宿的原因、游客体验成都民宿的风格偏好、游客偏爱成都民宿体验项目三大方面进行调研，针对调研结果提出关于成都民宿的发展建议。2019年，李冬霞结合多种研究方法，从旅游者的民宿产品购买决策过程、人口统计特征的差异，以及民宿的环境因素、营销因素、自身因素、知名度因素等多方面的因素进行细分和讨论，得出影响旅游者购买民宿产品的相关结论，针对结论提出民宿改进的相应对策。2019年，严羽爽等人选取乌镇景区的民宿作为研究对象，采用问卷调查和因子分析法的方法，获取乌镇景区旅游者选择民宿的影响因素。影响因素涉及环境、设施、空间、氛围、形象、服务、经营、营销、宣传等多方面，文章也针对此研究结果提出了相应的意见和建议。2020年，胡子涛等人选取阳朔民宿为研究目标，通过调查问卷的方式，得出了不同旅游者对于民宿选择偏好的影响因素，针对研究结果，探究需要改进之处，提出了关于阳朔民宿业的发展建议。2021年，周皖榕等人基于浙江省舟山市嵊泗列岛佰客·壹宿海景民宿为研究对象，从旅游者满意度视角出发，对于民宿满意度开展研究，研究结果从人口统计学分析、指标层感知差异分析、IPA分析、聚类分析四个方面展开，针对结果提出对于该地区民宿的建议与讨论。

（六）对于其他国家民宿的研究

在学术界关于民宿的研究方面，日本、英国等民宿发展起步较早的国家研究起步也较早，现已初步形成研究体系。我国学者针对此现状，积极开展学习研究，努力学习国外的相关经验。在学习的同时，也开展比较研究，发现其他国家民宿的可借鉴之处，以及我国民宿尚且不足之处。

第一部分是对于日本民宿的研究。2016年，范丽娟认为，亚洲最早兴起乡村民宿旅游的国家就是日本，应该积极借鉴日本民宿业发展中的经验，根据我国自身文化背景，打造适合本国的民宿经营风格，逐步形成民宿经营特色，获得长足发展。2018年，方蓓蓓认为，日本是亚洲范围内民宿业发展最为成熟的国家之一，值得我国民宿业研究，通过研究日本民宿业的发展经验和发展特色，有助于为我国民宿业的发展带来启迪。2019年，杨柯俭等人认为，日本是亚洲区域内民宿发展最早的国家，其发展较为成熟，通过对于日本民宿业发展的研究，获得我国民宿业发展的启示，试图以此来解决我国民宿业发展中所遇到的问题。

第二部分是对于美国民宿的研究。2020年，刘颖洁从中美在线民宿短租普及率、中美在线民宿短租分布地、中美在线民宿短租影响购买意愿的驱动因素三个方面，对于中美在线民宿短租购买意愿影响因素进行比较研究。2021年，胡敏对美国B&B民宿业展开研究，总结其民宿业的特点，结合我国民宿业现在所面临的瓶颈，从不同方面展开对比，获得我国民宿业发展的启示。

第三部分是对于其他国家民宿的研究。2021年，雪花的《泰国民宿旅游的特色发展研究》认为，因为泰国民宿提供的是温馨的住宿、有灵魂的生活，所以，泰国民宿旅游已经成为很受欢迎的泰国旅游的新形式。文中对泰国民宿的研究采用调查问卷的方法，深入探讨民宿旅游的特色化发展，并指出发展中所存在的问题及解决措施。2021年，冯程等人选取法国的12家民宿作为研究的主要对象，结合多种方法开展研究，得出了法国民宿业获得成功的原因和所面临的威胁，并与我国的民宿业进行对比研究，给出我国民宿业发展的建议，为我国民宿业的发展提供参考。

（七）民宿与关联事项结合的研究

民宿是一个复杂的事物，与很多国家政策、国家战略等紧密地连接在一起。所以，在民宿的研究中，会存在很多民宿与关联事项结合的研究，现对此方向的研究进行分类概括总结。

民宿与共享经济相结合开展研究，孙洁、和志英、吕静、袁雪雯分别结合民宿与共享经济，对成都民宿、西南民族地区民宿、深圳大鹏新区民宿、苏州本土民宿的发展对策、运营策略、新思路等方面开展相应的研究。

民宿与乡村振兴相结合开展研究。2019年，乔宇对于海南省民宿在"乡村振兴"背景下的发展模式展开研究，并针对其中存在的问题提出相应的对策。2021年，焦凌云探索"乡村振兴"战略背景民宿对乡村发展的影响和积极促进作用，同时指出存在的问题，并提出发展的建议。2021年，张小山以"乡村振兴"为研究背景，认为在乡村旅游项目中，民宿是最吸引旅游者们和推动乡村经济发展的重要项目之一，因此需要对影响民宿经济的因素进行分析，提出发展的对策。

民宿与全域旅游相结合开展研究。2018年，武雅娇以全域旅游为大背景，以舟山海岛民宿为对象，发现问题，并提出了管理法制化、管理规范化、经营特色化、经营人性化、营销方式多样化、营销方式产业化等新思路的探索。2019年，李桥兴在全域旅游和"乡村振兴"战略视角下，探索了广西阳朔如何在新形势下，结合当地特色，打造出民宿业的创新发展路径，以期研究结果不但为广西阳朔民宿业创新发展提供思路，也为我国其他类似地区实现精准脱贫和乡村振兴提供可借鉴模式。2020年，罗信远以全域旅游为背景，以广西飞速发展的民宿为研究对象，指出广西旅游民宿发展的问题，以及如何结合全域旅游发展背景开发广西民宿的对策。2020年，殷蕾基于全域旅游背景，对于江浙地区民宿发展现状展开分析。

（八）民宿其他方面的研究

除了以上七大民宿研究的主题方向外，学者们还从民宿的安全方面、价格方面、空间布局方面、运营方面、市场定位方面、平台方面、民俗体验方面、教学方面等进行研究，在此不再展开分析。

近些年，民宿业在整体的旅游产业体系里开始扮演起举足轻重的角色，也成为越来越多的投资人和创业者们的首选。随着我国民宿业数量的不断增加，集群化、规模化逐渐凸显。本书根据民宿的交通条件、旅游资源、气候、生态环境、文化背景、投资的价值等因素，结合目前我国民宿业发展的实际情况，将民宿划分为长三角江沪浙民宿区、浙南闽北山地民宿区、浙闽粤海岸民宿区、徽文化民宿区、珠三角民宿区、客家文化民宿区、台湾省民宿区、海南岛民宿区、滇西北民宿区、湘黔桂民宿区、川藏线民宿区、京津冀民宿区等区域民宿发展集群，详见本章的第三节和第四节。

第三节　华东、华南地区民宿概况

一、长三角江沪浙民宿区

（一）区域概况

以上海为中心的长三角，是中国经济最活跃、经济体量最大的区块，也是中国城市化水平最高的地区。"逆城市化"的效应也在该区域显现，因此，长三角毗连区的农村现代化程度非常高，这为民宿的发展提供了良好的基础条件。以莫干山为代表的民宿集群，是我国目前发展最成熟的典型范例之一。

（二）民宿分布

江苏地区：南京、苏州、无锡、宜兴等。

浙江地区：杭州（西湖周边及后山）、淳安、临安、德清（莫干山）、乌镇、西塘、安吉、桐庐等。

（三）经典民宿

以浙江莫干山的净园麓舍和江苏的周庄镇为例来了解长三角江沪浙民宿区。

案例赏析 1

净园麓舍

（1）民宿地点：浙江省德清县。

（2）文化依托：休闲文化。

据统计，我国现行法定节假日已经多达 115 天或 116 天，再加之职工带薪年假天数，人们在一年当中的平均休假时间已经超过了全年总时间的 1/3，人们有更多的闲暇时间。据国家统计数据表明，2015 年，我国的人均 GDP 为 49922 元人民币，按照平均汇率折算，我国的人均 GDP 达 8268 美元。根据世界旅游组织研究数据资料得知，当一个国家的人均国内生产总值达到 5000 美元时，说明已经步入了度假旅游的成熟时代，人们消费能力和休闲需求正在增加，并呈现出多元化的发展趋势。伴随着人们的闲暇时间和可自由支配收入的不断增加，绝大多数旅游者已经不再满足于动态型的旅游方式，而是更加追求静态型、低流动、高品质、深体验的休闲度假旅游方式。当前，我国的休闲经济已达到了一定的规模，并且开始显露出主动发展的趋势，休闲产业势不可挡，将会成为我国新的经济增长点。休闲文化也将会在其中得到新的突破发展，在休闲消费中成为新的热点。

（3）突出特色。

莫干山是国家 4A 级旅游景区、国家级风景名胜区、国家森林公园，为天目山之余脉，风景秀丽多姿，享有"江南第一山"之美誉。它地处沪、宁、杭的中心，地理优势明显，交通也十分便捷。它与庐山、鸡公山、北戴河齐名，称为"中国四大避暑胜地"，是我国著名的休闲旅游及避暑的胜地。《纽约时报》评选了全球最值得一去的 45 个地方，莫干山排名第 18 位。美国有线电视新闻网（CNN）将这里称为：除了长城之外 15 个你必须要去的中国特色地方之一。可窥一般。当现代文明的热潮袭来、农耕文明逐渐消减时，莫干山没有朝城市化前进，而是勾勒出更具生机的乡野画面，与城市化形成鲜明对比。

净园麓舍位于莫干山，四面环山，翠竹环绕，空气清新，古树成群，是休闲养生的良好之所。客人们在这里可以参与采茶、烘焙、手工等休闲活动。同时，客人们还可以品尝到独特的舌尖美味，品尝农家菜也成了休闲的必备内容。在这里大家可以远离繁忙大都市的生活，回归纯净自然，享受清新空气，感受着休闲文化的魅力。

案例赏析 2

月上·周庄

（1）民宿地点：江苏省苏州市昆山市。

（2）文化依托：江南水乡。

周庄镇，古称泽国，隶属于江苏省苏州市昆山市，位于昆山市西南部，东距上海市 60

多公里,西邻苏州城40多公里。全镇区域占地面积38.96km², 陆地面积20.8km², 水域面积18.16km²。周庄镇依河成街,桥街相连是江南典型的"小桥流水人家"。

周庄镇享有"中国第一水乡"的美誉,被联合国教科文组织列入《中国世界文化遗产预备名单》,是首批中国历史文化名镇、首批国家5A级旅游景区、首批全国特色景观名镇,入选美国CNN"全球十大最美小镇",并获得联合国"全球优秀生态景区"的称号。

(3) 突出特色。

月上·周庄临万亩南湖之滨,造"曲水流觞"主题水景,辅以园林景观,借江南月色,融茶艺、曲艺、江南园林风情于一体。古筝铮铮声中,流传着千年的文化意蕴,长幔垂地,古典长廊下,青色庭院中,摆上一张张矮几、一碟碟点心,聆听古筝名家的演奏,是难得的雅事。图2-3为月上·周庄民宿一角。

图2-3 月上·周庄精品民宿

照片来源:周庄旅游官网

【拓展阅读】

江南六大古镇

江南六大古镇主要包括周庄镇、同里镇、甪直镇、西塘镇、乌镇、南浔镇。

一、周庄镇

周庄镇位于苏州城东南,昆山的西南处,有"中国第一水乡"的美誉。千年历史沧桑和浓郁吴地文化孕育的周庄,以其灵秀的水乡风貌、独特的人文景观、质朴的民俗风情,成为东方文化的瑰宝。作为中国优秀传统文化杰出代表的周庄,成为吴地文化的摇篮、江南水乡的典范。

二、同里镇

同里镇位于太湖之畔古运河之东。建于宋代,至今已有1000多年历史,是名副其实的水乡古镇。同里镇距苏州市18km,距上海80km,是江南六大著名水乡之一,面积33hm²

（公顷[一]）。"川"字形的15条小河把古镇分隔成七个小岛，而49座古桥又将其连成一体。古镇风景优美，镇外四面环水。同里镇连同周庄镇、甪直镇三个江南水乡古镇列入联合国教科文组织申报世界遗产名单。

三、甪（lù）直镇

甪直镇是具有2500年文明历史的江南水乡古镇，素有"五湖之汀""六泽之冲"之称，被费孝通赞为"神州水乡第一镇"，被茅以升称为"中国古代桥梁博物馆"。甪直镇先后于2001年被评为国家4A级旅游景区、2003年被公布为首批中国历史文化名镇，2004年被命名为全国环境优美镇、2008年被命名为中国民间文化艺术之乡、2012年被列入更新的《中国世界文化遗产预备名单》。

四、西塘镇

西塘镇位于浙江省嘉善县，地处江、浙、沪三省交界处。古名斜塘、平川，距嘉善市区10km，是吴地汉文化的千年水乡古镇，江南六大古镇之一。西塘被国家文物局列入《中国世界文化遗产预备名单》，也是中国首批历史文化名镇，国家5A级旅游景区。

西塘历史悠久，是古代吴越文化的发祥地之一，西塘被誉为生活着的千年古镇。

五、乌镇

乌镇地处浙江省桐乡市北端，西临湖州市，北界江苏苏州市吴江区，为二省三市交界之处。乌镇具有六千余年的悠久历史，是全国二十个黄金周预报景点及江南六大古镇之一。乌镇是典型的江南地区汉族水乡古镇，1991年被评为浙江省历史文化名城，1999年开始古镇保护和旅游开发工程，2014年11月19日，乌镇成为世界互联网大会永久会址。

六、南浔镇

南浔镇隶属浙江省湖州市南浔区，位于中国长三角城市群的中心腹地、太湖南岸，是浙江省湖州市接轨上海的"东大门"，也是湖州市南浔区委所在地。南浔曾由南林和浔溪两村组合而成，具有七千余年悠久历史，拥有国家5A级旅游景区"南浔古镇景区"，拥有中国魅力名镇、国家卫生镇、江南六大古镇之一等诸多荣誉称号。

（资料来源：作者根据相关资料整理。）

二、浙南闽北山地民宿区

（一）区域概况

闽浙交界地带，多山系间的纵向分布，山岭之间有河川谷地，绿化率较高，生态环境一流。该区域内有世界文化与自然双重遗产的武夷山，世界自然遗产的浙江江郎山，世界地质公园的太姥山等世界级的旅游资源。同时，还有散布于崇山峻岭之间的古村落，具有悠久的历史，与周边环境保持着和谐共处的良好状态。

[一] 1公顷等于10000m^2。

（二）民宿分布

浙南地区：温州的泰顺、江山市的仙霞岭、丽水、松阳等。

福建地区：泰宁的古城、大金湖周边丹霞地貌带、武夷山（下梅村及保护区毗连区村落）、屏南（白水洋周边及古村落）、周宁的古村落、福安等。

（三）经典民宿

以福建省武夷山市的旧街山宿客栈为例来了解浙南闽北山地民宿区。

案例赏析

武夷山旧街山宿客栈

（1）民宿地点：福建省武夷山市。

（2）文化依托：茶文化。

武夷山坐落在福建武夷山脉北段东南麓，面积 $70km^2$，有"奇秀甲于东南"之誉。群峰相连，峡谷纵横，九曲溪萦回其间，气候温和，冬暖夏凉，雨量充沛，年降雨量2000mm左右。武夷山属于典型的丹霞地貌，多悬崖绝壁，茶农利用岩凹、石隙、石缝，沿边砌筑石岸种茶，有"盆栽式茶园"之称。又因茶生长条件不同，分为正岩茶、半岩茶、洲茶。最著名的武夷岩茶是大红袍茶。

（3）突出特色。

武夷山旧街山宿客栈位于武夷山度假区观景地段，毗邻朱子渡，正对大王峰，周边配套齐全，更与武夷山原住民生活区域完美融合，让人深度感受武夷山地缘文化。民宿中有茶美学空间、烘茶器和全自动茶台，旅游者们可以和三两好友慢品武夷岩茶，闻着幽幽茶香入睡。武夷山旧街山宿客栈是"旧街森活"企业在武夷山的第五家高端民宿作品，秉承着敬畏自然、致敬传统的理念设计建造，最大限度地展示武夷山当地文化，让人感受大野之乐的山水情怀。旧街山宿客栈与旧街一号溪岸旅馆、旧街三号茶山房旅馆、旧街五号云起时旅馆以及旧街炊烟山房菜馆、旧街食色溪畔小厨、旧街山中风物山货生活馆共同形成"旧街森活"企业集群商业街，提供用餐、住宿、零售、票务、用车等综合型度假旅游服务，在这里可以品味到武夷山各乡镇的特色菜肴，还可以在杂货铺的各种特产中挑选心仪的伴手礼。更有旧街一日茶农体验可以参与，挎上小竹篓，去旧街茶体验基地打卡姚晨同款，体验摇青、炒青等炒茶全过程，跟着茶师学习茶艺，感受武夷山茶文化。这里借山而居，临水随行，山中风物，欢喜而生，是旅游者们逍遥假期的山水田园之家。

三、浙闽粤海岸民宿区

（一）区域概况

浙江、福建、广东三省海岸线长，其中半岛和海湾众多，沿线的渔村和其他形态的民居聚落,是发展民宿的良好基础。该区南北连接着长三角和珠三角两大经济最发达区域,沿着该海岸线,配套的交通网络发达。同时,本区域附近地区的经济发展水平高,潜在旅游者们的消费能力强。但是该区域缺乏合理的旅游规划与开发,沿线人口密度大,自发的生产建设活动多。同时,受天气影响大,尤其夏季台风,会严重影响旅游活动的开展。而一些风景宜人的岛屿,交通条件较差。

(二)民宿分布

浙江地区:宁波、苍南县、温州洞头区、南麂列岛、玉环县、象山县、舟山岛等。

福建地区:厦门(鼓浪屿、曾厝垵)、漳浦、泉州、平潭岛、连江黄岐半岛、霞浦东冲半岛、嵛山岛、浮鹰岛、福鼎台山列岛等。

广东地区:南澳岛等。

(三)经典民宿

以厦门市中德记度假别墅为例来了解浙闽粤海岸民宿区。

案例赏析

中德记度假别墅(厦门鼓浪屿黄家花园店)

(1)民宿地点:福建省厦门市。

(2)文化依托:世界文化遗产。

世界文化遗产,是一项由联合国发起、联合国教育科学文化组织负责执行的国际公约建制,以保存对全世界人类都具有杰出普遍性价值的自然或文化处所为目的。世界文化遗产是文化的保护与传承的最高等级,世界文化遗产属于世界遗产范畴。世界遗产分为世界文化遗产、世界文化与自然双重遗产、世界自然遗产3类。

中德记度假别墅建于1919年,为"印尼糖王""鼓浪屿房地产之父"爱国侨商黄奕住旧宅。自民国时期起,有蔡廷锴、李光耀、尼克松等名人政要及中国十大元帅到访或下榻此地。现别墅拥有"厦门市文物保护单位""鼓浪屿申遗评审特别下榻民宿""联合国教科文组织颁发世界遗产证书"等荣誉称号。

(3)突出特色。

中德记拥有近万坪花园,别墅掩映于百年古榕、刺桐、蜡梅、香樟之间,空气清新怡人。民宿的整体装修展现民国风格,建筑完全依照原风貌修缮及维护,原木订制民国风情家具和装饰物等古色古香,入住在此能够欣赏原汁原味的鼓浪屿旧式贵族生活,为住户提供民国风情体验。

该民宿位于鼓浪屿上。鼓浪屿于3000多年前的新石器时代就已出现,其历史文化深远,是厦门最大的一个屿,与厦门岛上的厦门世茂海峡大厦、厦门大学等隔海相望。鼓浪屿风景名胜区获得国家5A级旅游景区、全国重点文物保护单位、中国最美五大城区等荣誉。在

2017年7月8日,"鼓浪屿:国际历史社区"被列入《世界遗产名录》,成为中国第52项世界遗产项目。鼓浪屿街道短小,纵横交错,全岛植物种群丰富,代表景点有日光岩、菽庄花园、皓月园、毓园、鼓浪石、郑成功纪念馆、钢琴博物馆、天然海滨浴场等。

四、徽文化民宿区

(一)区域概况

传统徽文化区是由安徽黄山和江西婺源等地组成,其历史文化传承对于皖、赣影响巨大,特别是在建筑文化形态上,徽派建筑文化誉满中国。该区域内自然景观和文化景观非常丰富,包括世界文化遗产的西递、宏村,世界文化与自然双重遗产的黄山,世界自然遗产的三清山等,旅游资源品质高、美誉度高。同时,该区域位于经济发达的长三角区域三小时经济圈,交通非常方便,高铁和高速公路网对区域基本实现了覆盖,地理条件优越。

(二)民宿分布

安徽地区:黄山市域范围内的徽派村落,例如,黟县的西递、宏村、关麓、南屏及周边的村落;黄山景区周边等。

江西地区:上饶三清山景区周边,婺源的徽派村落、齐云山景区周边等。

(三)经典民宿

以江西省上饶市艺墅忆家文化驿站为例来了解。浙闽粤海岸民宿区。

案例赏析

艺墅忆家文化驿站

(1)民宿地点:江西省上饶市。

(2)文化依托:徽派文化。

徽派建筑文化作为徽派文化的重要组成部分,历来为中外建筑大师所推崇。徽派建筑文化并非特指安徽建筑,主要存在于安徽省黄山市和浙西等地区。徽派建筑多坐北朝南,利于屋内采光;以砖、木、石砌护墙,以木梁承重,擅长雕梁画栋和装饰屋顶、檐口,黑瓦白墙,色彩典雅大方,具有卓越的装饰艺术水平。尤以民居、祠堂和牌坊最为典型,被誉为"徽州古建三绝",为中外建筑界所重视和叹服。不仅富商家的徽派建筑精美,平常人家的民居也非常讲究。作为一个传统建筑流派,徽派建筑融古雅、简洁、富丽为一体,它至今仍保持着独有的艺术风采。

(3)突出特色。

庆源古村地处浙皖赣交界处,四面环山,耕地面积匮乏,矿产资源贫瘠,交通依赖一条弯弯曲曲的国道，闭塞的村子里常住300人，壮劳力外地谋生，仅有留守儿童和留守老人。庆源古村可能是一个没有得到足够关注的古迹，但是它证明了历史中徽派文化的思源与开明。古镇里的淳朴民风、徽派建筑、特色木板桥、油菜花连绵不绝的景色，都在用它的魔力唤醒着原始的记忆和色彩。

艺墅忆家作为庆源政府开发保护项目，分三期开发、修整"近代摄影器材大王"詹福熙故居"福绥堂"。这座有着220年历史的老宅在"文革"时期遭受破坏，原屋中的砖刻、木刻尽毁。修复工程历时两年，本着原汁原味地保护开发，黄山聘请了雕刻师傅在庆源当地寻找灵感创作，花费三个月时间重新完成了老宅雕刻。尊重徽派建筑中家国文化：家文化以龙凤呈祥，团圆月满为基调创作，国文化以三国文化创作，沿着雕梁看下来，"定军山""三英战吕布""桃园结义"的雕刻栩栩如生。抱着对宅子主人的尊重，在二楼偏厅留有詹老时代的老摄影器材，增加了古宅的故事和底蕴。外观方面几乎无改动，小院建筑体本身与周边环境相融合，最大限度地做到原生态，不引人注意甚至隐没在周围的古建筑中。为了在这片宁静的土地上给予入住者释放的体验，民宿的开发始终秉持着对目的地的敬畏和对文化的传承。

五、珠三角民宿区

（一）区域概况

珠三角是中国经济最早开放的区域，其经济体量巨大，居民消费能力强，珠三角城市群的人口数量大，是中国人口最密集的地区之一。由于此区域具有生活压力大、交通拥堵、生活节奏快等特征，使得生活在其中的居民对于民宿具有强烈的需求，而广东省属于东亚季风区，从北向南分别为中亚热带、南亚热带和热带气候，民宿受气候的影响较小，珠三角周边海拔稍高，生态环境宜人的区域成为大众度假休闲的较优选择。

（二）民宿分布

深圳地区：较场尾、官湖角、南澳镇等。

其他地区：清远、肇庆、河源、云浮、韶关等。

（三）经典民宿

以广东省惠州市秋长谷里民宿为例来了解珠三角民宿区。

案例赏析

秋长谷里

（1）民宿地点：广东省惠州市。

（2）文化依托：客家文化。

惠州是客家人的重要聚居地和集散地之一，旅居海外华人华侨、港澳台同胞居"客家四州"之首，被称为"客家侨都"。惠州是广东三大族群客家人、潮汕人、广府人融合得最为成功的地方，也是客家人从陆地文明走向海洋文明的重要通道之一。客家人是惠州人中人数最多的群体，客家文化是惠州文化中不可或缺的重要组成部分，海外许多客家华侨的祖籍地就是惠州。从唐到清末1000多年间，共有430多位中国名人客寓或临履惠州，留下了许多让世人为之骄傲的历史文化遗产。

（3）突出特色。

秋长谷里是碧桂园在惠州落地的第一个乡村振兴项目，是由百年围屋松乔楼改造而成。整个项目在保留当地文化、尊重传统古建的基础上，植入多种丰富的业态，主营业态为谷里间精品野奢民宿。

其他文旅配套有当地文化体验、亲子田园、吉他体验馆、香道馆、客家蓝染、营地拓展、窑鸡、户外野炊、户外田园BBQ、垂钓、乐骑、蔬果采摘等，致力于打造"在地、田园、客家、亲子"的悠然逸境。

六、客家文化民宿区

（一）区域概况

客家是我国唯一一个不以地域命名的民系，是世界上分布范围广阔、影响深远的民系之一。客家民系作为我国重要的民系，在区域文化方面发挥着巨大的影响力，位于赣南、闽西、粤东的这块区域，是传统客家文化的核心区块。

客家民系由于其在中国历史中带有迁移的状态，因此整体的内部凝聚力较强，宗族观念强烈，对外的戒备意识较强，直观地反映就是大量存留的土楼、围屋、土堡等带防御性功能的建筑和村落。这些建筑和村落是开展民宿及客栈的极佳载体，而客家文化的精彩多元，也是让旅游者们开展深度游玩度假的条件。该区域离珠三角及福建沿海经济发达区域较近，高铁和高速网络也覆盖到位，发展前景良好。

（二）民宿分布

福建地区：长汀的汀州古城、永定的土楼群、南靖的土楼群、连城的冠豸山、培田古村落等。

江西地区：龙南市围屋区、赣州市会昌县的古村落、石城县的围屋区等。

广东地区：梅县、大埔县的客家村落等。

（三）经典民宿

以福建省龙岩市的龙岩永定土楼阳临民宿为例来了解客家文化民宿区。

案例赏析

龙岩永定土楼阳临民宿

（1）民宿地点：中国福建省龙岩市。

（2）文化依托：土楼文化。

福建土楼产生于宋元时期，在明末、清代和民国时期逐渐成熟。福建土楼是以土、木、石、竹为主要建筑材料，利用未经焙烧的土并按一定比例的沙质黏土和黏质沙土拌合，用夹墙板夯筑而成的两层以上的房屋。福建土楼主要位于福建省闽南山区南靖县、永定县、华安县、平和县、诏安县境内，包括南靖土楼、永定土楼、华安土楼、平和土楼、诏安土楼等土楼群。福建土楼在2008年7月6日召开的第32届世界遗产大会上，被正式加入到《世界遗产名录》中。

福建土楼属于集体性建筑，为了保护族群安全而采取的自卫式居住样式。福建土楼异常坚固，具有良好的防风、抗震能力。建筑集体聚居的特殊性，反映了客家人强烈的家族伦理制度，一座土楼就是一个家族的凝聚中心，蕴藏着深厚的土楼文化。

（3）突出特色。

龙岩永定土楼阳临民宿位于福建土楼永定景区的客家土楼民俗文化村景区内，始建于明代，距今有近400年的悠久历史。该土楼是凹字形土楼，是典型的明代建筑。第15代楼主把部分闲置房间开设为客房，通过游土楼、住土楼，让游客们亲身体验土楼的文化魅力。

七、台湾省民宿区

（一）基本概况

台湾省的民宿发展约有30年。最初的模式接近日式，其后慢慢展现出自己的特殊风格。当地相关的民宿管理办法2011年年底才正式公布施行，期间民宿如雨后春笋，依各自独特环境发展出别具特色的民宿。

台湾东部有美丽宜人的山光水色，俗称"后山"。东部和西部走廊被中央山脉一分为二，虽然发展较慢但也因而保留下很多自然美景。宜兰和花莲都是台湾的民宿重镇，由宜兰、花莲台东共同联合打造的"宜花东旅游观光廊道"进一步促进宜花东观光旅馆业的发展，多年来民宿更是如火如荼地快速成长。

台湾早期民宿的经营，大都是以家庭副业的方式。随着民宿的风潮渐热，民宿创造出来的商机实在太过诱人，原本被定义成家庭副业的经营模式，逐渐演变成家庭主业模式，甚至房产投资客、新移民主义人士也参与进来，争先恐后地进入民宿经营的这块黄金板块。在竞争者众的情况下，台湾民宿的品质、服务以及高效率的经营管理竞争力需求也在提升，影响力慢慢出现。总之，民众对民宿生意的需求很大，也因此，促成台湾民宿慢慢朝着精致化、豪华化、高价化以及高水平服务化方向演进。

(二) 民宿分布

花莲县：台湾海滨民宿的焦点，地道的地方小吃美食让住客获得大大的满足。

宜兰县：位于罗东溪附近，冬山乡珍珠农业区，冬山河休闲农业区之间。神木的故乡，鲸豚的天堂、会摆动的龟山岛等丰富的资源优势，将吸引更多游客赴宜兰观光旅游。

南投县：南投县东面相邻花莲县，西面接壤彰化县和云林县，南面毗邻嘉义县和高雄市，北面交界台中市，邻域范围方整适中。秀美的山水风情，丰富的文物史迹，朴实宽厚的人情风味，正是南投的迷人之处。

(三) 经典民宿

以台湾省苗栗市的树也 Villa 为例来了解台湾民宿区。

案例赏析

树也 Villa

(1) 民宿地址：台湾省苗栗市。

(2) 依托文化：生态文化。

近代社会的"人类中心主义"价值观仅仅关注人类的自身价值，无视自然的价值，导致自然资源枯竭、生态环境恶化、生态灾难频繁，严重阻碍了人类社会的进步。后来人类重新审视人与自然的关系，把人类价值和自然价值融合起来，形成了生态文化。

生态文化是指以崇尚自然、保护环境、促进资源永续利用为基本特征，能使人与自然协调发展，促进实现可持续发展的文化。生态文化倡导人与自然和谐相处的价值观念，是人类根据人与自然生态关系的需要和可能，最优化地解决人与自然关系问题所反映出来的观念、思想、意识的总和。为了更好地适应环境、保持生态平衡、维持人类社会的可持续发展，实现人类社会与自然界的和谐相处，求得人类更好地生存与发展所必须采取的手段。生态文化是人类文明发展的成果集成，是先进文化的重要组成部分，应努力做到合理开发资源、高效利用资源、倡导绿色消费、树立可持续发展观念等事宜。

(3) 突出特色。

树也，是个以树为名，并与树共生的民宿。民宿被樟树林包围，是少见的与自然共存的低调民宿。树也 Villa 以人为本与自然永续共生的生态建筑民宿，除了绿建筑，周边大片山林，园区原生植物多样，还有屋顶花园的"生物跳岛"等生态造景。

民宿主人费时四年的时间在占地3公顷的土地里打造了一座与周遭环境完全融合的绿建筑，观察山势、林相、亲近山林，以最大的努力不砍伐一树一木，并且让建筑物还绿于山林，隐匿在山坡错综高低间，不伐树地保存整片樟树林。从人本、内外和谐到与自然永续共生的树也 Villa，让客人们发现与自然一起生活呼吸的奥妙乐趣。民宿还保留了生长在每间房内的每棵原生树,呈现"房中有树、树中有房"的有趣画面。

【拓展阅读】

台湾十大最美民宿

台湾民宿是台湾乡村旅游中美感、创意、文化的一种完美呈现,无处不体现当地人的一种巧思。它通过环境、活动以及"衍生产品/服务"的巧妙设计,不仅给游客带来大自然的绿色体验,更提供一种充满情味的感觉与氛围,极大化地让游客达到放松身心、返璞归真的效果,而这些也正是开发乡村旅游产品最需要重视的。

由众多知名旅游作家、网友共同参与票选得出的"全台十大民宿排名"或许会带给我们更多的启示。

第十名　苗栗县"花自在食宿馆"

花自在食宿馆位于苗栗卓兰镇坜西坪,有着古典优雅的装潢设计,于围绕争艳的造景花卉之中,会让人感受到每一角落用心的惊喜与感动。花自在食宿馆胜在田园生态般的山林景观,会让人有远离尘嚣之感,体验一种素雅禅风与原木生活的结合之感。

第九名　南投县"欧莉叶荷城堡"

欧莉叶荷城堡位于南投埔里,拥有全台最佳的阳光、空气、水质和得天独厚的埔里盆地。欧莉叶荷城堡从散步、用餐、住宿、视觉嗅觉到触摸使用让游客时时感受到浓浓的欧洲气息,城堡内的精品都来自女主人从欧洲精心挑选带回来的。欧莉叶荷城堡胜在它的异国风情。

第八名　花莲县"斯图亚特海洋庄园"

斯图亚特海洋庄园立于花莲东海岸的山岚之中,与海平面遥遥相望,同时融合并立山的坚硬与海的柔情,中古世纪的古堡建筑蔚然伫立。清晨在此看日出,耳边浪涛声声,眼前是日出大海,壮丽磅礴,一定会成为旅途中难忘的记忆。

第七名　台中市"谷野会馆"

环山围绕的谷野会馆,位于台湾中部泰雅族的里冷部落内,是一座隐世的温泉旅馆。经营者为了保护当地的大自然生态,设计成低调简约风。运用当地丰富的泉水、石材和森林资源,让整个会馆融于周围的自然环境中,让人有一种置身于山林中的感觉。

第六名　屏东县"福湾庄园"

福湾庄园是一座全白色的几何风格建筑,周围绿叶葱茏,各种热带植物在这里恣意生长。加上福湾本身天气和暖,会给人一种在东南亚度假的错觉。福湾庄园有一栋两层楼的独立别墅,一层楼一间房间,可供四人入住。庭院不大,但假山池水景色宜人,客厅是露天的,躺在户外的躺椅上喝下午茶,真有种身在世外桃源的感觉。

第五名　南投县"老英格兰庄园"

老英格兰庄园在清境山上,傲然伫立山巅。由于地势很高,远远就能望见,夜幕降临之后，在繁星点缀下，好似山中瑰宝，耀眼璀璨。老英格兰庄园的设计灵感来自16世纪英国都铎式建筑，三栋黑色楼木，19个房间，每一间都沉稳大气，宽敞明亮。所有的装饰、摆设都是古典的欧洲宫廷风。

第四名　九份"水湳洞 Ample Villa"

九份，最好在夜幕来临之前到达，可以赶上最美的日落与夜景。在山上住一晚，第二天看日出，这样才能够真正地感受九份的美。地处其中的水湳洞 Ample Villa 无疑就是一个看日出的好去处，九份很多都是日治时期的老房子，Ample Villa 却独辟蹊径，原木质感的全白欧式 Villa 外观加上大片玻璃窗，全栋仅有四间房间且不接受小孩，完全为情人量身打造。

第三名　垦丁"船帆石866Villa"

船帆石866Villa 在船帆石沙滩正对面，有着绝佳的观海景观，外墙处种满大型仙人掌，充满异国风情。这家民宿在私密性的设计方面下足功夫，得到许多名人的喜爱，号称全馆服务胜过五星级酒店。在此次评选中，与第二名的票数相差无几，可见其人气之高。

第二名　南投县"秋山居"

秋山居位于南投县的北港溪畔，是当地顶级的温泉度假民宿。民宿地处溪水与森林之间，空气极其清新。沿着一片青绿而来，推门而入，便是一个带有日式禅味的纯净空间。秋山居仅有11间客房，露天温泉可欣赏虚无缥缈的山岚及北港溪的美景。

第一名　苗栗县"树也 Villa"

这里四面环山，周围被大片的樟树林所包围。除了保留 $2hm^2$ 多的原生植物外，更特地选用可以让植物依附的材料作墙壁，以求可以与当地的樟树林共存。生态建筑民宿树也 Villa，不仅本身就是一栋绿建筑，入住者更可在大片山林中呼吸负氧离子、欣赏园区内种植的多种原生植物，并从屋顶花园观察到"生物跳岛"与廊道等生态造景，享受顶级且完整的生态之旅。

（资料来源：作者根据相关资料整理。）

八、海南岛民宿区

（一）基本概况

海南岛地处热带北缘，属热带季风气候，素来有"天然大温室"的美称，这里长夏无冬，年平均气温22~27℃。海南岛旅游资源丰富，极富特色。

海南岛拥有漫长的海岸线，环境及区域经济的承载能力高，发展旅游的历史较为悠久，区域内海口和三亚作为游客来海南的重要航空枢纽，环岛高铁和高速等交通配套成熟。由于该区域旅游业发展较早，旅游区商业化气息浓厚，难以凝聚民宿的文化氛围；知名度过高，区域旅游发展中负面新闻给民宿发展带来不良影响；豪华星级酒店及连锁酒店等其他替代住宿形态对民宿业发展的冲击较大。

(二)民宿分布

海南岛民宿区主要分布在三亚、东方、陵水等环岛铁路、环岛公路主干线重要节点；半岛、海角、海湾及岛内各著名风景区、历史文化圣地、古村落、黎苗寨子等。

(三)经典民宿

以海南省三亚市的海棠湾比邻 near 椰林美宿为例来了解海南岛民宿区。

> **案例赏析**
>
> 三亚海棠湾比邻 near 椰林美宿
>
> (1) 民宿地点：中国海南省三亚市。
>
> (2) 文化依托：海洋文化。
>
> 海洋占地球表面的71%，总面积约3.6亿 km^2，是地球上最大的"宝库"。海洋是生命的摇篮，它为生命的诞生进化与繁衍提供了条件。海洋的浩瀚壮观、变幻多端、奥秘无穷，都使得人类视海洋为智慧与力量的象征。海洋文化中崇尚力量的品格，崇尚自由的天性，其具有强烈的竞争和开创意识，比内陆文化更富有开放性、外向性、兼容性、冒险性、神秘性和进取性。
>
> (3) 突出特色。
>
> 三亚海棠湾比邻 near 椰林美宿三面椰林环抱，椰林如画。岛屿中光照充足、空气清新、气温适中、湿度宜人，沙滩干净泥土松软。清晨看海边日出，白天看蓝天白云、游泳娱乐，晚上看浩瀚星空、听大自然声音。大海、夕阳、忙碌的渔民，一幅海上生明月之景令人流连忘返，生态化的旅游正在深入人们内心。与大陆的隔绝也会带给旅游者脱离世俗喧嚣的轻松感，消融了快节奏生活的烦恼和压力，让人沉醉于此。

第四节 西南及川藏地区民宿概况

一、滇西北民宿区

(一)区域概况

滇西北民宿区位于云南省的西北部，多高原和山地，四季如春，空气能见度高，光照充足，夏天气温不会过高，冬天也不会过于寒冷，一年四季的天气均适宜游玩。该区域内自然景观奇异性和独特性都很高，生物多样性突出，少数民族文化斑斓多姿，拥有一处世界自然遗产三江并流，一处世界文化遗产丽江古城，一处世界记忆遗产东巴文献古籍，一处世界地质公园大理苍山。这个区域民宿发展起步早，目前仅云南丽江的人研古城就已经有 1600 处左右的民宿，是最成熟的区域之一，也是当前民宿投资炙手可热的区域之一。

（二）民宿分布

大理地区：双廊在内的洱海周边区域、大理古城及周边、沙溪、诺邓、巍山古城等。

丽江地区：大研古城、束河古镇、拉市海、玉龙雪山下白沙镇、泸沽湖区域等。

香格里拉地区：独克宗古城、松赞林寺周边、纳帕海周边、虎跳峡周边、德钦梅里雪山周边飞来寺等。

怒江州地区：六库、丙中洛等。

（三）经典民宿

以云南省大理喜洲镇喜林苑客栈、丽江的花间堂·植梦院、香格里拉松赞林卡藏式精品民宿为例来了解滇西北民宿区。

案例赏析 1

大理喜洲镇喜林苑客栈

（1）民宿地点：云南省大理喜洲镇。

喜林苑位于喜洲城北村西口，由喜洲八大商帮之一的"光明"商号的老板杨品相于 1947 年—1948 年间修建，2001 年被评为国家级文物保护单位，宅邸占地 1800m^2，为白族特有的"三坊一照壁"建筑格局。2004 年来自美国的林登夫妇最终争取到当地政府与文化部门的信任与支持，经过保护性修缮于 2008 年作为精品酒店喜林苑正式对外开放。

（2）文化依托：白族民居。

白族主要分布在云南省大理白族自治州。大理是白族的族源地、祖居地和主要聚居地，全国约有 80% 的白族聚居于此。

白族民居，是白族建筑艺术的重要组成部分。从外观上来看，三坊一照壁和四合五天井两种布局在白族民居中较多见。三坊一照壁是指三坊每坊皆三间二层，正房一坊朝南，面对照壁，主要供老人居住；东、西厢房二坊由下辈居住。四合五天井是指将"三坊一照壁"样式中的照壁替换为含有三间下房的一坊，形成类似于北京四合院的造型。其整体由四栋带厦房屋组成，有四个院落，其中四栋房屋中间的院落最大，每两房子相交各有一个较小的漏角天井，共计四个，加上中间的一个大天井，故称"四合五天井"。

白族建筑通常采用中原殿阁造型，飞檐串角，但多用石灰塑成或砖瓦垒砌。除大门瓦檐裙板和门楣花饰部分用木结构外，余以砖瓦结构为主。木质部分凿榫卯眼相结合，与砖瓦部分错落有致，精巧严谨。楼面以泥塑、木雕、彩画、石刻、大理石屏、凸花青砖等组织成丰富多彩的立体图案，富丽堂皇，古朴大方。

(3) 突出特色。

喜林苑第一进院落是典型的白族三坊一照壁院落。第一道门是一个朝北的，对着外面道路的地标性指引，穿过第一道门后，通过玄关与影壁转向第二道门，化解直对大路的煞气。而第二道门才是整个宅院的正门，门的形式为三滴水有厦大门，雨水落在这个门头的时候将会在三个标高不同的檐口依次滴落，最后才落到地上，寓意财源不断。正门还具有令人目眩的飞檐斗拱，上有双凤朝阳（左上右上角），二龙抢宝（凤凰下面），一对狮子，还有大象、麒麟、羊、兔子、仙鹤等瑞兽以及仙桃、葡萄、荷花等吉祥的植物。在主要轴线方向坐西朝东确定之后，日照成为影响建造的第二要素，北纬25°的纬度决定了阳光仍然主要是从南方而来，因此，建造的第二轴线采用坐北朝南这一点上，与我国大陆绝大多数区域是保持一致的。第一轴线第二轴线所决定的坐西向东、坐北朝南，也恰恰顺应了我国整个大陆西高东低、北高南低，大江大河自西北向东南流淌的整体格局。所以虽然时过境迁，但我们还能继续体验到当年建造时的原始空间序列与人们在这里活动的流线。

案例赏析2

花间堂·植梦院

（1）民宿地点：云南省丽江市古城内。

（2）文化依托：纳西族民居。

纳西族民居大多为土木结构，比较常见的形式有三坊一照壁、四合五天井、前后院、一进两院等几种形式。其中，三坊一照壁是丽江纳西民居中最基本、最常见的民居形式。在结构上，一般正房一坊较高，方向朝南，面对照壁，主要供老人居住；东西厢略低，由晚辈居住；天井供生活之用，多用砖石铺成，常以花草美化。如有临街的房屋，居民将它作为铺面。农村的三坊一照壁民居在功能上与城镇略有不同。一般来说，三坊皆两层，朝东的正房一坊及朝南的厢房一坊楼下住人，楼上作仓库，朝北的一坊楼下当畜厩，楼上储藏草料。天井除供生活之用外，还兼供生产（如晒谷子或加工粮食）之用，故农村的天井稍大，地坪光滑，不用砖石铺成。

（3）突出特色。

花间堂·植梦院是花间堂的第一个院子，由典型纳西四合五天井的老宅子改造而成，是丽江古城的重点保护建筑。院子原先的主人世代行医，曾获得清朝道光年间丽江知府赐予的牌匾"三世儒医"，著名的《玉龙本草》就是在这里问世的。花间堂·植梦院在充分保留纳西庭院特色的基础上，结合江南园林陆景设计及东南亚庭院的休闲水景风格，营造出私密、幽静、古朴、素雅的休闲意境。

案例赏析3

松赞林卡藏式精品民宿

（1）民宿地点：云南省香格里拉市。

（2）文化依托：藏族民居文化。

碉房是中国西南部的青藏高原以及内蒙古部分地区常见的藏族人民居住建筑形式。从《后汉书》的记载来看，在汉元鼎六年（公元111年）以前就已存在。这是一种用乱石垒砌或土筑而成的房屋，高有三至四层。因外观很像碉堡，故称为碉房，碉房的名称至少可以追溯到清代乾隆年间（公元1736年）。藏族民居的墙体下厚上薄，外形下大上小，建筑平面都较为简洁，一般多方形平面，也有曲尺形的平面。因青藏高原山势起伏，建筑占地过大将会增加施工上的困难，故一般建筑平面占地面积较小，而向空间发展。

（3）突出特色。

松赞林卡藏式精品民宿是由藏族人白玛多吉创建，以藏族文化为特色，涵盖酒店、旅行、公益及文化传播的国内首家藏地度假精品酒店集团的品牌。松赞林卡藏式精品民宿依山而建，是康巴地区特色的藏式碉房建筑，客房内同样充满传统藏式美学元素。从一进门的毛毡门帘、门上的铜雕饰、雕花整木梁柱、黄花梨木家具、织锦、漆木碗、藏式地毯、彩色顶缦、红铜浴缸……这一切都构成了松赞林卡藏式精品民宿的经典风格。而现代设备则使居住体验舒适、温馨。

二、湘黔桂民宿区

（一）区域概况

湘黔桂民宿区位于湖南、贵州、广西交界处，沿着雪峰山及武陵山、苗岭一线分布。山水相融，景色绝美，同时这里也是多民族聚合交融、和谐共处之地。区域内有桂林山水、崀山丹霞地貌、喀斯特地貌等世界级的景观。从区位上看，该地区与珠三角、川渝、华中城市群落等客源市场有良好的交通条件，通达性好，也是东部地区通往西南陆路交通的必经之地。

（二）民宿分布

湖南地区：凤凰古城、岳麓山、张家界、武陵源等。
贵州地区：镇远古城、西江千户苗寨、肇兴侗寨等。
广西地区：三江县、龙胜梯田区域、桂林、阳朔等。

（三）经典民宿

以贵州省兴义市万峰林景棠度假民宿为例来了解湘黔桂民宿区。

案例赏析

万峰林景棠度假民宿

（1）民宿地点：中国贵州省兴义市。

（2）文化依托：喀斯特地貌与布依族文化。

喀斯特地貌是地下水与地表水对可溶性岩石溶蚀与沉淀、侵蚀与沉积，以及重力崩塌、坍塌、堆积等作用形成的地貌，以斯洛文尼亚的喀斯特高原命名，中国亦称之为岩溶地貌，为中国五大造型地貌之一。布依族主要分布在贵州、云南、四川等地，其中以贵州省的布依族人口最多，占全国布依族人口的97%。布依族主要聚居在黔南和黔西南两个布依族苗族自治州，以及安顺市、贵阳市、六盘水市，其余各市、州、地均有散居，一小部分居住在越南。

（3）突出特色。

万峰林景区位于贵州省兴义市东南部，气势宏大壮阔，山峰形态奇特，整体造型秀美，是国内最大、最具典型性的喀斯特峰林。明代著名旅行家徐霞客就曾到过万峰林，赞叹："天下山峰何其多，惟有此处峰成林。"万峰林旅游景区先后获得"国家重点风景名胜区""中国最美的五大峰林"等称号。

万峰林景棠度假民宿位于兴义市风景优美的万峰林景区内，坐落于群峰环抱之间，依山而建，逐水而居。客栈是由当地布依族民居改建而成，院落与外观设计保留了原本民居的特色，且采用了师法自然的设计手法把自然山体和建筑融为一体的高端客栈，让旅游者在客房内就能感受到山体自然的美景。

【拓展阅读】

凤凰古城

凤凰古城，位于湖南省湘西土家族苗族自治州的西南部，地处武陵山脉南部，云贵高原东侧，土地总面积约$10km^2$，是典型的多民族聚居区，主要有苗族、土家族、汉族以及回族等。

凤凰古城建于清康熙四十三年（1704年），是湖南十大文化遗产之一，曾被新西兰作家路易·艾黎称赞为"中国最美丽的小城"，与云南丽江古城、山西平遥古城媲美，享有"北平遥、南凤凰"之名，是国家历史文化名城、国家4A级景区。凤凰古城历经300多年古貌犹存。东门和北门古城楼尚在。城内青石板街道，江边木结构吊脚楼。

凤凰古城以回龙阁古街为中轴，连接无数的石板小巷，沟通全城。回龙阁古街是一条纵向随势成线、横向交错铺砌的青石板路，自古以来便是热闹的集市。凤凰古城分为新、旧两个城区，老城依山傍水，清浅的沱江穿城而过，红色砂岩砌成的城墙伫立在岸边，南华山衬着古老的清朝年间的城楼，以及锈迹斑斑的铁门。凤凰古城北门城楼本名"璧辉门"，北城门下宽宽的河面上横着一条窄窄的木桥，以石为墩，两人对面都要侧身而过，曾是出城的唯一通道。

凤凰古城的主要景点有：神凤文化景区、田家祠堂、沈从文墓地、北门古城楼、陈斗南宅院、沱江吊脚楼、沈从文故居、熊希龄故居和朝阳宫等。

凤凰古城地处我国少数民族聚集区，拥有独特的文化景观魅力。

（资料来源：作者根据相关资料整理。）

三、川藏线民宿区

（一）区域概况

该区域覆盖范围广，大山大河紧邻，地貌地形复杂，藏民族风情多元精彩，同时作为进西藏的重要通道，是中国自驾游最繁忙的一条世界级的景观大道。而且该区域的一个端口，连接着成都这个重要的市场来源地和客源窗口，目前的民宿主要沿着317、318国道分布，其中以中低端为主，满足接待季节性自驾和骑行的旅游者们等。区域间低海拔河谷地带纵深狭窄，视野受到阻碍。因为该地区以高海拔地带为主，所以，旅游者们有可能会产生高原反应，对于旅游人群的受限较大，适宜旅游的时间也较为短暂。交通的通达性也较差，受限于两条进藏国道，旺季和雨季期间经常会出现拥堵和中断。旅游的淡旺季非常明显，落差太大，民宿旺季房间常常一房难求，而淡季则人数稀少。

（二）民宿分布

四川甘孜州地区：塔公、康定、新都桥、理塘、稻城、亚丁、丹巴等。
四川阿坝州地区：九寨沟、松潘、桃坪羌寨、米亚罗等。
西藏昌都地区：昌都、八宿、然乌等。
西藏林芝地区：八一、波密、朗县、工布江达等。
西藏拉萨地区：拉萨等。
西藏日喀则地区：江孜、日喀则等。

（三）经典民宿

以四川省成都市守拙民宿和西藏自治区拉萨梵世古藏精品民宿为例来了解川藏线民宿区。

案例赏析 1

守拙民宿

（1）民宿地点：四川省成都市。
（2）文化依托：田园文化。

守拙的取名来自东晋陶渊明《归园田居·其一》："在通幽藏拙，抱竹拾野，开荒南野际，守拙归田园。"同诗句一样，民宿依山而建，主体风格以川西民居风为建筑基调，在一片竹海之中。在这里，可以静看乡野田园风光，可以聆听虫鸣鸟叫，可以呼吸青草味的空气。

（3）突出特色。

守拙民宿是按照《成都乡村民宿评定实施细则》的评定程序和要求批准的成都首批精品民宿。守拙民宿整个院子从设计到修建，主体结构均是顺山势，应水景，不做刻意的改变，其中一花一草、一树一木皆保留原址，门、窗，以及榫卯主体都来自宅旧木，经老木工艺人稍加处理即用。置身其中，少了现代酒店的绚丽与浮躁，却多了份意蕴与淡然。这里，或许不是个物质奢靡的地方，但一定是个可以回归本真的所在。民宿风格布局由家庭阁楼式风格、日式风格、休闲式风格构成，都是独立式的房间，主材料均为老木头、老砖石、竹子，外观洁白清雅，内部装饰品大多为老百姓家淘来的七八十年代的生活器皿。守拙民宿强调事物朴质的内在、古朴寂寥的感觉，旅游者在这里可以享受安静中的质朴之美。

案例赏析2

拉萨梵世古藏精品民宿

（1）民宿地点：西藏自治区拉萨市。

（2）文化依托：藏族文化。

藏民族文化一直是中华文化和世界文化宝库中的一颗璀璨的明珠。藏族本土文化是雅鲁藏布江流域中部雅砻河谷的吐蕃文化和青藏高原西部的古象雄文化在不断交融中逐渐形成的。到了公元7世纪松赞干布时期，佛教传入吐蕃，逐渐形成和发展起来特色鲜明的藏传佛教。与此同时，南亚的印度、尼泊尔文化以及西亚的波斯文化、阿拉伯文化等，特别是中原汉文化，对西藏文化的发展产生了较大影响。在西藏文化的历史发展过程中，藏族的建筑、绘画、雕塑、装饰、工艺美术等造型艺术，以及舞蹈、音乐、戏剧、语言文字、文学、藏医藏药等，都已经达到了高超的水准。

（3）突出特色。

拉萨梵世古藏精品民宿是某活佛旧居，后经翻修，以纯古藏式老工艺风格打造，客栈内充斥着唐卡、玛尼石雕刻等装饰，客房中一律采用藏式民居家具，到处充斥着藏族文化氛围。

【拓展阅读】

我国其他区域经典民宿案例

一、阆中太极会馆民宿

（1）民宿地点：四川省阆中市。

（2）文化依托：太极文化。

太极文化，是中国的一种古代文化，渗透在各个文化领域和事物中。通常所讲的太极文化，是广义上的太极文化，是指太极在各种事物中的不同表现，所以，只要是以各种形式表明太极的特征、特性、特质的文化，都是太极文化的范畴。

太极拳是太极文化中的组成部分，于2006年5月被列入我国首批国家非物质文化遗产名录，是辩证理论思维与武术、艺术、中医等的完美结合，集颐养性情、强身健体等多种功能为一体，形成的一种刚柔相济、内外兼修的中国传统拳术，有益于人的身心健康。作为中华武术瑰宝的太极拳受到了世界各地人们的普遍推崇。

(3) 突出特色。

阆中太极会馆民宿是以阆中风水古城为背景，以悠久历史文化为依托，以传承国术太极拳文化为目的，精心打造的集太极健身、品茗休闲、住宿为一体的太极文化主题院落民宿。该民宿的老板是杨氏太极第八代传人，具有深厚的太极文化根基。民宿的负一楼设有大型太极训练厅，实现太极文化展示、功法演练与观景休憩相结合的目的。客人们早晚都可以跟随老师练习太极拳，达到传承文化、养生健身的目的。

二、瓷里瓷外客栈

(1) 民宿地点：江西省景德镇市。

(2) 文化依托：陶瓷文化。

景德镇制瓷历史悠久，积蓄了丰厚的陶瓷文化底蕴，被世人称为瓷都。景德镇陶瓷，品种齐全、瓷质优良、造型轻巧、装饰多样。

景德镇的陶瓷文化具有多样性的特点，包含悠久的制瓷历史、珍贵的文物古迹、传统的制瓷技术、大批的陶瓷名家、丰富的陶瓷产品、独有的陶瓷习俗等内容。陶瓷产品及相关的各项工艺技术、设备、建筑等都是陶瓷文化的物化成果，是凝聚在陶瓷发展中一切思想行为和物质创造的文明结晶。

(3) 突出特色。

在瓷里瓷外客栈，无论是客人泡茶用的杯壶，还是装饰用的花瓶，都是当地景德镇陶瓷文化的代表。房间内一张张被装裱的瓷厂老票，勾起人们对大半个世纪前瓷厂的记忆，陶瓷故事的代入感伴随着使用的正在进行而分外逼真。客栈附近有拉坯、画瓷的场所，离老陶院、陶瓷街和民窑博物馆湖田窑遗址都不远。

三、平遥会馆

(1) 民宿地点：中国山西省晋中市。

(2) 文化依托：晋商文化。

晋商是指山西的商人，山西简称"晋"。晋商是中国最早的商人，其历史可追溯到春秋战国时期。在中国明清以来的近代经济发展史上，驰骋欧亚的晋商举世瞩目，其经营范围非常广泛，钱庄票号通达四方，创造了亘古未有的繁荣景象，不仅一度垄断了我国北方的贸易和资金调度，更是辐射到整个亚洲地区，甚至触及欧洲市场。现今仍传颂着"山西人善于经商、善于理财"的说法。

每一种社会实践活动都有一种特殊的精神作为其灵魂，内在的灵魂是实践活动中最活跃的能动力量，而从事此活动的人就是这一特殊精神的创造者和实践者。晋商的成功，在于他们是发扬了一种特殊的精神，包括进取精神、敬业精神、群体精神等，我们称为"晋商精神"。该精神也贯穿到晋商的经营意识、组织管理和心智素养之中，可谓"晋商之魂"。

（3）突出特色。

平遥会馆位于古城四大街之一的城隍庙街繁华地段，是有浓郁地方传统特色的超大型晋商文化主题宾舍，始建于清道光十九年（公元1839年）。初为日升昌、蔚泰厚等二十二家平遥票商为招待各商埠往来客商等业务而共同认股出资兴建的联合会所；而后渐废，为学校所用。原址修复后的平遥会馆，秉承晋商传统文化特色，凸显当年晋商生活的典雅与奢华。

四、内蒙古印象草原旅游度假村希拉穆仁草原青年之家二店

（1）民宿地点：内蒙古自治区包头市。

（2）文化依托：草原文化。

草原文化是中华民族文化的重要组成部分，与黄河文化、长江文化共同构成中华民族文化。草原文化是适应草原自然条件和社会条件而产生的文化，是一种具有浓厚地域特色、丰富内涵、形态多样的复合性文化，其涵盖了生产方式、生活方式、风俗习惯、思想观念、社会制度、文学艺术等内容。

在漫长的历史时期里，草原民族逐水草而居，过着迁徙的生活，蒙古包应运而生。蒙古包是圆形的，呈流线型，且架木结构非常合理，既能紧密结合起来，又能有效分担压力，抗风力强。蒙古包是草原建筑艺术的结晶，也是草原文化的典型代表。

（3）突出特色。

内蒙古印象草原旅游度假村希拉穆仁草原青年之家二店位于草原文化的发祥地和承载地，努力把开展草原文化研究、推动草原文化繁荣发展作为一项义不容辞的历史使命和伟大事业，推出了"崇尚自然、践行开放、恪守信义"的草原文化核心理念。该客栈把握草原文化核心理念，发扬草原民族生生不息、勇往直前的精神动力。

五、哈尔滨五常雪谷海涛民宿

（1）民宿地点：黑龙江省哈尔滨市。

（2）文化依托：火炕文化。

由于我国北方地区冬季寒冷而漫长，流行于南方的床无法抵挡冬天的寒冷，便产生了火炕。火炕又简称炕，或称大炕，是北方居室中常见的一种取暖设备，既能解决了坐卧起居问题，又可以通过炕面散发的热量保持室内较高的温度。

南人习床，北人尚炕。火炕是一种宽约1.7~2.3m，长度可随居室而定的砖石结构建筑设施。火炕原理是使用秸秆、树枝等燃料燃烧，产生的热气流经过火炕烟道时将热量散发给土坯，土坯是热的不良导体，因此土炕被烧热后其温度可持久保持。一般炕的灶口与灶台相连，便可利用做饭的烧柴使火炕发热，不必再单独烧炕。火炕邻近灶口的位置称为"炕头"，温度偏高，多让家中老人或贵客使用。邻近烟口的位置称为"炕稍"，温度偏低，多

留给壮青年使用。

(3) 突出特色。

五常雪谷海涛民宿有多种类型的火炕，东北大炕加花被，让客人们感受到浓浓的火炕文化，找到严冬里的温暖。客栈还特意聘请了当地大厨，让客人们品尝到正宗的东北农家菜。该客栈还免费提供最具东北特色的冻梨、冻柿子等食物。

六、窑洞文化庄园

(1) 民宿地点：陕西省咸阳市。

(2) 文化依托：窑洞文化。

窑洞是中国西北黄土高原上居民的古老居住形式，这一"穴居式"民居的历史可追溯到4000多年前。窑洞主要分布于陕西、山西、河南、河北、内蒙古、甘肃以及宁夏等地。在中国陕甘宁地区，黄土层非常厚，人民创造性地利用高原有利的地形，凿洞而居，创造了窑洞建筑。窑洞防火、防噪声，冬暖夏凉，既节省土地，又经济省工，的确是因地制宜的完美建筑形式。

(3) 突出特色。

窑洞文化庄园地处陕甘交界处，是以窑洞村落著称的十里铺古驿站。时值汉唐，毗邻国都，该处便成为丝路古道上的重要节点。为挖掘历史遗迹、发掘丝路遗存、开掘古驿雄风，特建立以黄土高原原本、原风、原貌的窑洞文化为主题的窑洞文化庄园，同时也为乡村振兴和文化旅游注入了活力。

窑洞文化庄园还收藏和展出了许多珍贵的历史影像资料，生活器物，以此来烘托窑洞的文化氛围，游客们可以一同感受黄土地人共同的乡愁。

七、登封禅宗少林·照见山居

(1) 民宿地点：河南省登封市。

(2) 文化依托：禅宗文化。

禅宗是中国佛教中一个重要且特色鲜明的宗派，与中国传统文化结合紧密。禅宗文化是指以中国佛教禅宗思想为基础所发展起来的一种传统文化。禅宗文化可分为禅文、禅语、禅诗、禅书、禅画、禅乐、禅武、禅农、禅食、禅茶、禅孝等多种类型。

(3) 突出特色。

少林寺有"天下第一名刹"之称，坐落在河南省郑州登封市中岳嵩山，是中国汉传佛教的禅宗祖庭、全国重点文物保护单位、国家5A级旅游景区。登封禅宗少林·照见山居，着力打造以"禅"文化主题的休闲体验基地，是集餐饮、客房、茶室、商场、佛堂、会议、禅修、禅乐为一体的一站式、超星级禅修式山居，在满足旅游者食、宿、行、游、购、意等全方位需求的同时，带给旅游者一种亦禅亦俗、亦古亦今禅蕴浸染的全新旅游体验。

禅宗少林·照见山居通过对禅宗文化的梳理，并结合中国传统文化，开设早课、坐禅、讲禅、禅茶、香道、过堂、抄经、行禅、禅武、农禅、禅思棋趣等近20项禅宗文化和中国传统文化的体验与参修课程。同时,设有素斋馆为前来禅修的雅士们提供有益身心健康的纯天然养生素斋。

八、孟州璞华文宿农耕文化苑

(1) 民宿地点:河南省焦作市。

(2) 文化依托:农耕文化。

农耕文化,是指由农民在长期农业生产中形成的一种风俗文化,以为农业服务和农民自身娱乐为中心。农耕文化集合了儒家文化,以及各类宗教文化为一体,形成了自己独特的文化内容和特征。

出土的河姆渡时期谷物化石,就足以证明农耕文化至少于那时已经存在。随着时间的推移,长期沉淀形成的文化内涵及外延、各种表现形式,如语言、戏剧、民歌、风俗及各种祭祀活动等,都是与农业生产有关的文化类型。

农耕文明决定了中国文化的特征。中国的文化是有别于欧洲游牧文化的一种文化类型,农业文化在中国的文化中起着决定作用。而农耕文明的地域多样性、历史传承性、民族丰富性和乡土民间性,不单单赋予了中华文化的重要特征,也是中华文化之所以绵延不断、长盛不衰的重要原因。

我国的农业发展最早是从中原地区兴起的,中原农耕文化源远流长。中原农耕文化,在宋代以前,是我国农业文化的轴心,是中国农耕文化的一个重要组成部分,是中国农业文化的基础。中原农耕文化包含了特色耕作技术、科学发明等内容。随着民族的融合特别是中原人的南迁,先进的农业技术与理念传播到我国南方地区,促进了我国古代农业整体水平的进一步提升。所以,我国农业的起源与发展、农业技术的发明与创造、农业的制度与理念的升级,均与河南有着密切的关系。

(3) 突出特色。

孟州璞华文宿农耕文化苑位于全国文明村镇的莫沟村,三面环沟,生态环境宜人,地理位置优越,出行方便。园区占地约 $5000m^2$,设有以窑洞文化为主题的中餐厅、农耕文化博物馆、多功能教室、独栋舒适的客房和稻草人农场等场所。

民宿整体保留原有自然风貌,以原有农作物、农具加上后期软装的设计,既有格调,又能满足现代都市人对居住舒适度的需求。与自然共生的住宿体验使客人们能够贴近生活本源,深入地感受农耕文化。

九、京津冀民宿区

(一) 区域概况

北京作为我国的首都,是我国的政治、经济、文化的中心。天津作为直辖市,是中国重要的海港城市及工业城市。北京和天津两座城市生活着3500多万人口,是中国人口最密集的地区之一。由于交通拥堵、生活节奏快,生活在其中的居民对于民宿具有强烈的需求,这种需求不仅表现在民宿的消费方面,还表现在投资打造民宿方面,基于该区域居民强劲的投资能力，其周边环境良好的区域都是很抢手的。

(二) 民宿分布

北京地区：昌平区、怀柔区、密云区、延庆区、房山区、平谷区、门头沟区等。

河北地区：承德、张家口、北戴河等。

(三) 经典民宿

以龙珠堂精品四合院为例来了解京津冀民宿区。

> **案例赏析**
>
> 龙珠堂精品四合院
>
> (1) 民宿地点：北京市。
>
> (2) 文化依托：四合院文化。
>
> 龙珠堂精品四合院有正房、倒座、东厢房和西厢房四座房屋在四面围合，形成一个口字形，里面是一个中心庭院，故此院落式民居被称为四合院。四合院在中国有悠久的历史，早在两千多年前就存在四合院形式的建筑模式，北京四合院是中国四合院民居的典型代表形式。
>
> 北京四合院是中国传统居住建筑的典型代表，在建筑形式、建筑文化内涵、建筑装饰，以及民俗寓意等方面引人入胜，同时蕴含着深刻的文化内涵，是中华传统文化的载体，是城市历史的见证者，它承载着一座城市的文化积淀。
>
> (3) 突出特色。
>
> 龙珠堂精品四合院是典型的老北京四合院，其建筑构成独特，院落宽绰疏朗，四面房屋各处独立，彼此间有游廊连接。整个院落是民国元年的砖木建筑，经过长期的护理及修整，保留了古建筑的原汁原味，在这里，旅游者们不仅可以感受到北京四合院的深厚文化，也能感受到北京悠久的历史文化。
>
> (资料来源：作者根据相关资料整理。)

【复习思考题】

1. 我国民宿群中最具代表性的是哪里？有什么特色？

2. 台湾省民宿兴起的主要背景原因是什么？

3. 归纳各国民宿发展的情况，利用寒暑假走访几个代表区域的民宿，比较一下它们的异同及造成这些差异的原因。

4. 动手收集各国或各地区民宿管理的相关法规，看看有哪些经验值得我们学习和借鉴。

第三章 民宿筹建

【本章导读】

民宿的建设并不是凭借单一因素可以实现的。民宿的筹建从开始就是一个考虑周全的规划，否则可能导致民宿项目入住率低、投资回收期长甚至亏损。以莫干山、丽江为代表的早期民宿发展区，依托成熟的旅游市场表现出强劲的发展活力，部分网红民宿全年无淡季。可见，民宿的成功取决于多种因素，明确民宿的项目定位，找到适合该民宿的发展路径进行规划设计，是打造成功民宿的首要环节。

第一节 民宿主题确定

一、民宿主题调研

一个优秀的民宿必须具有鲜明的主题，主题的内容是民宿整体的灵魂所在，确定好主题，才能让民宿拥有足够的生命力、说服力、感染力。因此，民宿主题具有非常重要的地位。民宿经营者在确定民宿的主题前，需要对以下内容进行思考。

1. 进行市场调查

在确立民宿的设计主题之前，民宿经营者必须对市场进行全面调查了解，通过调查提出一系列问题，如：旅游者们为什么会入住民宿？旅游者们选择民宿时看重哪些要点？旅游者们对于民宿有哪些需求？因为民宿市场是由不同需求的客人所组成的消费群体，为了解决住宿问题而入住民宿，这是旅游者们最基本的需求。但是，选择不同的民宿就是基于不同的需求，选择有特色主题的民宿目的是通过身心放松来满足精神方面的需求，所以民宿还应该融入文化功能，使旅游者们在民宿中找到所需要的情感。

2. 了解顾客的情感需求

旅游者们是民宿竞争的目标。民宿经营者在创办民宿之初必须认真分析消费者的情感需求，确定设计对象针对的消费群体，并结合消费群体的消费能力、喜欢什么样的生活方式以及需要什么样的情感空间等方面的因素来综合考虑。民宿经营者只有了解旅游者们的情感，才能把握住旅游者们的需求。因此，民宿服务群体的高、中、低的定位决定了民宿经营的选择，这也正是一个民宿成功的关键。

3. 确立设计主题的创意构思

一个民宿走进市场，其主题的确立必须具有创意。如何确立设计主题的创意构思？首先要进行必要的分析和了解，准确了解主题的文化内涵。在诸多的民宿主题中，要分析该主题是属于哪一类型的，类型包括民俗、现代、民族、复古、时尚等。民宿的主题确定后，民宿经营者再围绕主题进行创意，设计出具有鲜明个性色彩的民宿空间。

民宿空间的设计目的旨在创造一个合理、舒适、优美的民宿环境，以满足旅游者们的物质和精神要求，设计师在接受民宿空间设计任务时，通常需要花大量的时间来做设计前的案头工作。设计师在设计之前必须有一个设计计划，掌握好设计中的内容和总体方案，做到心中有数，在设计之前还必须了解市场、顾客的情感需求、所经营的产品等。

在确定主题风格后，民宿的所有事务都要朝此方向努力。以软装为例，每一项室内软装的搭配与布置，无论是家具、布艺、灯艺、植物还是工艺品，都必须与该室内空间的整体风格环境相协调，只有这样才能烘托出室内空间的氛围，形成独具一格的主题风格，从而赋予其深刻的内涵。

二、民宿主题定位

主题定位是民宿投入建设的前提，它将为民宿的建设提供方向，精准的定位必是民宿成功的前提条件。只有明确了服务人群以及客户群体的需求，才能创造准确的产品，提供完善的服务。民宿主题定位主要包含市场定位、产品定位、形象定位三方面。

第一是市场定位。民宿在策划之初就要在地理层面上确定所要面对的销售区域，确定预想的客户群，确定客户群的行为及心理特征、消费能力及产品定价。

第二是产品定位。在明确客户群体及需求之后，民宿的策划要确定产品设计的文化内涵，并提供客户对应的偏好设计素材，以指导硬件的建设，形成合适的物质空间产品定位，并具体到空间的设计风格、需要配套的服务设施等。

第三是形象定位。形象定位是所设计的产品在民宿市场中的位置、在公众中的位置、在同行中的位置以及在社会中的位置。民宿在各维度形象的总和应对预想的市场人群构成极大的吸引力，并通过产品设计，满足需求或是创造消费。在形象定位及品牌维护中，将文化内涵贯穿于建设和经营的整个过程是支撑民宿可持续发展的重要因素。随着民宿业的发展，民宿市场将出现很多细分定位，在规划设计时应注意细分定位提出的新要求。

精准定位、特色文化的准确呈现，有助于确立民宿项目的核心竞争力，有助于民宿发展成为品牌，民宿将在定位的基础上衍生出品牌精神、文化内涵等内容。

第二节 民宿命名

民宿的名称是民宿对外形象的语言符号标志，蕴含丰富的内容，是旅游文化的一种载体和名片，对旅游者具有导向功能和广告作用，它是不同语言成分的组合。它们以最直接的形式招揽顾客，也以最直接的方式反映当地的社会文化生活特色。

民宿的名称是一类特殊的短语，它有自身的特点，同时又与社会文化生活密切相关。民宿的名称作为一种特殊的语言符号，它的命名与传统文化、传统观念、地理环境、民族文化等有直接的关系，很多情况下民宿的名称也是民族文化的写照。

本节内容将以云南省丽江市大研古城的民宿为例，对民宿的命名进行阐述。大研古城的民宿已经达到了1600家，现已经成为丽江市旅游中的一大亮点和特色，而丰富多彩的民宿名称无形中也成了这座旅游城市一道亮丽的风景线。本节从音节、通名、专名和技巧四个角度来分析民宿名称的特点。

一、民宿命名中关于音节的分析

丽江大研古城的民宿名称音节长度最短的是三个音节，如"橡公馆"，最长的有21个音节，如"丽江安之若宿人和生活美学设计师度假美宿客栈"。丽江大研古城部分民宿名称音节长度详见表3-1。

表3-1 丽江大研古城部分民宿名称的音节长度

音节长度	民宿名称
三音节	橡公馆
四音节	抚云客栈、无忧庭院、拾光美宿
五音节	水畔居客栈、那些年客栈、雲且慢客栈
六音节	安隐私人庭院、丽江一生一宿、丽江丽水客栈
七音节	丽江花石间客栈、丽江花悦庭客栈、花暖巷·华宇客栈
八音节	丽江雲府精品民宿、丽江悦居花园美宿、丽江曦城花语客栈
九音节	丽江泊隐湾轻奢客栈、丽江木房子轻奢民宿、古城东篱下观景客栈
十音节	丽江觅初轻奢精品客栈、丽江来嘛·微漾艺术美宿、丽江吾居·美宿度假庭院
十一音节	丽江古城自在堂花园民宿、丽江邂逅时光半遮阁客栈、花筑·丽江古城和路居客栈
十二音节	丽江云宿雪山观景精品客栈、丽江佰茂文华廿寸度假美宿、丽江松小赞·设计师花园美宿
十三音节	花筑·丽江古城五一街清迈客栈、丽江古城澜舍设计师公馆客栈、丽江行致设计师观景度假庭院
十四音节	梦里繁花·丽江百年花园美宿客栈、丽江凤凰齐飞·禅意行旅度假客栈、丽江隐阅·生活美学设计度假美宿

（续）

音节长度	民宿名称
十五音节	丽江雨舍·生活美学设计师度假美宿、南诏公馆、东方美学设计师梦溪庭院、丽江太古易居·生活美学设计师美宿
十六音节	花筑·丽江古城曲岸和风轻奢度假庭院、丽江八街九陌观全景·设计师度假美宿
十七音节	风雪故城·自然美学设计师古城观景美宿、丽江归来生活美学设计师度假美宿客栈、花筑·丽江古城伴山云府设计师轻奢美宿
十八音节	福雅居·自然美学设计师古城观景花园美宿
二十一音节	丽江安之若宿人和生活美学设计师度假美宿客栈

关于音节上的变化，从 2006 年陈婷婷的《丽江古城客栈名的语言文化特点分析》一文中可以发现，当时的客栈名最长的有八音节，例如"牛家大院休闲客栈""古城庭院青年旅馆"等四家客栈；从 2013 年杨晖的《丽江客栈名的语音语义特点》一文中可以发现，当时八音节以上的客栈名总共有五家。由此可见，近些年客栈名的音节出现了变长的趋势。

二、民宿命名中关于通名的分析

一般说来，各个行业的店名都可以分为专名和通名两部分。专名是该店的专有名称，通名表示店家所属行业的类别。丽江大研古城里的客栈命名呈现出相当大的同一性，通名多元化的现象很少存在。在收集的资料中，以"民宿""客栈""美宿"为通名的客栈占绝大多数。其他的通名如"别院""会馆""筑""居"等数量为少数。和通名相比，专名是真正区分店家、凸显特色的招牌，每个民宿都有自己的专名。从收集的资料来看，民宿名称几乎都是由"专名+通名=民宿名称"的方式构成，存在极少数没有通名的情况。根据丽江大研古城民宿的通名呈现趋同性的现象，我们将大研古城民宿通名范例细分为以下 12 种不同的类型，详见表 3-2。

表 3-2 丽江大研古城民宿通名范例

通名	民宿名称
民宿	丽江佳家·梵尘轻奢民宿、丽江宽庭轻奢民宿、花筑·丽江古城阅竹轩轻奢民宿、丽江常乐居·轻奢精品民宿、丽江本树轻奢花园民宿、丽江修缘居花园民宿
客栈	丽江古城画院客栈、丽江沐光禧院精品客栈、丽江玥影阁观景客栈、丽江桃源雅舍客栈、丽江一合柒舍客栈、真美度假连锁客栈
美宿	丽江悦居花园美宿、丽水云边·设计师观景美宿、丽江楠初·文化体验设计师美宿、丽江心筑·光影设计师轻奢美宿、星之空·设计师观景美宿
庭院	安隐私人庭院、丽江古城御府轻奢庭院、丽江行致设计师观景度假庭院
别院	止舍·兰溪别院、止舍·伴山观景别院、丽江沐阳阅季私享别院
会馆	丽江心宿雪山倾城全景度假会馆、丽江依宿景观度假会馆、丽江拂柳会馆
公馆	丽江云上公馆、橼公馆、丽江慕月曦公馆
驿站	丽江遇见藏地驿站、丽江时颂驿站、丽江素一驿栈

(续)

通名	民宿名称
居	兰憩途居、丽江曼乐途旅居、止舍·观山筱居
苑	丽江泊心云舍·文苑、丽江西木别苑、丽江如也别苑
舍	经纬度·拈花禅舍、山有楠舍、丽江茶香木舍
筑	经纬度·行云雅筑、丽江浅忘小筑

三、民宿命名中关于专名的分析

民宿通名的选择往往不具备自主性，命名方式也比较单一，而民宿的专名是属于民宿经营者特有的语言符号，对旅游者具有导向功能，同时也能起到打广告的作用。民宿经营者为了吸引旅游者、顺应时代的发展，也在不断地推陈出新，改变经营模式和理念，民宿的专名部分不断地朝着多元化方向发展。根据所收集到的资料可以看出，民宿专名的命名方式可以大致分为以下几种。

（一）结合旅游主题来命名

丽江是旅游胜地，旅游资源丰富。在大研古城的民宿专名中也有不少彰显着"旅游"的主题，如丽江曼乐途旅居、丽江季风之旅客栈、丽江快乐之旅客栈、丽江五花石之旅客栈、驿旅风情客栈等。

（二）结合历史文化来命名

结合所在地的历史文化，以历史文化来命名民宿，积极宣传和弘扬当地历史文化，如丽江茶马古道客栈、丽江永霞纳西精品客栈、丽江纳西金居客栈、丽江古城美憩纳西客栈等。

（三）结合民宿的连锁品牌来命名

民宿的发展如同酒店一样，也出现了连锁发展的趋势。民宿行业正在努力打造现代民宿服务业的服务模式和营销模式，所以，在民宿的专名命名中也出现了很多全国或者云南本地的连锁民宿品牌，例如，花筑·丽江古城阅竹轩轻奢民宿、花筑·丽江古城曲岸和风轻奢度假庭院、花筑·丽江古城伴山云府设计师轻奢美宿等。

（四）结合地名来命名，突出所在地

为了强调自身的所在地，在民宿的专名命名中会出现所在地，在云南省丽江市大研古城的民宿，诸多都会在专名命名中加入"丽江"二字，如丽江宽庭轻奢民宿、丽江依宿景观度假会馆、丽江拂柳会馆、丽江桃源雅舍客栈、丽江玥影阁观景客栈等。

（五）结合经典景点来命名，突出旅游资源

经典景点具有相当的代表性和知名度，在民宿的专名命名中会出现所在地的景点景观，

在云南省丽江市大研古城的民宿，部分会在专名命名中加入"古城""雪山"等，以示强调，如丽江心宿雪山倾城全景度假会馆、风雪故城·自然美学设计师古城观景美宿、丽江古城御府轻奢庭院、丽江花眠·雪山摄影民宿等。

（六）结合自然事物来命名

自然事物存在于生活中的方方面面，旅游者对此熟知，不存在陌生感，因此，不少民宿以此来命名民宿，如丽江一见·一山客栈、丽江茶香木舍、星之空·设计师观景美宿、丽江慕月曦公馆等。其中，以"云"命名的居多。因为，云南因美妙的云而得名，云南的云变化莫测、气象万千，我国著名作家沈从文先生就曾写过《云南看云》一文。云南地处高原，地貌特殊，自然景观多姿多彩，以"云"来命名可以凸显出云南的与众不同，突出云南的地域特色。所以，有很多以"云"命名的民宿，如雲且慢客栈、丽江雲府精品民宿、丽江云宿雪山观景精品客栈、抚云客栈等。

（七）结合宗教文化来命名

宗教文化是人类传统文化的重要组成部分，是人类社会发展进程中重要的文化现象，同时又是整个社会文化的组成部分，它对于旅游者们的思想意识、生活习俗等方面都具有深远的影响。因此，不少民宿在命名中结合了宗教的相关文化，例如，经纬度·拈花禅舍、丽江修缘居花园民宿、丽江凤凰齐飞·禅意行旅度假客栈、丽江古城卧禅别院、丽江缇缦禅意度假客栈等。

（八）结合吉祥字来命名

吉祥字蕴含美好寓意，寄托了人们追求幸福、美好、平安的愿望，也是人们共同追求的人生目标，成为中华民族千古永恒的祈福迎祥主题，逐步形成了中国文化，其内容异常丰富，十分宏大。它渗透于社会诸多领域，在日常生活中，到处都能感受到吉祥字的文化。因此，在民宿命名中，也会以"喜""福""吉""康""祥""瑞""顺"等吉祥字来进行命名，给旅游者一种美好的心理暗示，如花筑·丽江后福客栈、丽江康美之恋私人庭院、梦里繁花·丽江福盛祥云花园客栈、丽江柏瑞精品客栈、丽江豪客隆吉祥观景客栈、丽江和顺客栈、丽江喜度观景度假庭院等。

（九）结合民宿的设计来命名

现今，民宿的设计感不断增强，通过设计呈现出了具有美感的诸多民宿，民宿的专名命名也注重强调设计，如丽江行致设计师观景度假庭院、丽水云边·设计师观景美宿、丽江楠初·文化体验设计师美宿、丽江心筑·光影设计师轻奢美宿、星之空·设计师观景美宿等。

（十）结合自身的档次定位来命名

旅游者越来越看重民宿的档次，而民宿经营者则顺应此消费心理，在民宿的专名命名中突出消费档次。例如，丽江常乐居·轻奢精品民宿、丽江沐光禧院精品客栈、丽江云宿雪山观景精品客栈、丽江觅初轻奢精品客栈、丽江雲府精品民宿等。

由此可见，民宿专名命名是一道亮丽的风景线，其内容丰富多彩，会结合旅游主题、历史文化、连锁品牌、地名、经典景点、自然事物、宗教文化、吉祥字、设计、档次定位等内容来进行。

四、民宿命名技巧

一个好听的民宿名字会使旅游者对它产生更多的关注，更有利于打动旅游者们。如何命名民宿是每个民宿经营者都需要思考的问题，如何使自己的民宿名称在众多的民宿中脱颖而出，这些是需要技巧的。

（一）具有独特性，拥有一定的辨识性

民宿的名称需要具有自身的独特性，拥有一定的辨识性，能够让旅游者们在诸多的名字中产生眼前一亮的感觉。例如，浙江莫干山的西坞里73号民宿，其命名是根据地点位置而来的，其具体的地址就是西坞里73号，以此命名独具创新，避免重复，而且也方便旅游者查找。

（二）与主题相符

民宿的名称需要具有独特性，但绝不是没有依据的命名。在其命名中，需要与民宿自身的主题、特色等相符，只有这样，旅游者抵达民宿后才不会产生言不符实的感觉。民宿的命名过于夸张，不着边际，会让旅游者产生华而不实、敬而远之的感受。

（三）体现品位和情怀

每一间民宿都有属于自己的特色和情怀，民宿的命名就是体现民宿品位和情怀的一种途径。让旅游者通过名字即可感受到民宿经营者想要打造和追求的特色和情怀。

（四）联想性

让旅游者通过名字能够产生美好的联想，从而打动旅游者的内心，最好能联想到充满诗意、禅意、美学的画面。例如，抚云客栈，名字能让旅游者联想到一种很惬意、很悠闲自在的画面。听花堂花园美宿，名字能够让旅游者联想到自己沐浴在花丛中，被各类鲜花簇拥着，宁静而舒适的院子布满各类花草，美得沉醉。

（五）忌讳

在民宿的名称中忌讳有冷僻的字出现，这样会存在传播障碍。在语音互换方面，使用当地方言时，需要注意普通话读出来是否存在误解；反之，普通话转化为方言也是如此。

【拓展阅读】

循美半山：民宿是有文化的生命体

西江千户苗寨由十余个依山而建的自然村寨相连成片，是目前中国乃至全世界最大的苗族聚居村寨。而循美半山就伫立在苗寨的半山腰，依托特色鲜明的苗疆风情，打造成独一无二的度假客栈，如下图所示。

"我感觉这么多年的经历，都快把自己憋坏了，做客栈对我来说是一种释放。"谈及开客栈的初衷，循美半山的创始人肖逸飞眼里是掩饰不住的执着，像孩子对糖果般的单纯挚爱。他说西江是他的第二故乡，喜欢这里的文化，喜欢这里的气氛，喜欢这里有他学生时期的味道。

图　从循美半山远眺千户苗寨

照片来源：客栈群英汇公众号

一、产品的定位才是选址的核心

肖逸飞直言，循美半山的定位是高端度假型客栈，所有的一切都是围绕"高端"这个概念。那么所要考虑的就是场地的独特性、公共区域的大小和产品的开发性，也就是根据产品客户的属性去做定位。"人多的地方很吵，缺少度假的清静氛围。尽管考虑过游客如织的北大门，但是爬到半山的时候，却有种一见钟情的震撼。"肖逸飞说道，他享受和朋友在客栈边聊天边看风景的惬意时光。

其实，在网络迅猛发展的今天，客栈的营销方式已转变为线上为主，更多的是依靠OTA引流，所以民宿选址并不像传统的选址模式那样一定要选在游客很多的地方。

循美半山放弃了游客如织的北大门，也能达到75%以上的入住率，甚至满房。实际上，线上客流对于位置和价格的要求相对较高，而高端客户更重视体验。

就位置而言，循美半山具有十分明显的优势：一是坐拥西江最佳全景拍摄地，各个角落的美景一览无余；二是紧邻主干道，交通也十分便利。这也是循美半山的租金比北大门高的原因。

二、用价格筛选客户，将细节做到极致

西江的客栈客房价格绝大部分是在200~500元，所提供的配套设施远远不能满足客户的需求，还有很大一部分具有经济实力、要求高配套的群体，需求在这里得不到满足，市场上缺乏这个层次的客栈。

循美半山决定只做这个层次的客户产品。首先在定价方面就筛选了一部分客户，也就是说循美半山的客户整体区别于其他家民宿的客户。

"我们不仅是要做客栈，更重要的是做有内涵的客栈，所以我们的价格是基于产品，我们是有互动、有交流、有文化的生命体，而非单纯的客栈。"肖逸飞说。

因而在设计上，为了与极具特色的苗寨文化相得益彰，沿袭原有吊脚楼的韵味，房屋的改造基于原有建筑顺势而建，既原味古朴又舒适雅静，能让更多的旅游者深入体会这里的文化，而不是浮于表面的走马观花。并且循美半山所有的软装饰品，全部都是将当地刺绣、蜡染、草木染等传统工艺品经过二次设计而衍生出来的艺术品，每一件都独一无二。

更值得一提的是，循美半山拥有近千平方米的公共区域，是西江民宿中公共区域最大的，配有休闲茶座、书吧、露天观景台、烧烤台等，客户还可以体验具有民族特色的草木染、蜡染等。

客栈的食材全部采用绿色无污染的天然食材：稻田鱼，雷山黑毛猪，雷公山跑山鸡，原材料因地制宜，自然原味。这些都是其他客栈目前很难做到的。

三、海岛级贴心管家式服务

产品做好了，服务一定要跟上。而好的服务一定是以客户为中心，这也是赢得客户和市场的关键。如何换位思考，从客户的角度来切身感受，他们真正需要的是什么？传统的酒店服务，从住店到离开都很松散，是一套冷冰冰的标准化流程。客栈民宿区别于此，优势也在于此，老板的热情常常被提及，体现的是个性化与人文关怀，能给予客户一种家的感觉，让他们觉得温暖。

循美半山是"海岛级贴心管家式服务"，即从客户订房成功追踪服务到客户离开这里的一系列服务，包括提供贵州凯里的旅游信息、到店交通接驳、店里食住行游购娱服务、离店送客等一系列服务。"目前是一批客人一个管家，未来我们会尽量做到一间客房一个管家对应服务。"肖逸飞说。这样的服务模式能给予客户很好的体验，也能够形成很好的口碑。

四、口碑为王，酒香不怕巷子深

某企业家曾指出：对企业来说，"口碑"的重要性远远大于"品牌"，而决定口碑的关键则是客户服务质量。为什么一个差评胜过十个好评？为什么我们评论差评时，商

家会如此重视？这就是口碑的重要性，口碑是长期的隐形投资，可以为企业带来更多的客户，也能让已经消费过的客户进行二次消费。民宿行业也同样如此，口碑的塑造可以借由一些软文来推广，例如，在天涯、马蜂窝、今日头条等发布软文。

其实很多网络平台都是锦上添花，主要是赋予文化，而不是带来客户。能够带来客户的，需要长期的效果沉淀，而不是一蹴而就。"接下来我们还会做微博和更多自媒体达人的营销，但是重心会放在与客人的往来。其实这是个良性循环，朋友圈又能带来更多的客户群，我们的许多客人本身就是一个自媒体。"肖逸飞解释说。尽管循美半山开业时间不长，但是精准的定位、优质的客户群体以及贴心的管家服务，从细节方面的打造到苗寨历史文化的传承，都体现了一家客栈的底蕴。其实最好的传播就是口碑，酒香不怕巷子深，客户体验才是根本。

（资料来源：客栈群英汇公众号。）

第三节 民宿选址

一、民宿选址的重要意义

民宿的选址属于前期准备工作中的重要内容，在民宿选址确定后才能够开展后期的设计、施工等系列环节。所以，民宿的选址作为基础工作，需要做到准确无误，才能够为后期的成功奠定坚实的基础。如果一旦民宿的选址不成功，那么，后期的发展就会受到很大的阻碍，获得最终成功的可能性也较小。从现今民宿业的发展情况来看，发展优势突出的民宿，在选址方面都花费了大量的功夫。从我国民宿蓬勃发展的几个地区来看，每个地区民宿发展的起源和特征各有不同，成熟的民宿及民宿聚集区无不具备极佳的选址条件，不同的民宿选址决定了不同的民宿发展方向和路径。因此，民宿经营者要特别重视民宿的选址问题。

优质的民宿选址能够给旅游者带来独特的体验。开民宿不仅仅靠情怀，更要为旅游者提供独特的体验，这种独特性大多来自旅游者因为空间的转换而获得的不同感受，如从城市到乡村的旅游者、从沿海地区到高原地区的旅游者、从以汉族为主的地区到少数民族聚居地区的旅游者感受到的文化差异。优质的民宿选址可以大大降低民宿的初期投入和未来的运营成本。在民宿业有一句话："如果选址选好了，躺着也能赚到钱；如果选址选不好，绞尽脑汁也得亏钱。"

二、民宿选址前的准备

民宿选址是否合理对民宿后期的经营起着至关重要的作用。所以，经营者在对民宿进行选址之前，必须对民宿进行合理的规划，做好充分的前期准备。

(一) 掌握民宿行业的发展现状和发展趋势

(1) 掌握民宿行业宏观发展的现状与发展趋势。民宿选址前，要了解我国乃至全球现今民宿市场的整体发展规模、发展趋势、发展规律、营业收入情况、入住率、房价、投资金额、回报率、存在的问题、面临的挑战、发展的痛点等基本内容。同时，对民宿消费者群体的年龄结构、收入情况、消费能力、旅游频率、消费偏好、宗教信仰、文化背景、受教育程度等情况进行基本的调研。掌握这些基本信息，有助于在民宿选址前确定更加准确的目标市场，趋利避害，做出更加正确的决定。

(2) 掌握拟开设民宿的区域内现有的民宿设施整体情况，以及主要竞争对手的经营特色与状况。对于该区域的客流量、顾客层次、定价范围、文化氛围、经营特色等内容开展详细的评估，区域内配套的旅游设施的规模特色、营业时间、消费单价、营业额和菜单内容等，以便为民宿选址提供可行性分析的依据。

(二) 明确民宿的性质和定位

在民宿选址之前，还应对民宿的性质和主题进行拟定。民宿经营者需要根据前期市场调查和基地选择的结果，拟定民宿接待住客的档次、民宿管理水平及民宿的特色等，从而确定民宿的性质、民宿等级、民宿规模、民宿结构和民宿定位等。具体的情况分析需要从以下三个方面进行考虑。

1. 明确民宿的主要消费者群体

确定民宿的主要消费者群体，对于学生群体、白领人士、退休人群、小资人群等群体等进行进一步划分，开展进一步的市场细分，明确民宿的定位、后期规划、设计、宣传营销等事宜。

2. 明确民宿消费者群体的消费需求

确定民宿的主要消费者群体后，还要明确民宿消费者群体的消费需求。因此，明确消费者群体的消费需求是民宿选址和产品设计的重要前提。一般而言，明确消费者群体的消费需求包括以下三个步骤。

(1) 锁定目标群体，确定民宿要接待的主力人群是热爱时尚生活的年轻人，还是工作压力大需要休闲放松的白领人士等。要根据某一类群体的选择做出具体的安排，避免没有侧重点、缺乏自身的特色。

(2) 对目标群体的特征进行进一步的研究，对此类人群的喜好、行为习惯、文化背景等进行详细研究。例如，如果目标群体为年轻人，年轻人群体喜爱拍照打卡，针对此喜好，民宿经营者应该考虑是否能够在民宿内设计网红拍照的场所；如果目标群体为小资人群，小资人群注重民宿的细节品质，针对此喜好，民宿经营者应该考虑是否需要提升民宿中的软装细节品质。

（3）分析目标群体的行为模式和"触点"感受。对目标群体的消费习惯进行收集、对比和规划，分析该类目标群体行为背后的动因，为日后选址提供依据。如知识分子群体对于文化内涵丰富的活动比较感兴趣，针对此类细分目标群体，民宿在选址时应该适当地考虑周边是否有提供文化活动的相关旅游资源。

3. 分析自身的优势

从宏观和微观的角度对民宿消费市场进行分析，努力挖掘自身优势、特色，突出自身优势、特色。例如，有些民宿经营者很喜爱饮茶，对于茶文化有较深入的研究，那么在民宿的定位时可以将茶文化的特色融入其中；有些民宿经营者爱好烘焙，则可以在民宿的餐饮或者欢迎茶点部分进行巧妙的构思，以此来吸引对烘焙同样感兴趣的目标群体。总之，能够最大化地结合民宿经营者自身的优势和喜好，将优质资源进行有效的整合，是民宿生存的最佳路径之一。

（三）了解修建民宿的政策

民宿属于新兴的旅游住宿方式，在旅游景区范围内修建民宿都需要办理各种手续，满足各种要求，达到各种标准，手续办理难易程度不同。民宿选定地址之前必须要向当地的行政单位了解相关的政策和规章制度，同时，明确当地居民对于民宿修建的主流态度，以确保后期事宜的顺畅。修建民宿的政策主要包括资质政策和环保政策。

1. 资质政策

（1）宅基地政策。部分景区范围内的房屋是不允许买卖的，只得通过租赁的方式获取。所以，在建造民宿之前，需要充分地了解相关政策，以便制订后期相关资金投入计划。

（2）经营资质政策。住宿产品的相关资质包括工商行政管理局的营业执照、消防部门的开业许可、公安部门的特种行业许可和外宾接待许可、卫生许可、食品药品监督管理局的餐饮许可等。国内一线城市对于这些资质的办理要求标准基本相同，而部分景区范围内的政策会有所区别，所以民宿经营者需要明确修建民宿需要具备的相应条件。同时，部分地区对于修建民宿会有特殊的要求，例如，在云南省丽江市大研古城中修建民宿，民宿的建筑外观、建造材料、建筑颜色、招牌字体等都有明确的规定，这些都需要民宿经营者特别注意。

2. 环保政策

环保政策是指民宿经营者要提前了解政府对排污设备系统的政策要求和标准，以及未来的规划。假如民宿被官方部门勒令停业，或作为违章建筑被拆除，都会让民宿经营者付出惨痛代价。如果是打算将民宿选址在景区内，还要特别关注景区内对于建筑材料的环保标准等方面的要求，以免造成不必要的损失。

三、民宿选址依据

民宿的选址在民宿的建设中起着至关重要的作用，以下为民宿的选址依据。

(一) 基础设施配套条件

作为民宿经营者，给水、排水、强弱电、消防、污染处理等方面都需要细致考虑。如果民宿所建区域配套设施不全面，也会增加建设成本及运营成本。如果电容量不够需要增容，如果缺乏健康的生活用水需要增加生活用水供给设施，这些成本可能比改造民宿的成本还要高。特别是在一些距离城镇较远的村落，所有基础设施都要在确定选址之时进行系统的规划。

民宿体量较小，布局上具备灵活性，可以在其他建筑功能区伴生，也可以作为独立的个体进行运营，但无论是混居还是独立运营，民宿经营所需要的水、电、排污、消防等基础设施配套条件都需要考虑，如果所在地基础设施配套条件不全面，就会导致建设及运营成本偏高。

(二) 区域规划和政策

民宿选址时，必须要向当地有关部门咨询潜在地点的区域建筑规划，了解和掌握区域功能规划（商业区、文化区、旅游区、交通中心、居民区、工业区等）的基本情况。因为区域功能规划往往会涉及建筑物的拆迁和重建，如果未经了解，盲目地选定民宿的地址，在成本收回之前遇到拆迁、区域整合等情况，会使民宿经营者蒙受巨大的经济损失，或者民宿失去原有的地理优势。掌握区域功能规划，便于民宿经营者根据不同的区域类型，确定不同的经营形式和经营规格等相关事宜。

民宿选址时，经营者还需要熟知当地关于民宿的相关法律法规和政策。同时，不同区域的地方政府对民宿业所保持的态度也是不一样的，民宿经营者需要特别注意。

区域环境是民宿选址中最为重要的因素，消费者选择民宿的目的地，首先是对其区域环境的认可。区域景观的独特性尤为重要，意味着先天性带来的客流量的多少。在评价区域景观的时候，山水生态景观的品质是极其重要的要素，景观越是具有稀缺性、唯一性，其价值就越大。如果民宿选址在5A级景区、世界文化遗产景点或某个有着特定象征意义的地区，客流量会比普通景区大很多。

民宿的选址也要考察所在地区的地方政府态度与相关政策，这是行业最不可控的一个因素。民宿属于新兴的旅游住宿方式，很多地方的政策法规并不明朗，不同地区政府也有着不同的态度，这就决定了所需办理证件的难易程度。民宿选定地址之前必须要和当地的行政单位进行沟通，确保各级行政机构和当地居民的支持。签订租赁合同的时候确认土地属性和房屋的权属，避免纠纷。目前，大多地方政府都扶植民宿产业，会提供政策、资源甚至资金方面的支持，另外也会根据当地特色给予适当引导。

选址决定了民宿的生态环境、旅游圈层及潜在市场人群。经营者在对民宿进行规划时，应在此基础上，对民宿注入更多的文化属性。

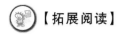【拓展阅读】

我国各地民宿政策科普

一、长三角毗连区地方民宿政策

以上海为中心的长三角,是中国经济最活跃、也是中国城市化水平最高的地区,同时长三角毗连区的农村现代化程度也非常高,这为民宿的发展提供了很好的基础条件。以莫干山为代表的客栈民宿集群,是我国目前发展最成熟的典型范例之一。发展较早,市场需求强劲,长三角毗连区的机会非常突出。

(一)区域位置

江苏:苏州、无锡、宜兴等。

浙江:杭州(西湖周边及后山)、德清(莫干山)、乌镇、西塘、安吉、桐庐、淳安等。

(二)区域政策

1. 浙江省杭州市

最高资金补贴100万元。

杭州市旅游局发布关于《申报2016年杭州市农村现代民宿业扶持项目的通知》,农村现代民宿示范点投入额在150万~300万元的,每家补助40万~50万元;投入额在300万元以上的,每家补助80万~100万元;农村现代民宿示范村,每家补助80万元。

2. 浙江省绍兴市

最高每床位获得6000元补助。

根据《柯桥区民宿建设补助细则评分表》评分标准,绍兴市柯桥区民宿主可向区旅游部门申请民宿资金补助。符合要求的民宿不仅可以享受到相应补助,还将被统一纳入旅游宣传营销体系。该评分规则为总分200分,分A、B两档,180分以上为A档,180~120分为B档,双人大床最高可享受每床6000元的补助。

3. 浙江省宁波市

最高资金补贴20万元。

宁波出台《特色客栈等级划分规范》地方标准规范,根据规范,今后宁波的民宿将分成自然风光型、历史文化型、民俗风情型、主题体验型等类别。等级分五档,分别是一叶级、二叶级、三叶级、四叶级、五叶级,其中五叶级最高。对于新建设的民宿,将按床位补贴,每床补贴1000元左右。对于年度创建叶级成功的特色客栈,也给予一定资金补助,其中,三叶级10万元,四叶级15万元,五叶级20万元。

4. 浙江省温州市

最高每间客房获得1万元补助。

（1）温州市泰顺县。

《泰顺县民宿（乡村客栈）管理办法》对泰顺县内民宿（乡村客栈）达到评分标准者，给予每间客房 5000~10000 元的补助。整体发展的民宿村是指开办民宿（乡村客栈）的住户达到全村 50% 以上的村庄。民宿村中的 70% 以上民宿经营户达到评分标准的，按照每户 3 万~5 万元的标准给予村集体补助。

（2）温州市大门镇。

大门镇针对民宿发展出台补助办法，鼓励企业或个人利用渔村石头屋或将新建房屋改造成渔家乐民宿，装修及设施投入按照 500 元/床位予以一次性补助。据悉，观音礁村已有两家民宿分别获得 4000 元和 3500 元的补助。

5. 浙江省慈溪市

最高资金补贴 10 万元。

慈溪市庵东民宿政策规定：在 2015 年内完成民宿改造的农户家庭，给予一次性 2 万元/家的启动建设补助资金，并视经营状况和规范程度，给予最高 4000 元/床的奖励补助资金；在民宿周边发展供游客体验劳作、果蔬采摘的田园，面积达到 10 亩[一]以上，奖励 500 元/亩，全部累积补助最高不超过 10 万元。

6. 浙江省海宁市

补贴装修费用 50%。

海宁市丁桥镇《推进新仓村梁家墩区域乡村民宿发展补助办法》规定，民宿达到"有电视、有空调、有热水、有带洗浴设施的独立卫生间、有无线网络"标准的，按房间和床位给予补助。自开民宿农户大约能拿到的补助金约占装修金额的 50%。

7. 浙江省永康市

最高资金补贴 10 万元。

永康市西溪镇优惠扶持农家乐政策规定，只要被列为农家乐（民宿）集聚村，按规划设计要求实施绿化、美化、亮化、立面改造，或投资建设游客中心、旅游购物场所、演艺场所等环境提升项目和旅游配套设施，年度投资额达到 30 万元的，镇里就给予年度投资额 30% 的补助，仅单个村庄年度最高补助就高达 10 万元。

8. 浙江省丽水市

最高资金补贴 20 万元。

（1）丽水遂昌县。

遂昌县每年选取五个乡村给予规划编制费用 30% 的资金奖励，单个规划编制最高奖励 20 万元。

[一] 1 亩 ≈ 666.7 m²。

(2) 丽水松阳县。

松阳民宿改造补助：现代建筑按建筑面积60元/m²给予补助。未列入"拯救老屋行动"的挂牌历史文化建筑，按建筑面积300元/m²给予补助。改造后的客房，按1000元/间的标准进行一次性以奖代补补助。带独立卫生间的客房，再按5000元/间（干湿分离）、3000元/间（未干湿分离）的标准进行一次性以奖代补补助。

松阳民宿经营补助：民宿经营6个月，按以奖代补方式分别给予一星级民宿1万元、二星级民宿2万元、三星级民宿3万元、四星级民宿4万元、五星级民宿5万元的补助。

(3) 丽水莲都区。

莲都民宿星级补助按以奖代补方式分别给予一星级0.5万元、二星级1万元、三星级2万元、四星级5万元、五星级10万元的一次性创建补助。莲都普通民宿客房星级补助标准，带独立卫生间的房间，按5000元/间（干湿分离）的标准进行一次性以奖代补补助。带独立卫生间（未干湿分离）的房间，按3000元/间标准进行一次性以奖代补补助。

(4) 丽水开发区。

开发区民宿星级补助按以奖代补方式分别给予一星级5000万元、二星级1万元、三星级2万元、四星级5万元、五星级10万元的一次性创建补助。开发区民宿按照带独立卫生间的房间给予5000元/间（干湿分离）的标准进行一次性以奖代补补助；带独立卫生间的房间给予3000元/间（未干湿分离）的标准进行一次性以奖代补补助。

(5) 丽水云和县。

云和县给予民宿装修及环境改造部分30%以内的补助，最高补助不超过30万元。对一般民宿，按照床位数给予标床2000元/张、单床3500元/张的补助。评定的省、市、县农家乐特色村，分别给予省级20万元、市级15万元和县级10万元的补助。评定的省、市民宿农家乐特色点，分别给予省级20万元、市级5万元的补助。

(6) 丽水景宁县。

景宁民宿补助按照每个标准间合格、优良等级分别给予8000元、1万元，单人房合格、优良等级分别给予6000元、8000元以奖代补资金的专项补助。景宁民宿对投资1000万元以上的民宿示范点，在享受同等民宿补助政策的基础上给50万~200万元不等的奖励资金。景宁民宿按照设计费每个单体65%的比例给予直接补助。

(7) 丽水缙云县。

缙云县财政每年安排农家乐民宿专项资金2500万元，用于促进缙云县乡村旅游、民宿农家乐经济的发展。根据文件精神，民宿农家乐经营户有望获得高达10万元的补助。

二、湘黔桂民宿政策

湖南、贵州、广西交界处，沿着雪峰山及武陵山、苗岭一线分布。山水相交，景色绝美，同时这里也是多民族聚合交融、和谐共处之地。区域内有桂林山水、崀山丹霞地貌、喀斯特地貌等世界级的景观。

(一) 区域位置

贵州：镇远古城、西江千户苗寨、肇兴侗寨等。

湖南：凤凰古城、张家界等。

广西：三江县、龙胜梯田区域、桂林、阳朔漓江一线。

(二) 区域政策

湖南张家界市，最高资金补贴30万元。

湖南张家界推出首个地方性民宿管理办法——《张家界市武陵源区发展乡村特色民宿（客栈）管理实施办法》。此项政策明确规定，凡在武陵源区城市规划建设区之外的区内各乡村，可以开展乡村特色民宿改造、建设和经营。对乡村民宿划分为五星级、四星级、三星级三个等级，对手续合法的乡村特色民宿（客栈），实行星级评定管理。

正式营业6个月以上的乡村特色民宿（客栈）可以自愿申请星级评定，达到相应标准分别授予相对应级别的乡村特色民宿（客栈）星级称号。首次被评为三星级、四星级和五星级乡村特色民宿（客栈）的，当地政府将一次性分别给予10万元、20万元和30万元扶持资金奖励。

三、闽粤海岸民宿政策

如果可以借到开阔的海景，客栈和民宿是不是就已经成功了一半？中国漫长的海岸线，除了海南岛之外，是否还有更多值得人期待的地方？答案是显而易见的。福建、广东海岸线曲折，半岛、海湾众多，沿线的渔村和其他形态的民居聚落，是发展民宿的上佳处所。

(一) 区域位置

福建：厦门（鼓浪屿、曾厝垵）、漳浦、泉州、平潭岛、连江黄岐半岛、霞浦东冲半岛、嵛山岛、浮鹰岛、福鼎台山列岛等。

广东：南澳岛、深圳市等。

(二) 区域政策

1. 福建省厦门市

最高资金补贴60万元。

厦门市政府鼓励休闲农业企业与当地村委会（居委会）合作，发展休闲农业项目和配套项目（如民宿、餐饮店、停车场等）。对表现突出的单位，政府会进行奖励。获得市级休闲农庄（场）、"农家乐"星级评选荣誉称号（五、四、三星级）的分别给予10万元、8万元、6万元奖励；对"森林人家"依据《森林人家等级划分与评定》定为1~5星级的，分别给予20万元、30万元、40万元、50万元、60万元奖励；对获得省"水乡渔村"称号的，按省补助标准给予1∶1配套；获得全国休闲渔业示范基地的，一次性给予50万元的奖励。

2. 广东省深圳市

深圳大鹏新区正式对外发布《深圳大鹏新区民宿管理办法（试行）》（以下简称管理办

法），并定于 2019 年 4 月 1 日起施行。这是广东省首个地方民宿管理办法，也是新区在深圳市率先实施的一项重要举措，对深圳乃至全国民宿管理具有指导意义。管理办法中详细规定了大鹏新区民宿的经营与监管应当遵循"社区自治、行业自律、部门监管、属地统筹、安全经营"的原则。

四、徽文化民宿政策

该区域以安徽黄山市所辖县市及江西婺源县为主，其历史文化传承对于皖、赣、浙辐射影响巨大，特别是在建筑文化形态上，徽派建筑文化誉满中国。区域内自然和文化景观多且丰富，拥有西递、宏村世界文化遗产、黄山世界文化与自然双重遗产、三清山世界自然文化遗产等，景色独特、美誉度高。

（一）区域位置

安徽：黄山市域范围内的徽派村落，如黟县的西递、宏村、关麓、南屏及周边的村落。黄山景区周边，齐云山景区周边等。

江西：上饶三清山景区周边、婺源的徽派村落等。

（二）区域政策

1. 江西省上饶市

最高资金补贴 30 万元。

上饶市信州区出台《关于加快发展民宿经济的实施意见》和《信州区民宿管理办法（试行）》，对授牌"民宿经营"的民宿，根据规模给予 5000~2 万元的一次性资金补助。现代民宿示范村、现代民宿示范点，分别给予 10 万~30 万元的资金补助。对实现年入住率达到 70% 以上且网络订房量占全年订房量 80% 以上的，每年给予 1 万~2 万元的奖励。对于投资金额 5000 万元以上，能有效促进民宿发展出亮点、上档次、上台阶的精品建设项目，采取"一事一议"的办法予以奖励。

2. 安徽省芜湖市

最高每间客房获得 1 万元补助。

芜湖市繁昌县出台了《加快促进乡村旅游业发展扶持奖励暂行办法》，明确提出引导和支持新牌村、中分村村民自愿利用符合要求的现有民居进行改造，形成标准化农家乐（民宿）聚集区。按照标准，对在 2016 年 7 月 31 日之前完成改造达标的农家乐（民宿），每间标准客房可一次性补助 1 万元，经营餐饮的每 10 个餐位一次性补助 2000 元。

五、海南岛民宿政策

充足的阳光和温暖的气候、海岛的热带景观成就了它长盛不衰的美名。海南岛拥有漫长的海岸线，环境及区域经济的承载能力高，发展旅游的历史较为悠久，区域内海口和三亚作为游客来海南的重要航空枢纽，环岛高铁和高速也都齐备，交通配套成熟。

（一）区域位置

海南：海口、三亚、东方、陵水等。

（二）区域政策

海南省海口市，最高资金补贴8万元。

海南省财政拨款1400万元建设海口市石山互联网农业小镇。资金将主要用于镇级运营中心装修改造、设备购置，村级服务中心改造建设、硬件设备购置。镇级运营中心改造建设及设备购置补贴最高上限100万元/点，村级服务中心改造建设和设备购置补贴最高上限20万元/点。光纤入户补贴每户最多补贴50%。每个服务点信息员不少于2人，每人每月补贴最高不超1000元。互联网民宿每户补贴房屋改造及设备购置费用不超过70%，最高8万元/户。

（资料来源：作者根据相关资料整理。）

（三）交通通达性

民宿作为一个需要消费者到达消费的行业，交通便利性尤其重要。民宿最好选择在各种交通网络布点完善的地方，特别是配备高铁和机场的地方，方便消费者前来消费。距离交通网点的远近决定了民宿潜在消费者群的规模。定位不同的民宿对交通的通达性，有不同的要求。对于定位观光游、景区配套型民宿来说，便利的公共交通非常重要，公共交通可达核心景观的时长不宜超过30min。对于定位以城市近郊自驾休闲度假为主的民宿来说，距离城区的远近非常重要。一二线城市自驾不宜超过2h，民宿距离临近知名景点不宜超过0.5h。三四线城市对自驾时间要求则更短。随着中国各种交通网络布点的完善，特别是高铁和机场建设的推进，时间距离同样重要。

（四）旅游资源依托

民宿依托于旅游目的地的观赏价值、游憩价值，依托相对成熟的旅游环境。如果民宿所处区域拥有一个世界文化遗产景点、国家5A级旅游景区或者国家级重点风景名胜区等，那对应的游客流量会比普通的区域更有竞争优势，有利于实现区域客流稳定性。民宿选址应充分考虑客源，实现民宿的选址与客源地能级相结合，使客源地的消费能力成为民宿持续经营的基础。

资源对于民宿来说没有固定的范围和界定，但基本可以划分为两种类型。一类是能带来美好境遇和体验的环境事物，周边方便可达的景区、周边独特的草木山水，都是这类资源，地区文化氛围也是这类资源的重要因素。在项目设计及建设中也要充分利用这些资源，发挥资源价值，让这类资源最终成为吸引旅游者的重要载体。另一类则是能完善、补充民宿功能的相关业态。旅游产业六大供给要素吃、住、行、游、购、娱，以民宿为代表的非标住宿主要承担的是"住"这一项，民宿在建造中，可适度延伸承担其他要素功能。当然，民宿很难把其他要素都囊括，难以建立整个旅游服务体系。因此，在一定范围内，具有一定的其他配套业态对于民宿无疑是很重要的，这不仅能增加民宿的吸引力，也能减少民宿建设的公共服务投入。如医疗、安保等社会服务类的配套为旅游者，乃至民宿自身都提供了保障。

（五）区域文化环境

文化教育、民族习惯、宗教信仰、社会风尚、社会价值观念和文化氛围等因素，构成一个地区的社会文化环境。民宿除了投资属性，其本身还应带有文化属性，因为消费者是冲着这种生活方式而来的，因此区域文化氛围是非常重要的要素。文化属性也是一个地区能不能吸引很多有共同志趣的人前来投资民宿并形成集群的要素。而所在地的民情、是否让人生活其中感到愉悦、旅行过程中不产生额外负担，也是一种无形的力量，无论对于民宿经营者还是消费者，都是一个重要的选项。因此区域文化环境是非常重要的要素。

（六）民宿个体要求

民宿的建筑面积、房间数等在前期一般已经有了规划，所以选址时要满足后期建造关于这方面的要求。改造民宿时，也要在选址时对于个体情况进行考虑，以便后期工作的开展。每家民宿都有自己的主题定位，在选址时要根据市场调研和实地考察，尽可能地选择与民宿主题定位相符合的区域，为后期的经营奠定良好的基础。除非是自有物业，否则民宿筹建中的物业获取及建造成本（不论物业是租赁或购买的），都会成为民宿经营的一个重要支出，而且是最大的一项固定成本支出，因此需要提前考察。民宿建成后运营及管理成本的大小，在于民宿是否易于运营，适合的工作人员是否容易获得，当地人工成本的高低、物价的高低、日常变动成本的大小也是非常重要的条件。

第四节　民宿筹建的其他事项

一、民宿投资成本构成及融资方式

（一）民宿投资成本构成及收益

民宿成本包括建设期成本和运营成本。建设期成本包括土地或房屋租金、设计咨询费用、房屋及相关配套建设装修成本；运营期成本包含营销成本、人员工资、维护维修、水电网费、日常消耗品费用等。

影响民宿收益的最重要因素是入住率。入住率的预测需要对多因素进行综合分析，这些因素一般包括对周边住宿业态和市场类似住宿品类的调研类比、对地区消费水平的评估等。

（二）民宿融资方式

民宿经营场所的产权大多属于农村集体所有，民宿的产权往往不具备抵押借款的基础条件。幸运的是，众筹作为新兴的融资渠道填补了这一空缺。同时在消费升级的背景下，也有许多不同的行业资本开始青睐民宿的发展，拓宽了民宿的融资方式。

1. 众筹

对于小而美的民宿业态来说，众筹也许是目前民宿最好的融资方式。它不仅解决了资金使用、用户和品牌的定位等问题，更能保护创始团队的控制权。因为这些投资人并没有投票权，不干涉民宿的运营，只是获得分红。

2. 股权融资

对于希望做成规模化连锁品牌的民宿来讲，股权融资是更好的选择。民宿想获得资本的青睐，一开始就要考虑如何创造独特而不可替代的商业模式，民宿的特色也需要更加鲜明，品牌价值需要不断强化。

值得注意的是，在赢取投资的同时，也不可一味地迎合资本的要求，防止资本为盲目追求收益的最大化而无限度规模扩张。在连锁复制的同时，更要确保民宿作为非标住宿的个性化品牌特征。而民宿与资本联姻的道路如何走，也需要在更长的时间里进行市场验证。

二、证照办理材料

（一）工商营业执照

办理营业执照需要的材料：

（1）经营者身份证复印件1份。

（2）经营者一寸彩色免冠相片1张。

（3）从业人员身份证复印件1份。

（4）房屋所有权证明（自家房）1份。

（5）租赁合同复印件（租用他人房间）1份。

开办旅租需要提供：

（1）房屋租赁合同。

（2）居委会证明（用自己房屋来开办旅租的，应说明自建房屋等情况）。

（3）当地派出所出具证明（经营旅租场所安装监控落实情况说明）。

（4）流动人口须提供人口信息卡。

（5）身份证复印件1份及1寸相片1张。

办事流程：有固定场所（铺店、市场摊位等）→材料齐全→办结。

（二）食品经营许可证

需要的材料：

（1）法人或负责人的身份证复印件3份。

（2）房产证明或房屋租赁合同（复印件）。

(3) 从业人员健康证复印件及身份证复印件（至少两人）。

(4) 工商营业执照复印件。

办事流程：办理《营业执照》→办理《健康证》→提交《食品经营许可证》材料→现场勘察→办结。

办理地址：所在地食品药品监督管理局。

（三）公安消防方面

所需手续：

(1) 民宿法人代表到派出所开具无犯罪记录证明。

(2) 民宿开办者登记员工花名册，到派出所开具员工无犯罪记录证明材料。

(3) 民宿开办者整改民宿内的消防设施，接受派出所或消防部门的检验，合格后派出所或消防部门出具消防检查合格记录材料。

(4) 民宿开办者申请治安管理信息系统，安装视频监控，接受派出所进行检验，合格后派出所出具检查合格证明材料。

(5) 民宿中没有《保安证》的兼职保安，要到派出所填报保安报名表。

(6) 派出所对民宿前台工作人员进行培训，培训后派出所出具书面证明材料。

(7) 民宿开办者与派出所签订治安、消防、反恐责任书。

(8) 派出所进行首检，首检后派出所出具首检记录表。

(9) 民宿开办者办理旅业式出租屋备案登记。

(10) 民宿开办者遵守民宿相关管理制度。

所需材料：

(1) 工商营业执照（副本）复印件。

(2) 工商名称变更核准通知书（复印件）。

(3) 法人身份证复印件。

(4) 房产证明（如租房或转让，需提供租房合同或转让合同，因历史遗留问题没有产权证明的，应提供居委会开具的证明）。

(5) 房屋平面图（含具体客房分布及数量、类型、房号）。

(6) 房屋方位图。

(7) 民宿照片（民宿正面、前台、房间、走廊、监控、消防设施等照片）。

（四）卫生许可证

(1) 从业人员健康证，健康证办理机构。

(2) 卫生检测报告（对顾客用品、用具及空气质量进行检测）需委托第三方检测机构出具。

(3) 场地布局图，电脑打印并标出布草间和消毒间位置。

（4）方位示意图，地图软件定位截图打印。

（5）卫生管理制度。

（6）营业执照。

（7）法人身份证（委托办理的委托书及被委托人身份证）。

（8）"卫生许可证申请书""建设项目卫生审查认可书"。

三、民宿筹建的物料清单

民宿的筹建开业需要购置大量的物品及设备，主要涉及前台、客房、餐厅、休闲区域、工作间等区域的设备及服务用品，具体参考表3-3。

表3-3 民宿筹建采购物料参考清单

一、前台设备参考清单						
序号	品名	规格	单位	单价	数量	备注
1	电脑(含主机)		台			
2	验钞机		台			
3	POS机		台			
4	扫描仪		台			
5	复印机		台			
6	打印机		台			
7	收银柜		张			
8	房卡制卡器		台			
9	房价牌		个			
10	房卡		张			
11	保险柜		台			
12	行李车		台			
13	客用茶几		张			
14	客用沙发		套			
15	天气预报牌		个			
16	对讲机		个			
17	指示牌		个			
18	税控机		台			
19	客用垃圾桶		个			
20	展示架		个			
21	水牌		个			
22	时钟		个			
23	电话		台			
24	雨伞架		个			
25	展示架		个			

(续)

二、客房基础设备参考清单

序号	品名	规格	单位	单价	数量	备注
1	床架	1.5×2.0m^2	个			
2	床垫	1.5×2.0m^2	个			
3	床头柜		个			
4	灯		展			
5	插卡（取电）		个			
6	智能门锁		个			
7	电视机		台			
8	空调	单体	台			
9	衣架		个			
10	写字台		张			
11	椅子		把			
12	茶几		张			
13	沙发		张			
14	地毯		块			
15	窗帘		副			
16	烧水壶		个			
17	咖啡机	胶囊	台			
18	冰箱	迷你	台			
19	电话机		台			
20	投影仪+屏幕		套			
21	化妆镜		个			
22	穿衣镜		个			
23	面盆		个			
24	面盆龙头		个			
25	花洒	除氯	个			
26	坐便器		个			
27	五金配件		套			
28	插座		套			
29	消防面具		组			
30	吸尘器		台			

三、客房布草及规格参考清单

序号	品名	规格	单位	单价	数量	备注
1	床单（2.0m）	285×285cm^2	张			
2	床单（1.2m）	205×270cm^2	张			
3	被套（2.0m）	260×235cm^2	张			

（续）

三、客房布草及规格参考清单

序号	品名	规格	单位	单价	数量	备注
4	被套(1.2m)	160×235cm^2	张			
5	枕套	80×50cm^2	个			每间房配备4个
6	被芯(2.0m)	230×225cm^2	条			
7	被芯(1.2m)	150×220cm^2	条			
8	枕芯	45×75cm^2	条			
9	保护垫(2.0m)	200×200cm^2	张			
10	保护垫(1.2m)	120×200cm^2	张			
11	床尾布(2.0m)	260×50cm^2	条			
12	床尾布(1.2m)	180×50cm^2	条			
13	大浴巾	155×80cm^2	条			
14	中面巾	80×40cm^2	条			
15	小方巾	30×30cm^2	条			
16	地巾	80×53cm^2	条			
17	浴袍	男、女各一套	件			
18	乳胶枕	48×78cm^2	个			备用
19	荞麦枕		个			
20	抱枕	48×48cm^2	个			
21	加床	120×200cm^2	张			

四、低值易耗品参考清单

序号	品名	规格	单位	单价	数量	备注
1	牙具	定制	套			
2	梳子	定制	把			
3	浴帽	定制	顶			
4	香皂	定制	个			
5	沐浴露	定制	瓶			
6	洗发水	定制	瓶			
7	棉签	定制	盒			
8	纸巾盒	定制	个			
9	大垃圾袋	100×120cm^2	个			
10	小垃圾袋	30×40cm^2	个			
11	拖鞋		双			
12	卷纸	宽10cm	个			
13	牙签		盒			
14	打包盒		个			

(续)

四、低值易耗品参考清单

序号	品名	规格	单位	单价	数量	备注
15	打汤盒		个			
16	餐巾纸	12×12cm^2	盒			带民宿标记
17	固体酒精		个			
18	一次性纸杯		盒			
19	一次性手套		双			

五、清洁剂用品参考清单

序号	品名	规格	单位	单价	数量	备注
1	洗手液	挤压式	瓶			
2	洗洁精	20L	桶			
3	洗衣粉	3kg	袋			
4	空气清新剂	1L	瓶			
5	84消毒液	500g	瓶			
6	杀虫剂	1L	瓶			
7	去污粉	1kg	瓶			
8	洁厕剂	1L	瓶			
9	不锈钢保养剂	2kg	桶			
10	玻璃水	1L	瓶			
11	晶面保护剂	6kg	桶			
12	K3养护剂	6kg	桶			

六、清洁工具参考清单

序号	品名	规格	单位	单价	数量	备注
1	水桶		个			
2	拖布桶		个			
3	布拖把		个			
4	海绵拖把		个			
5	抹布		块			
6	钢丝球		个			
7	百洁布		块			
8	线手套		双			
9	胶手套		双			
10	套袖		双			
11	雨鞋		双			
12	围裙		条			
13	口罩		个			
14	喷雾器		个			

（续）

六、清洁工具参考清单

序号	品名	规格	单位	单价	数量	备注
15	垃圾桶		个			
16	马桶吸		个			
17	马桶刷		个			
18	扫把		个			
19	浴缸刷		个			
20	喷壶		个			
21	铲刀	木手柄	个			
22	玻璃刮刷		个			
23	玻璃毛头		个			
24	清洁筐		个			
25	杯刷		个			
26	水瓢		个			
27	伸缩杆		个			
28	净布		块			
29	纸篓		个			
30	垃圾铲		个			

七、前台服务用品参考清单

序号	品名	规格	单位	单价	数量	备注
1	指示牌1		个			
2	指示牌2		个			
3	手电筒		个			
4	转换插座		个			
5	接线板		个			
6	电蚊拍		个			
7	充电宝		个			
8	雨伞		把			
9	剪刀		把			
10	纸巾盒		个			
11	卫生巾	便利装	套			客人急需
12	烟灰缸		个			
13	酒精消毒液	免洗	个			疫情防控
14	医用防护口罩	独立包装	只			疫情防控
15	免洗酒精洗手液		瓶			疫情防控
16	额温枪		支			疫情防控
17	一次性手套	独立包装	双			疫情防控

（续）

七、前台服务用品参考清单

序号	品名	规格	单位	单价	数量	备注
18	体温计		支			疫情防控
19	消毒药剂		瓶			疫情防控
20	75%酒精		瓶			疫情防控
21	礼貌茶具		套			迎客
22	创可贴		盒			客人急需

八、客房服务用品参考清单

序号	品名	规格	单位	单价	数量	备注
1	洗衣袋	塑料	个			
2	大衣架	木制	个			
3	小衣架	木制	个			
4	浴室垃圾桶	方形	个			
5	客厅垃圾桶	大方形	个			
6	服务指南夹	仿真皮	个			
7	便签夹	配笔	个			
8	漱口杯	玻璃	对			
9	方托盘	白色	个			
10	香皂碟	陶瓷	个			
11	茶杯	陶瓷	个			
12	茶叶盒	金属	个			
13	遥控器架	塑料	个			
14	服务袋	塑料	个			
15	告示牌	塑料	个			WiFi提示
16	纸巾盒	大小	个			分区域放置

九、厨房设备参考清单

序号	品名	规格	单位	单价	数量	备注
1	整体橱柜	不锈钢	台			
2	烤箱		台			
3	冰箱		台			
4	冰柜		台			
5	保鲜柜		台			
6	消毒柜		台			
7	微波炉		台			
8	电磁炉		台			
9	咖啡机		台			
10	电饭锅		台			

（续）

九、厨房设备参考清单

序号	品名	规格	单位	单价	数量	备注
11	高压锅		台			
12	酒杯清洁机		台			
13	抽油烟机		台			
14	炸锅		台			
15	豆浆机		台			
16	电炒锅		台			
17	蒸锅		台			
18	置物架		台			
19	洗水槽		台			
20	洗菜筐		台			
21	面板		块			
22	案板（生）		块			
23	案板（熟）		块			
24	搅拌机		台			
25	平底锅		个			
26	榨汁机		台			
27	电砂锅		台			

十、餐厅设备及服务用品参考清单

中餐厅主要服务设备

序号	品名	规格	单位	单价	数量	备注
1	圆形餐桌		张			
2	方形餐桌		张			
3	卡座餐桌		张			
4	连心转盘		个			
5	方餐桌桌面玻璃	磨边	块			
6	卡座餐桌桌面玻璃		块			
7	圆桌椅子		把			
8	方桌椅子		把			
9	卡座沙发		套			
10	婴儿椅		个			
11	服务边台		个			
12	餐具柜		套			
13	会客沙发		套			
14	会客茶几		张			
15	服务台	结账用	个			

（续）

十、餐厅设备及服务用品参考清单

中餐厅餐具及服务用品

序号	品名	规格	单位	单价	数量	备注
1	骨碟	7寸⊖	个			
2	毛巾碟	8×12cm²	个			
3	茶杯		只			
4	茶壶		个			
5	汤碗	3.5寸	个			
6	汤勺		个			
7	筷子		双			
8	味碟	1.5寸	个			
9	筷架		个			
10	公筷架		个			
11	油醋瓶		对			
12	辣椒罐	带盖	个			
13	果汁杯	玻璃	个			
14	白酒杯	玻璃	个			
15	红酒杯	玻璃	个			
16	洗手盅	4寸带垫	个			
17	牙签盅		个			
18	大扎壶	玻璃	个			盛果汁用
19	托盘	塑胶圆形	个			
20	花瓶	装饰花	只			

西餐厅主要服务设备

序号	品名	规格	单位	单价	数量	备注
1	西餐方桌		张			
2	西餐椅子		把			
3	西餐桌面玻璃		块			
4	婴儿椅		把			
5	服务边台		个			
6	自助咖啡机		台			
7	自助牛奶机		台			
8	服务边台		个			
9	红酒展示架		个			
10	餐具柜		个			
11	服务台		个			

⊖ 1寸≈0.033m。

(续)

十、餐厅设备及服务用品参考清单

西餐厅主要服务设备

序号	品名	规格	单位	单价	数量	备注
12	会客沙发		套			
13	会客茶几		个			
14	服务台	结账用	个			
15	甜品柜	展示用	台			

西餐厅餐具及服务用品

序号	品名	规格	单位	单价	数量	备注
1	防滑托盘(含装饰盘垫或防滑盘垫)		个			
2	台布	200×165cm^2	块			
3	桌旗		条			
4	椅套		条			
5	餐巾	56×56cm^2	条			
6	装饰盘	7.2~10寸	个			
7	面包盘	4.5~6寸	个			
8	黄油碟	1.8~3.5寸	个			
9	主菜刀	不锈钢配套	把			
10	鱼刀	不锈钢配套	把			
11	开胃品刀	不锈钢配套	把			
12	汤勺	不锈钢配套	把			
13	甜品勺	不锈钢配套	把			
14	黄油刀	不锈钢配套	把			
15	主菜叉	不锈钢配套	把			
16	鱼叉	不锈钢配套	把			
17	开胃品叉	不锈钢配套	把			
18	甜品叉	不锈钢配套	把			
19	水杯	200mL	个			
20	红葡萄酒杯	480mL	个			
21	白葡萄酒杯	300mL	个			
22	花瓶、花坛或其他装饰物		个			
23	烛台		对			
24	盐瓶		对			
25	胡椒瓶		对			
26	牙签盒		个			
27	大扎壶	柠檬水	个			

（续）

十一、休闲水吧设备及服务用品参考清单

鸡尾酒区服务用品

序号	品名	规格	单位	单价	数量	备注
1	整体吧台		组			
2	卡座		套			
3	卡座沙发		套			
4	冰箱		台			
5	冰柜		台			
6	制冰机	商用300kg	台			
7	摇壶	不锈钢	个			
8	波士顿壶	不锈钢	个			
9	调酒杯	玻璃	个			
10	量杯	各种量度	套			
11	碎冰机		台			
12	吧匙	不锈钢	只			
13	搅棒		只			
14	马丁尼杯	145mL	只			
15	玛格丽特杯	180mL	只			
16	古典杯	290mL	只			
17	海波杯	300mL	只			
18	飓风杯	480mL	只			
19	香槟杯	200mL	只			
20	吧垫		个			
21	杯垫		块			
22	托盘		个			

咖啡区服务用品

序号	品名	规格	单位	单价	数量	备注
1	意式咖啡机		台			
2	开水器		台			
3	法式咖啡壶		台			
4	比利时咖啡壶		台			
5	糖罐		个			
6	奶盅		个			
7	咖啡杯1	意式咖啡	个			
8	咖啡杯2	拉花	个			
9	咖啡杯3	美式	个			
10	磨豆机	自动	台			

(续)

十一、休闲水吧设备及服务用品参考清单

咖啡区服务用品

序号	品名	规格	单位	单价	数量	备注
11	细口壶	手冲	个			
12	咖啡壶	美式	个			
13	果盘	15~35cm	个			

茶饮区服务用品

序号	品名	规格	单位	单价	数量	备注
1	茶壶		个			
2	随手泡		个			
3	品茗杯		个			
4	闻香杯		个			
5	公道杯		个			
6	水洗		个			
7	茶盘		个			
8	茶叶展示架		组			
9	茶道组		套			
10	茶渣桶		个			
11	盖碗		个			
12	杯托		个			
13	托盘		个			
14	高精度电子秤		台			
15	茶叶罐		个			

十二、办公用品参考清单

序号	品名	规格	单位	单价	数量	备注
1	中性笔 0.5	蓝、黑、红	支			
2	中性笔芯 0.5	蓝、黑、红	支			
3	按动中性笔 0.5		支			
4	按动中性笔芯 0.5		支			
5	笔芯 0.7	黑	支			
6	晨光 1115 笔 0.7	黑	支			
7	财务 0.38	黑	支			
8	财务 0.38 笔芯	黑	支			
9	荧光笔	多色	支			
10	7色闪光笔	黑	盒			
11	自动铅笔 0.5		支			
12	自动铅笔芯		支			
13	2B 铅笔		支			

(续)

十二、办公用品参考清单

序号	品名	规格	单位	单价	数量	备注
14	HB铅笔		支			
15	绘图橡皮擦	3.8×1.8×1.1mm^3	块			
16	圆珠笔	蓝色	支			
17	白板笔	蓝、黑、红	支			
18	台笔	黑	支			
19	笔筒		个			
20	笔刨		个			
21	告示贴	大,102×76mm^2,100张	本			
22	告示贴	中,76×76mm^2,100张	本			
23	告示贴	小,50×76mm^2,100张	本			
24	标签纸	4色,15×76mm^2,50张	本			
25	不干胶贴纸	各种规格	张			
26	软抄本	40页,7mm^2	本			
27	文件夹		个			
28	文件盒	蓝色	个			
29	文件筐	多格	个			
30	A4纸	标准打印	包			
31	A3纸		包			
32	白板		个			
33	胶水		个			
34	透明胶		卷			
35	双面胶		卷			
36	剪刀		把			
37	直尺		把			
38	长尾夹		盒			
39	计算器		个			
40	回形针		盒			
41	订书机+针		个			
42	文件袋		个			
43	印泥		盒			

十三、安保用品参考清单

序号	品名	规格	单位	单价	数量	备注
1	消防服	消防标配	件			
2	消防帽	消防标配	顶			
3	消防面具	消防标配	件			

(续)

十三、安保用品参考清单

序号	品名	规格	单位	单价	数量	备注
4	灭火毯	消防标配	条			
5	灭火器	水基	只			
6	警棍	标配伸缩型	支			
7	手电筒	LED 强光	支			
8	防护盾牌		个			
9	消防扳手	钢制内五方	个			
10	断电钳	24 号国标	个			
11	反光路锥		个			
12	警戒带		条			
13	喊话器	功率 20W	个			
14	手提应急灯	LED 强光	个			
15	警示铃		个			
16	监控摄像头		个			
17	烟感探测仪	消防标配	个			
18	红外探测仪	消防标配	个			
19	紧急逃生牌	消防标配	个			
20	安全通道牌	消防标配	个			

十四、工程维修用品参考清单

序号	品名	规格	单位	单价	数量	备注
1	钢锯弓	460mm	把			
2	锯条	300×10×0.6mm^3	包			
3	万用表		个			
4	PP-R 热熔机	20-32mm	个			
5	管钳	350mm/500mm	把			
6	电锤带钻头	钻头 6-22	套			
7	手电钻	950W	把			
8	数显测电笔		个			
9	电工尖嘴钳	中号	把			
10	壁纸刀		把			
11	壁纸刀片		盒			
12	摇表	ZC25-4 1000v	个			
13	平口钳		把			
14	电缆切割钳		把			
15	剪刀		把			
16	电焊机	220V 直流	台			

(续)

十四、工程维修用品参考清单						
序号	品名	规格	单位	单价	数量	备注
17	手电筒	3W	个			
18	斜口钳		把			
19	焊把线	25m² 全铜芯电缆	米			
20	焊钳		个			
21	焊帽		个			
22	焊条	3.2mm/2.5mm	包			
23	奶头锤		把			
24	放铁锤		把			
25	凿子尖的扁的	250mm	把			
26	疏通机	手动 4M	台			
27	充电螺丝枪	12V 正反转两电两充	把			
28	切割机	350mm,2050W	台			
29	切割片	350mm	片			
30	角磨机	100mm 4寸	个			
31	砂轮片		个			
32	加长内六方扳子		套			
33	手动式打压泵	2.5mpa	台			
34	台虎钳	3寸、4寸、5寸、6寸、8寸、10寸、12寸轻型活动	个			
35	压力钳	小号	个			
36	拉铆枪		个			
37	护套线	2.5m	米			
38	黑胶布		卷			
39	防水胶布		卷			
40	生料带		卷			
41	移动插线盘	50m	个			
42	大活动扳手	300mm/250mm	把			
43	十字改锥		套			
44	平口改锥		套			
45	铝合金折叠梯		个			
46	升降架	高 15m	个			
47	工具储物柜		个			
48	工具包		个			

(续)

十五、营销及其他用品参考清单

序号	品名	规格	单位	单价	数量	备注
1	画架		个			
2	自行车		辆			
3	行李车	适用民宿所在地	辆			
4	电瓶车	接送客人	辆			
5	野餐用品	塑料布等	套			
6	雨衣	一次性	件			
7	雨鞋套	一次性	双			
8	雨伞		把			
9	遮阳伞	室外休闲用	把			
10	床上用品	一次性	套			
11	书架	公共区域	组			
12	地图指南		张			
13	民宿纪念品		套			
14	跳棋		盘			
15	中国象棋		盘			
16	国际象棋		盘			
17	五子棋		盘			
18	围棋		盘			
19	军旗		盘			
20	扑克		副			

十六、印刷品

序号	品名	规格	单位	单价	数量	备注
1	住宿登记单		本			
2	现金支出单		本			
3	押金收据单		本			
4	换房和加床通知单		本			
5	杂项入账凭据单		本			
6	酒水单		本			
7	房间状况差异表		本			
8	房间/房价变更通知单		本			
9	贵重物品保险箱申请单		本			
10	贵宾物品借用单		本			
11	贵宾遗留物品前领单		本			
12	酒店简介		张			
13	服务指南内页		本			
14	房卡套		个			

（续）

十六、印刷品

序号	品名	规格	单位	单价	数量	备注
15	酒店宣传册		本			
16	房间电话面板		张			
17	楼层服务员每日工作表		本			
18	楼层领班主管每日报表		本			
19	便签		本			
20	信纸（店标）		本			
21	物品申购单		打			
22	物品盘点表		打			
23	报损单		打			
24	迎宾卡		打			
25	贵宾意见表		本			

【拓展阅读】

旅游民宿设施要求与服务规范（节选）

1. 范围

本标准规定了旅游民宿的术语和定义、基本要求、环境和设施要求、服务要求、监督与改进。

本标准适用于黑龙江省行政区划内既有的住宅、空闲的厂房等闲置资源，或者对其进行适度的改、扩建后，用来正式营业的民宿，包括但不限于客栈、别苑、宅院、驿站、山庄、庄园等。

2. 规范性引用文件

下列文件对于本文件的应用是必不可少的。凡是注日期的引用文件，仅注日期的版本适用于本文件。凡是不注日期的引用文件，其最新版本（包括所有的修改单）适用于本文件。

GB 3095　环境空气质量标准

GB 3096　声环境质量标准

GB 3838　地表水环境质量标准

GB 5749　生活饮用水卫生标准

GB 8978　污水综合排放标准

GB 9663　旅店业卫生标准

GB/T 10001.1　公共信息图形符号　第一部分：通用符号

GB/T 10001.2　标志用公共信息图形符号　第二部分：旅游休闲符号

GB 13495.1　消防安全标志　第一部分：标志

GB 14881　食品安全国家标准　食品生产通用卫生规范

GB 18483　饮食业油烟排放标准

GB 37489.2　公共场所设计卫生规范　第二部分：住宿场所

GB 50222　建筑内部装修设计防火规范

CJJ/T 102　城市生活垃圾分类及其评价标准

JGJ 125　危险房屋鉴定标准

3. 术语和定义

3.1 旅游民宿

利用城乡居民既有住宅、院落空间、闲置厂房等闲置资源，以及通过租赁、承包、合营等方式获得经营权，经营者结合当地人文、生态、自然景观与环境的资源，为来宾体验当地风俗文化、领略建筑装饰文化以及休闲度假，提供有特色、有内涵或有主题文化的互动式、体验式、沉浸式的感受，以住宿服务为主的场所。

3.2 民宿主人

民宿的实际经营者。

4. 基本要求

4.1　旅游民宿经营场地应符合本辖区内的土地利用总体规划、城乡建设规划、所在地有关民宿发展规划和资源生态保护要求，无地质灾害和其他影响公共安全的隐患。

4.2　经营的建筑物应通过 JGJ 125 房屋安全性鉴定。

4.3　经营场地应征得当地政府及相关部门的同意，无违反相关法律法规行为。

4.4　应符合治安、消防、卫生、环境保护、安全等有关规定与要求，取得当地政府要求的相关证照和许可。应主动办理公安查验系统。

4.5　有完善的给排水设施，生活用水（包括自备水源和二次供水）应符合 GB 5749 要求。

4.6　客房卫生应符合 GB 37489.2 要求。

4.7　应提供早餐，宜提供午餐、晚餐。食品来源、加工、销售应符合 GB 14881 国家相关食品安全标准。

4.8　建设、运营应因地制宜，采取节能环保措施，废弃物排放应符合 GB 8978、

GB 18483、CJJ/T 102 要求。

4.9 从业人员应经过卫生培训和健康检查，持证上岗。

4.10 服务项目应通过适当方式以文字、图形方式在明显位置公示，并标明营业时间。收费项目应明码标价，诚信经营。

4.11 民宿主人应定期向文化和旅游行政部门报送统计调查数据，及时向相关部门上报突发事件等信息。

5. 环境和设施要求

5.1 环境和交通

5.1.1 旅游民宿应能结合当地人文、自然景观、生态环境资源及农林渔牧生产等活动，显示出地方特色；整体氛围应具有明确主题，突出当地文化底蕴。

5.1.2 应采取有效措施处理生活污水。

5.1.3 应有效收集各种垃圾，及时处理。条件允许的，宜进行垃圾分类。

5.1.4 公路边、河边、山区等区域宜采取洁化、绿化、美化措施。

5.1.5 经营用房四周生态环境良好，空气质量应符合 GB 3095 规定的二类区以上标准。

5.1.6 旅游民宿所在地有良好的水质，地表水应符合 GB 3838 规定的Ⅲ类以上标准要求。

5.1.7 旅游民宿周边无噪声污染，声环境应符合 GB 3096 规定的 2 类以上声环境功能区标准要求。

5.1.8 旅游民宿位置应交通方便，可进入性较好，应至少有一种交通方式方便到达。

5.1.9 交通、场所和行走的引导标识应充足、规范、耐用，公共信息标志用图形、符号应符合 GB/T 10001.1 和 GB/T 10001.2 的规定并结合地方特色。

5.1.10 附近宜有医疗点。

（资料来源：黑龙江省文化和旅游厅官网。）

【复习思考题】

1. 民宿起名的重要意义在哪里？
2. 民宿主题的确立主要有哪几个步骤？
3. 请 3~5 位同学组成一个民宿考查小组，对周边的民宿展开调查，了解这些民宿起名和主题具有哪些特色。

第四章 民宿设计

【本章导读】

设计是民宿的文化符号，是一种情感表达的形式。它的实施，不仅提供了以生理需求为基本内容的生活要素，更包含了精神品质、视觉感受等精神要素，设计师可以通过设计让民宿空间营造成富有个性情感的空间。设计是民宿空间环境形成中不可或缺的部分，有着不可替代的作用。

随着旅游者们文化水平和审美追求的不断提升，民宿的设计从最开始注重旅游者们的功能性需求，逐渐发展为现今的更加注重满足旅游者们的人性化、个性化、舒适化需求。民宿设计是民宿中能体现某种文化符号和信息的众多元素所组成的体系，它通过视觉媒介符号传递空间的精神品质和生活内涵，营造了民宿空间的艺术性和个性。民宿设计在满足民宿的基本功能需求、空间形态要求、材质种类要求的前提下，越来越重视对于不同文化符号的呈现，民宿设计的内容也日益丰富，形式也更加多样。

民宿设计艺术是一门综合性的艺术，要对整个空间进行总体把握和设计，由一个总的设计思路和主题来给予空间生命力。在充分展现空间形态、材质、功能、色彩的时候，一并展现出民宿独有的人文精神和审美体验，这才是民宿的独特魅力所在。不同时代的文化思潮和地域生态，造就设计师的不同风格创意、不同内容的软装形式。人们对精神生活的追求日益高涨，为了营造出理想的室内环境、创作更多的审美愉悦，软装一直扮演着重要的角色。

第一节 民宿设计原则与内容

民宿的个性化、差异化直接体现在设计上。民宿的设计就是要把定位的精神文化内涵空间化、物质化。民宿设计追求的不是规模和奢华，而是精致、有特色，用独特的设计风格与理念来满足市场人群。用一砖一瓦、一草一木的细节来精心构建民宿的个性与文化精神。引入新的生活文化理念，激发民宿迸发出自己的个性活力。

一、民宿设计的原则

(一) "慢生活"的规划态度

民宿的设计与酒店设计的不同在于更注重一种规划的态度。慢生活是一种生活态度，是一种健康的心态。民宿所要营造的正是这种回归自然、轻松和谐意境的慢生活氛围。每家民宿都会选择一个有特色的地方，要么靠近雪山，可感受白雪皑皑的圣洁；要么住在海边，可感受环境带来的浪漫体验；要么选择山间旷野，可追求与自然的相融；要么选择乡村，可品味轻松惬意的慢生活，这些民宿都是旅游者回归自然的绝佳去处。这就是民宿，一个空间不大、隐秘于自然之中的居所，演绎回归自然的生活态度。

民宿的设计寻求一种与城市快节奏生活的反差，让更多的都市旅游者获得心灵的平静；民宿设计不仅是空间的设计表达，更是一种生活方式的原创。

(二) 当地文化的展示

民宿的设计需要充分挖掘和突出当地的文化元素。让旅游者体验与自己所在地文化不同的差异感。如果民宿不断地吸引"回头客"，说明民宿的设计满足了旅游者探索当地文化、生活方式的好奇心，这样的设计才是成功的。

民宿设计要融入当地环境，融入当地的建筑风貌，融入周边的环境。无论是建筑、设施还是业态，要尽可能就地取材，尽可能保护原建筑的特点，尽可能保护原生态环境，营造人与自然的和谐统一，让民宿再现当地的生活风貌。

同时，在民宿设计里还需融入一些体验项目，让旅游者感受地道的本土文化，体验当地人的真实生活，让旅行过程更加丰富多彩。

(三) 追求精致与个性

民宿设计体现在整体空间构成和装饰设计中。一方面，把当地传统文化元素挖掘利用最大化，另一方面，通过设计，提炼更具个性化的吸引元素，充分体现民宿独有的特色，创造民宿本身的艺术魅力与价值，使民宿设计具有独特的创意。

在一般的认知中，民宿的房间数不宜过多，一般都会在 15 间以下。每一间房无论是起名还是内部设计，都应当独到、精致。例如，黄山的时光与树·宿也客栈，宿也是在老街旁、新安江岸边的一家只有六间房的民宿，房间分别起名"观澜""听风""倚楼""揽月"等，从民宿命名到房间起名都别有一番情致。因此，民宿的规划设计不是追求规模与奢华，而是追求精致而有个性。

(四) 选对合适的客人

民宿因其独特的设计理念和建筑风格，注定了民宿面对的是小众市场。因此，经营者在对民宿进行设计之前，必须明确消费者群体，要明白"我的民宿要提供给什么样的客人"。选择合适的消费者群体，有针对性地进行设计和营建。只有坚持自己的特色与风格，选对合适的客人，才能提高民宿的魅力与价值。

（五）"风过无痕"的环保理念

民宿选址通常会选择人文环境或自然环境价值比较高的地方，这样才能吸引旅游者，这充分说明环境对于民宿的价值。因此，在民宿营建过程中，要合理开发和利用当地的自然资源，并对这些资源采取充分的保护措施，以免生态环境遭到破坏，让受到保护的环境在民宿投入营业之后成为吸引旅游者的亮点。

民宿设计从来不可能与当地环境脱离，它自始至终将尊重地域自然生态作为一个基本的出发点。在民宿的设计中，一方面力图实现对生活环境的最低程度破坏；另一方面营造人与自然的和谐相处氛围。无论是建筑、设施还是业态，都应该以环保生态为出发点，尽量就地取材、低碳节能、崇尚自然，共同营造"风过无痕"的和谐氛围。

（六）与时俱进的设计思维

民宿设计应处理好传统和现代的关系，让传统和现代并存，是传统文化的现代解读，是挖掘传统资源的现代产品，使传统产品通过现代市场得到保护和传承。任何产业都不可能一成不变，要想长期发展，必须与时俱进。民宿虽然追求的是返璞归真、自然而然的理念，在发展中也要根据市场需求、结合产业新理念不断升级。例如，目前乡村旅游中逐渐出现了"自然农法""众筹农业"的新理念，民宿的设计一定不能脱离这些新的发展理念，应将其充分地融入民宿的发展中，让民宿迸发出新的活力。

二、民宿设计的流程

经过前期调研及策划、定位，民宿建设有了大致的方向，其硬件建设的主要流程，依次包括规划设计、工程概算、建筑施工、室内硬装、庭院施工、软装配饰。有很多民宿的建设是在老房子基础上的改造，这类民宿直接针对老房子进行室内外装饰改造即可，可以免去建筑施工的环节。当然，如果必要，会对老房子做局部的加建或改建。

1. 规划设计

首先，民宿的个性、差异化体现在空间设计上，民宿的空间设计就是要把定位的精神文化内涵空间化、物质化；其次，当地文化的展示尤为重要，民宿的规划设计必须充分挖掘和突出当地文化元素，在保留并凸显当地元素的过程中创新；再次，遵循质朴自然的设计原则，民宿的规划设计要尊重地域自然生态，营造人与自然、材料与环境的和谐；最后，民宿需要合理的配套业态补充，旅游者入住民宿，往往不满足于单一的住宿功能，餐饮、SPA、有机农场、儿童游乐等业态会给旅游者体验带来很大的提升，民宿的配套功能有些可以借助周边的自然条件因地制宜布局，同时应充分考虑区域的联动效应，与周边业态形成互动。

2. 工程概算

民宿建设的工程预算、成本控制也非常重要。在成本投入中，确保品质的条件下应尽量减少硬装的花费，避免过度硬装，建设完成后，可通过适当的软装提高民宿的品质。特别是在相对偏僻的区域，整体的物料运输和建造成本偏高的情况下，避免过度硬装、适当软装显得尤为重要。

3. 建筑施工

建筑和环境的空间设计是重中之重。

在老建筑的改造设计当中，特别需要注意的是建筑结构的稳固性，在设计之初要对老房子进行评估，以明确是否要采取局部或整体加固措施。老房子的防雨防水措施一般相对较差，设计中要考虑必要的增强措施。老建筑的改造，在施工过程中，还经常出现建筑结构不可动、施工工艺难以实现等不可预见的问题，这就需要三方协商，更改设计方案了。

4. 室内硬装

民宿室内硬装的时候要充分考虑外部的自然环境，不能让室内设计风格与自然环境产生明显的分歧。同时要确保在室内施工的过程中尽量降低对外部环境的破坏。

5. 庭院施工

民宿建筑的庭院空间单体规模小、细节多，建造过程需要设计师、民宿经营者、施工队三方密切协作。民宿庭院需用一砖一瓦、一草一木的细节来精心构建民宿的个性与文化精神。并引入新的生活文化理念，激发民宿迸发出自己的个性。

6. 软装配饰

民宿的软装可以说是空间的点睛之笔。民宿的配饰涵盖范围较广，包括家具、家电、厨卫用品、植物、装饰物等。恰当的配饰选用能够充分展示民宿的文化内涵，而民宿要传达的生活态度也是在建筑空间和室内外各类事物中体现出来的。

三、民宿设计内容

（一）建筑设计

建筑设计是指建筑物在建造之前，设计者按照建设任务，用图样和文件表达出来，并使建成的建筑物充分满足期望的各种要求及用途。建筑设计是备料、施工组织工作和各工种在制作及建造工作中互相配合协作、投资预算的共同依据。

建筑设计所选用的各类预制构配件的规格与类型、室内装修系统与设备管线系统等，应符合国家现行防火、防水、节能、隔声、抗震及安全防范等各类标准规范的要求，满足适用、经济、美观的设计原则。同时，在建筑设计中，要注重建筑体量、客房量、公区和房间面积、朝向、采光等内容。图4-1为丽江棠棣园民宿航拍图。

图 4-1 丽江棠棣园民宿航拍图

（二）室内设计

室内设计是根据建筑物的使用性质、所处环境和相应标准，运用物质技术手段和建筑设计原理，从建筑内部把握空间，创造出功能合理、舒适优美、满足人们物质和精神生活需要的室内环境。室内设计需要具有使用价值，满足相应的功能要求，同时也要反映历史文脉、建筑风格、环境气氛等精神因素。

室内设计可以分为公共建筑空间和居家两大类别。室内设计泛指能够实际在室内建立的任何相关物件，包括墙、窗户、门、表面处理、材质、灯光、空调、水电、环境控制系统、视听设备、家具与装饰品的规划等。

室内设计的目的是为满足人们对它的使用功能和视觉感受的要求而进行的准备工作，是对现有的建筑物内部空间进行深加工的增值准备工作。室内设计是建筑设计的继续和深化，是室内空间和环境的再创造，保障生活、生产活动的需求，室内设计也是功能、空间形体、工程技术和艺术的相互依存和紧密结合。举例如图 4-2 所示。

图 4-2　丽江棠棣园民宿客房

（三）软装设计

软装设计始于欧洲，又被称为装饰派艺术，也被称为现代艺术。其兴起于 20 世纪 20 年代，随着历史的发展和社会的进步，在新技术蓬勃发展的背景下，人们的审美意识普遍觉醒，装饰意识也日益强化。经过近十年的发展，于 20 世纪 30 年代形成了软装饰艺术。

软装，是指在民宿空间中所有可移动的元素。软装设计，是指硬装完毕后，除了家居中固定的、不能移动的装饰物，如建筑造型、地面、顶棚、墙面、门窗、吊灯等之外，根据客户喜好和特定的软装风格，通过利用那些易更换、易变动位置的饰物与家具，如壁挂、地毯、床上用品、灯具、家具、窗帘、沙发套、靠垫、花艺、工艺台布及装饰工艺品、装饰铁艺等产品进行设计与整合，对空间按照一定的设计风格和效果进行软装工程施工，最终使得整个空间和谐、美观。

对室内的二度陈设与布置物都可以称为软装饰。软装元素，作为可移动的装修，更能体现主人的品位，是营造家居氛围的点睛之笔，不容忽视。软装饰方面可以根据居室空间的大小形状，主人的生活习惯、兴趣爱好和经济情况等，从整体上综合策划装饰装修设计方案，体现出主人的个性品位。相对于硬装一次性、无法回溯的特性，软装却可以随时更换，更新不同的元素，打造不同的风格。

在软装设计中，首先需要满足居住与休息的功能要求，为满足最基本的生活需要，创造出一个实用、舒适的环境。还应当把握疏密度——器物疏密有致，装饰效果适当。所有器物所占的空间与人的活动空间要配置得合理、恰当，在平面布局上格局均衡、疏密相间，在立面布置上有对比，切忌不分层次的堆积。同时，请注意软装设计是为了满足人的精神享受和审美要求，在现有的物质条件下，要有一定的装饰性，达到适合当地的装饰效果。

民宿软装设计需要满足人们的生理、心理等要求；需要综合地处理人与环境、人际交往等多项关系；需要在为人服务的前提下，综合解决使用功能、经济效益、舒适美观、环境氛围等多方面要求。软装设计及实施的过程中还会涉及材料、设备以及与施工管理的协调等诸多方面。但是现代室内设计的出发点和归宿只能是为人和人际活动服务，从为人服务这一功能的"基石"出发，设计者需要细致入微、设身处地地为人们创造美好的室内环境。因此，民宿软装设计需要特别重视人体工程学、环境心理学、审美心理学等方面的研究，科学地、深入地从生理特点、行为心理和视觉感受等方面探讨人们对室内环境的设计要求，举例如图 4-3 所示。

图 4-3　丽江棠棣园民宿的软装风格

第二节　民宿设计类型及风格

一、民宿设计的主要类型

从建筑角度说，民宿尚没有严格的定义及类型的划分。本书主要搜集了欧洲和亚洲知名的民宿设计项目，根据设计特点和风格的不同，将其分为老房改造民宿、艺术设计民宿、农家体验民宿和 Villa 风格民宿四种类型。

1. 老房改造民宿

老屋改造民宿的原建筑并非是当代形式的房屋，屋龄及房型的限制也没有那么绝对，主要取决于建筑的时代感与完整性。而这些改建后的老屋虽以现代化的技术去重新改建维护，使每个老屋都独具特色，但是大都会将老屋原有的姿态保存下来。历史感和复古感是老屋改建民宿的最大特色，利用现代元素与古典韵味的结合，把老屋的历史痕迹与故事保存下来，让更多的人可以体验到老屋的传统之美。例如，广西云庐老宅（如图 4-4 所示）由散落在村中的几栋破落的农宅改造而成，在不破坏原建筑外观的前提下，老的夯土建筑被改造为符合

图 4-4 广西云庐老宅

当代生活品质的民宿客房。老屋主人对老房子有特殊的情怀，常与客人交流与互动，让老屋更富有故事性及话题性，这也是老屋改造民宿的特色所在。

2. 艺术设计民宿

艺术设计民宿运用创新独特的设计手法和前卫的设计理念进行设计，是民宿的一种特殊形态，具有独一无二的原创性主题，且不局限于各种类型，是能提供符合旅宿关怀和交流生活美学的开放式场所。设计民宿不仅是空间美学的创新，也是旅行价值的创新。延续和提炼江南独有的古镇基因的饮居·九舍（见图 4-5）则从古镇规划建设中得到灵感，用镶嵌在庭院中的"桥"连接建筑体块，营造出立体的空间关系：桥（小桥）—庭院（流水）—建筑（人家）。艺术设计民宿的特殊之处在于它处处体现设计元素，前卫、精致且富有创造性，摒弃了工业文明标准化的枯燥，展现出回归与个性。

图 4-5 饮居·九舍

3. 农家体验民宿

农家体验民宿通常以农村的生态环境和生活文化为观光资源，向旅游者提供住宿、餐饮和相关活动的设备及服务，是集旅游、休闲及教育等活动为一体的新兴的农业经营形态。旅游者居住在此，可以体验当地风情、感受民宿主的热情与服务。欧洲的农家体验民宿别具风情，例如，葡萄牙的乡间迷人旅宿最大的亮点是旅游者通过小径来到僻静的果园，体验采摘的乐趣。意大利加尔达湖东岸的民宿，草丘上的小径与尘土或砾石相连，将阶地之上的乡村风貌很好地呈现在人们面前，为旅游者提供置身于大自然的机会，人们可以在配有精制桌椅的客房中欣赏乡村美景。

4. Villa 风格民宿

Villa 是指各种形式的私人别墅，通常由一栋或多栋建筑组成，一般建在海岛上、山中或森林里。Villa 风格民宿依附于优越的生态环境，充分发挥自然环境优势。设施与服务通常十分豪华，从外部的私人花园、泳池，到内部客厅、厨房、餐厅等一应俱全。Villa 风格民宿将建筑与坡地环境充分融合，建筑随着山势的变化呈现高低不一、虚实错落的层次。泰国的拜县民宿区就有很多 Villa 风格民宿，这些民宿主人充分利用周围的自然环境，旨在打造一个可以亲近自然、练习瑜伽和冥想的居住空间。

二、民宿设计的主要风格

1. 简约风格

简约风格的民宿是一种以简约、实用、经济为显著特点的民宿设计风格。简约不是简单，它是对深思熟虑后经过创新所得出的设计和思路的延展，从烦琐到简约的环节，凝结着设计者的独具匠心。简约不仅反映在装修上，还反映在材料的质地和民宿空间的通透哲学上。简约风格民宿合理运用自然材料并突出材料本身的特点，将设计的理性主义与人情味巧妙地结合，风格简朴。一般室内墙地面及顶棚、家具陈设乃至灯具器皿等，均以简洁的造型、纯洁的质地、精细的工艺为其特征。为了减少不必要的装饰，避免复杂的设计，对于没有实用价值的部分进行删除，强调功能大于形式。

2. 田园风格

田园风格的民宿倡导"回归自然"，崇尚贴近自然、拥抱自然，对自然元素的追求一直是设计的重点，以带有乡村艺术和生活气息的元素为表现手段，充分体现出人与自然的密切联系，流露出闲适的生活气息，力求表现安逸、悠闲、舒适的田园生活情趣。田园风格的民宿用料崇尚自然，硬装材料上多采用木、石、藤、竹等，软装上多采用藤制品、绿植、瓷器、陶器等摆设，织物质地上多采用棉、麻等天然制品，其质感与田园风格的追求相契合。田园风格又可以细分为美式田园风格、英式田园风格、法式田园风格、欧式田园风格、中式田园风格等。

3. 欧式风格

欧式风格的民宿整体豪华、富丽，充满强烈的动感效果，以流畅的线条和唯美的造型著称，追求形体的变化和层次感，欧式风格充满华贵气质。此类风格的民宿造型繁复，曲线华美，镶嵌细腻，装修材料多选用高档实木，家具表面多采用浅浮雕，多用华丽的大型吊灯、地毯、壁挂、油画、雕塑等进行装饰。在颜色方面，此风格的家具、门、窗多漆成白色，家具、画框等线条部位以金色勾边装饰，凸显出高贵典雅的贵族气质。但是，此风格的民宿在材料选择、施工、配饰方面上的资金投入会相对高，在选择时应该做好预期的经费打算。

4. 中式风格

中式风格的民宿多采用对称均衡式的布局方式，端正稳健，格调高雅，造型简朴优美，色彩浓重而成熟，表达对清雅含蓄、端庄丰华的东方式精神境界的追求。中式风格不是简单的元素堆砌，而是通过对传统文化的认识，将现代元素和传统元素相融合于一体，以现代人的审美来打造富有传统韵味的事物，让传统艺术在当今社会中得到应用，使其古典与现代并存、雅致与时尚共存。中式风格的民宿软装精雕细琢、瑰丽奇巧，融合了庄重与优雅的双重气质，多为字画、匾幅屏、盆景、瓷器、古玩、屏风等，追求一种修身养性的生活境界和书香门第的艺术氛围。

5. 地中海风格

地中海风格的民宿在组合上注意空间搭配，在色彩上选择自然柔和，它的色彩以自然柔和的淡色为主，以蓝色、白色等颜色为代表。在墙面、桌面等地方用石材的纹理来点缀；在设计上非常注重一些装饰细节上的处理，比如中间镂空的玄关，造型特别的桌椅、吊灯等，让旅游者们在民宿中能够感受到温馨、惬意、宁静。此类型民宿一般会有开放的草地、精修的乔灌木，地上、墙上、木栏上，处处可见花草藤木组成的立体绿化，手工漆刷白灰泥墙、深蓝色屋瓦和门廊等。

6. 日式风格

日式风格的民宿，有舒适、放松、随意、安闲的特征，多采用歇山顶、深挑檐、架空地板、室外平台、横向木板壁外墙、桧树皮葺屋顶等，外观轻快、洒脱。此民宿的房间多分隔，会分几个功能空间，空间中总能让人静静地思考，禅意无穷。日式风格民宿多将自然界的材质大量运用于民宿的装修、装饰中，不推崇豪华奢侈、金碧辉煌，以淡雅节制、深邃禅意为境界，重视实际功能。日式风格中重视与大自然融为一体，善于借用窗外的自然景色，让旅游者们感受到生机无限；在材料方面多选用自然质感强的材质。

7. 东南亚风格

东南亚风格民宿的最大的特点就是体现了热带雨林的自然之美和浓郁的民族特色，旅游者们喜欢它独有的魅力和热带风情。由于东南亚地区气候闷热潮湿，为了避免空间的沉闷压抑，因此在装饰上用夸张艳丽的色彩冲破视觉的沉闷。虽然搭配风格浓烈是东南亚风格民宿的特点，但也千万不能过于杂乱，否则会使居室空间显得过于复杂，反而会显得累赘。东南亚风格的民宿设计上没有复杂的装饰线条，简单整洁的设计为家居营造清凉舒适的感觉。东南亚风格家居最大的特点是取材自然。

第三节　民宿主要功能空间的设计

在规划民宿功能布局的时候，往往需要考量满足大多数旅游者活动空间的需求，因为民宿空间需要将所有客人会使用到的机能集中在同一空间内。除了住宿功能的房间以外，还需要重视规划休闲空间和公共空间等区域的规划，突出民宿的度假休闲和自然放松的特点。此外，在民宿空间设计上考量更多的是安全系统，备品、设备、家具及装饰需安全。

一、大厅

大厅往往是民宿空间最重要的部分。首先，要注重展览展示空间的设计，通过一些工艺品展柜的设计提高民宿的文化内涵。其次，大厅作为一个多功能厅要兼顾会客、接待等功能，同时也是人流最密集的地方，要合理规划人流动线。故一层尽量不要布置客房，如果必须有客房，一层客房也是最便宜的。

民宿大厅的基本要求是宽敞、明亮、简洁、大方，在此基础上，更高层次的要求是有自己的特色，能够让旅游者们一进入大厅，就感受到该民宿的主题。大厅是民宿的门面和形象代表，是决定着旅游者们对于民宿的第一印象和最后印象的发生地，具有重要的意义。因此，在民宿大厅的设计中需要做到以下几点：①大厅空间拥有一定的高度，不会使旅游者们感到压抑；②灯光柔和，背景音乐舒缓；③整体布局合理，主题特色突出，如图4-6、图4-7所示。

图4-6　民宿大厅正面

图4-7　民宿大厅侧面

二、公共区域

民宿的公共区域是指民宿的旅游者们共有、共享的区域和场所。民宿中需要设置足够的公共区域，供旅游者们休闲、交流、娱乐、接待、放松等使用。公共区域多为茶室、阳光房、书吧、室外院子等。公共区域设计时需要注重旅游者们的体验感，让旅游者们愿意到公共区域来，而不是成为闲置的摆设空间。在公共区域设计时，还可以为特殊的旅游者人群设计，例如，为儿童旅游者群体设计趣味、安全、环保的公共区域，来提升该部分群体的入住体验。另外，在公共区域设计时，需要考虑清楚是否自养宠物，如狗、猫等。

很多民宿都非常注重公共空间，有的公共空间面积占比甚至达到50%以上。该空间的大小最好根据实际所需来确定，如果以工作室为主的民宿，必须有大空间；如果以住宿为主的民宿，应缩小其空间，够用就行。

公共空间的功能划分可以分为商务分享空间、友谊分享空间和料理分享空间。

（一）商务分享空间

商务分享空间之所以不可取代，主要是因为客人的商务活动不会因为在旅途中而减少，越来越多的客人在旅途中工作，因此民宿在公共空间的设计上，也应着重布置网络设计以及电脑与相关周边设备等。

（二）友谊分享空间

建立友谊分享空间的意义在于方便不同文化与经验的交流，建立一个分享平台，为旅游者的旅行增添不同的色彩，创造更多的回忆。在很多民宿的公共空间里，总是可以看到一张很大的原木长桌，客人们可以沿着长桌而坐，聊着今天旅途中发生的好玩的事，明天又将计划去哪里，就像在家里客厅一样舒服自在。

（三）料理分享空间

料理分享空间则是依据人们饮食需求而设计，借由饮食文化的分享拉近人与人之间的情感和距离。开放式厨房的设计让客人使用起来多了一些弹性，没有使用时间的限制，客人可以更加自在地享受料理的乐趣和过程。

三、院子

院子一般会作为民宿的灵魂，一个没有院子的民宿通常会在竞争中处于劣势。院子要有生机，无论院子多小，生机盎然的院子总会让人心情愉悦。同时也多了让人停留休憩的空间。

民宿的院子部分主要以园林景观和休闲娱乐项目设计为主，打造出更加丰富的民宿内涵，具体设计需要根据所在区域的面积和风景进行，还需要特别注重院子中可看风景的画面构图。院子面积较大的情况下，可以打造水池、假山、泳池、沙坑等较大型的项目；院子面积较小的情况下，可以打造绿植小景观、网红小景观等较小型的项目。成功的院子设计，能够帮助民宿吸引路过的旅游者们。图4-8、图4-9为民宿庭院水池设计与民宿庭院景观设计。

图 4-8　民宿庭院水池设计　　　　　　图 4-9　民宿庭院景观设计

四、楼梯与走廊

楼梯往往是民宿设计中最容易被忽视的室内场所。但若有好的设计，楼梯将会成为民宿的点睛之笔。悬挂式楼梯给人十分轻盈的感觉，去除所有多余的元素，仅将有用的部分留下。丝毫不占用空间的同时，楼梯化身为极具线条感的空间装饰品。楼梯经过改造变成了一个曲线优美的作品，光线充足的同时，也保证了通风流畅。仿生式楼梯可以极大地优化楼梯的装饰功能，例如，木制仿生楼梯从木头的本质出发，用灵动的造型掩盖木质的传统与笨拙，赋予其时尚与优雅的姿态。只需要多一些巧妙的构思和一些突发奇想，那么民宿的楼梯既可以是一个休闲的阅读区，也可以是潜力巨大的收纳区，这些不仅可以让民宿楼梯区周边释放出不小的空间，还可以让楼梯成为民宿空间设计的点睛之笔。

走廊在设计中容易被人们所忽略，但是，走廊空间其实是每间民宿都具备的区域，起到连接、贯穿空间的重要作用，应该在设计中加以重视。如此一来，旅游者即便走在民宿的走廊中，也能够感受到民宿的设计风格。图4-10为丽江棠棣园民宿的走廊区域。

木质露台往往作为民宿房屋的延展空间（如图4-11所示）。木平台被认为是一个平坦的平面，类似于地板，支撑重量。但木平台又常常聚焦于户外，大家喜爱它的理由，是它通常与建筑连接，建造材料可以是任何木材，如复合木材、红木或回收的木材等。木平台可以扩展民宿生活空间，还可以是大建筑物的美丽庭院或观察区。

五、客房

客房不仅是民宿销售的主要和核心产品，还是民宿设计的主体部分，可以说是旅游者们的"家外之家"。客房是为客人提供休息的场所。在设计时主要应在两个方面入手：①要注

图 4-10　丽江棠棣园民宿的走廊区域

图 4-11　民宿庭院的延展空间

重设计成本的控制,可以考虑采用新旧对比的方式,保留一部分原有材料。②要注重实用性,不必要进行过多复杂的设计,干净整洁即可。比如简简单单的白墙,搭配一些让人舒适的木饰面材料,让空间既浪漫又温馨。

民宿的客房一般都是非标房间,注重温馨感。一般来说大床房会占 80% 以上的比例,标间一般一间足矣。同时一般会配有一个稍微大点的家庭房,所谓的家庭房就是在满足家庭夫妇大床的要求外再加一个小孩子的床,该房间一般都是民宿中最贵的配置。所有的客房必须开窗,能配置阳台的房间一般都是在绝佳位置。能配置落地窗的尽量配置落地窗,室外风景对房间的价格高低影响很大,处处见景最好。因为采用非标服务,所以卫生间可以不拘一格,但一定要舒适。房间的卫生间一定是淋浴为主,浴缸只是辅助配饰,它可以在房间的任何觉得合理的地方。客房的门一般为甲级防火门,方向不限。客房的数量不宜为多,小到 4~5 间,最多不要超过 15 间。

(一) 民宿客房的房型设计

民宿客房的房型一般分为大床房、标准间、标准套房、豪华套房、特色房间等。每类房间的数量，需要根据民宿的定位及前期的调研来确定。如果是高端的民宿，套房的比重会相对较大些；反之则大床房、标准间多些。民宿房型设计如图4-12、图4-13、图4-14所示。

图4-12　民宿大床房设计

图4-13　民宿标准房设计

图4-14　民宿豪华套房设计

特色房型现在越来越受到旅游者们的喜爱。比如儿童房型，此房型，在设计时可加入更多儿童们所喜爱的元素，减少他们对于陌生环境的恐惧。又如，女性房间，此房型在设计时更加关注细节处理，让女性旅游者们感到温馨和安全。图4-15为丽江泸沽湖一朵民宿。

图4-15　丽江泸沽湖一朵民宿

（二）民宿客房的空间设计

民宿房型基本包括卧室、浴室、客厅三个空间。如何分配三部分空间在客房中所占的比重，需要在注重实用性的同时把握设计的美感。在民宿客房的空间设计中，还需要考虑隔音、采光、通风、消防等细节。房间浴室中需要做好防滑的设计，在马桶、淋浴、浴缸等物资的采购方面，需要注重品质的保证，让旅游者们能够在细节之处感受到民宿的品质。图4-16为注重品质的民宿卫浴。在客房的消防方面，要布置烟雾探测器，规划好逃生路线，标识清楚紧急逃生示意图。例如，云南丽江的大研古城多木结构为主的民宿，在隔音上面临很大的问题，在客房设计时就需要特别注意，以免在后期使用的过程中给旅游者们带来不好的入住体验。由于是木结构为主的民宿，在消防方面也要尤其重视，以免造成安全隐患。

图4-16 注重品质的民宿卫浴

六、餐厅

餐厅不仅是民宿一日三餐的就餐之处，在场地条件有限的情况下，餐厅还需要承担其他方面的功能，例如，承担非就餐时段的公共休闲功能，是旅游者们品尝茶、咖啡、甜点的区域，也可以是晚餐过后旅游者们品尝鸡尾酒的好去处。在设计时，需要考虑多方面的需求，实现利用最大化。由于用餐具时间上有规律性，因此在对餐厅进行设计的时候要根据整体的客房数配比餐厅空间的大小。要扩展餐厅的空间，一方面可以在天花板或者是墙壁上进行地域文化符号的设计工作，营造氛围；另一方面就是从餐厅的内部向外部拓展，将用餐的范围拓展到室外，让旅游者在大自然的环境中用餐。不过这里需要注意的是，在室外用餐的时候一定要注意明火的使用以及光照的因素。

七、工作区域

工作区域包括布草间、消毒间、后厨等，工作区域为非对客区域，不需要豪华富丽，在设计上更加看重实用性和可操作性，达到工作更加方便、快捷的目的。

布草间主要存放布草，而且一定要做干湿分区，满足布草存放数量需求，最好做成橱柜式，便于布草的卫生保管和取用方便，如图4-17所示。杂物间不可与布草间共用。杂物间可放入消毒液、洗衣液等。

为保证卫生，民宿还应合理设立消毒间，并配备消毒设施、工具和药剂。对于床上用品、盥洗物品、餐饮具、清洁工具、拖鞋等供顾客使用的公共用品，民宿应该做到一客一换一

图4-17 布草间

消毒，禁止重复使用一次性用品用具。

民宿要留有员工房或是义工房，便于员工值班和轮岗休息使用。员工房要能满足员工工作需求，房间不大，但位置必须方便接待客人。

八、设备区域

民宿中会有太阳能、水泵等设备的配备，部分设备的体积较大，需要较大的占地空间，设计时需考虑安放在合适的位置。图4-18为民宿设备区域。

图4-18 民宿设备区域

九、停车场

部分入住民宿的旅游者们会选择自驾出行的方式，所以民宿在条件允许的情况下，应在民宿旁边设计出入方便的停车场，民宿附近有方便的停车场会增加旅游者们对民宿的好感。在停车场设计时，还需要考虑到旁边居民的出行，不得给其他居民的出行带来不便。

十、其他

民宿一层的层高尽量高点，可以布置吊灯等。二层以上层高适合$3\sim3.3m$，楼上层高太高或太矮都会让客人有不舒适感（缺少家的温馨）。民宿的层数不要超过三层。

太阳能是降低能耗最直接有利的方式，民宿一般都设置太阳能热水器，同时增加水加热设施（空气源等），两套设备可以同时运作，也可以自由切换。要充分考虑储水箱的位置（水箱一般较大）。

监控设备一般以小型的为主，可以设在前台。房间内的消防要布置烟雾探测器，烟雾探测器可以是独立型的，并不需要联动。

第四节 民宿设计步骤

随着社会经济的发展、人们生活水平的不断提高，旅游者们对民宿的要求也越来越高，这就对民宿设计提出了更高的要求，并且涵盖了功能、形式、氛围等各个方面。在现今的民宿设计要求背景下，设计人员要想高质量地呈现民宿空间的设计，就必须准确、全面地理解民宿经营者的需求，以民宿经营者的需求作为民宿设计的基本出发点，并结合选址地的现场环境，从而真正达到人与环境的和谐统一，努力打造民宿设计的经典案例。

民宿空间本身既是旅游者们的消费空间，也是民宿工作人员的工作空间，如何结合这些不同的功能对民宿空间进行重构与组合，对民宿空间的有效利用及整体环境塑造有着极为重要的作用。所以，这就要求设计人员需要具备较强的综合素质和分析能力。

对民宿空间设计的基本过程大致如下。

一、方案构思与表达

设计人员在进行一项民宿设计活动时，必须有一个周密的设计计划，按照民宿设计的基本程序来操作，以认真负责的态度来对待设计任务。设计人员掌握了设计的基本程序后，还必须理解其中设计所服务的对象、服务的范围、设计的流程安排。民宿空间的设计流程应包括：设计准备阶段、设计构思阶段、初步设计阶段、方案深化阶段等几个阶段。

（一）设计准备阶段

设计人员在进行民宿空间设计之前，先要接受民宿经营者的设计委托书，然后才进入设计准备阶段。设计人员必须明确设计任务和要求，明确设计期限并制订设计计划、进度安排，考虑各有关施工工种的配合与协调，明确设计任务和性质、功能要求、设计规模、等级标准、总造价等，明确设计任务所需创造的室内环境氛围、文化内涵或艺术风格等，熟悉设计有关的规范和定额标准，收集必要的资料和信息，包括对现场的调查勘探以及对同类型实例的参观等工作。通过设计任务和性质的确定，设计人员才能确定自己应该怎么做才使民宿设计的思路不会发生偏离。

（二）设计构思阶段

设计人员的设计构思直接关系到作品的优劣与成败。设计人员应在自己的设计经验和素材积累的基础上，大胆构思，从自己的创作思路中找到最佳的主题思想。设计人员在设计时要有一个全局观念，掌握必要的资料和数据，从最基本的功能分区、面积划分、人流动线、人流活动范围和特点、家具与设备的尺寸等方面着手。

设计构思阶段主要包括以下几个步骤：认识所设计的对象、掌握市场的需求、熟知使用者的需求、理解经营者的要求等。其中，主题构思包括：从哪个角度表现民宿空间的主题；用什么形式表达民宿空间主题；用什么场景表现民宿空间主题；民宿空间主题的内涵是什么等。

（三）初步设计阶段

设计人员在设计构思阶段的基础上，进一步收集、分析、运用与设计任务有关的资料与信息，构思立意，进行初步设计。初步设计阶段包括方案构思计划、视觉表现、方案比较、经费分配计划等内容。根据民宿经营者的需求，设计人员对民宿进行功能区域分析，并绘制方案草图。

（四）方案深化阶段

方案深化阶段是设计人员对所选用的构思计划通过设计手段，对室内空间的处理进行深入细致的分析，以深化设计构思。民宿空间设计的方案深化阶段包括确定初步设计方案和提供设计文件。初步设计方案的文件通常包括平面图、室内立面图、顶棚平面图、室内预想图、室内装饰材料样板图和说明、施工设计大样图、施工预算，同时还要对建筑装饰做出预算。在民宿的设计过程中，设计人员经过反复调查，并与民宿经营者沟通后，确定设计方案，然后开始绘制相关图样。

1. 平面图

设计人员对设计方案进行空间划分、功能分区、交通流线安排等，用平面表现的方式绘成平面图，常用的比例有 1∶50、1∶100、1∶150、1∶200 等。

2. 室内立面图

室内立面图要明确表达设计人员表现的意图，协调各个立面的关系，常用比例有 1∶20、1∶30、1∶40、1∶50、1∶100 等。

3. 顶棚平面图

顶棚平面图包括顶平面的造型、照明设计图、暖通图、消防系统图等，常用的比例 1∶50、1∶100、1∶150、1∶200 等。

4. 室内预想图

室内预想图能清楚地表达设计人员的设计意图，把设计人员的设计预想清晰地呈现在民宿经营者的面前。这是一种直观的设计表现手段，室内预想图包括手绘预想图、计算机绘制的预想图等。

5. 室内装饰材料样板图和说明

室内装饰材料样板图和说明是室内设计中不可缺少的一道程序，是设计人员对材料的造型特征、材料的颜色、材料成形的可行性进行的说明，以便为施工做一个选材依据，该过程也是设计意图和设计思想的一个补充说明。

6. 施工设计大样图

初步设计方案需经审定后方可进行施工图设计。根据设计人员所用的材料、加工技术、使用功能有一个详细的大样图说明，以便形成具体的技术要求。施工设计大样图应是能明确地表现出技术上的施工要求和怎样完成这个工程的详细图样。

7. 施工预算

施工预算是编制实施性成本计划的主要依据，根据民宿的施工内容，对于施工进行的预算。

二、项目施工与完成

（一）方案确定阶段

设计方案确定后，设计人员应向施工单位进行设计意图说明及图样的技术交底，以便施工员更好地施工。

（二）施工监理阶段

在工程施工期间，设计人员需按图样要求核对施工实况，经审核无误后，才能作为正式施工的依据。根据施工设计图，参照预定金额来编制设计预算，对设计意图、特殊做法做出说明。对材料选用和施工质量等方面提出要求。为了使设计作品能达到预期的效果，设计人员还应参与施工的监理工作，协调好设计、施工、材料等方面的关系，随时和施工单位、建设单位在设计意图上进行沟通，以便达成共识，让设计作品尽量做到尽善尽美，取得理想的设计效果。

设计人员在施工监理过程中的工作包括：对施工方在用材、设备选用、施工质量方面做出监督；完成设计图样中未完成部分的构造做法；处理各专业设计在施工过程中的矛盾；变更和修改局部设计，按阶段检查工作质量，并参加工程竣工验收工作。

【拓展阅读】

装修三种模式：清包、半包、全包的利与弊

常见的民宿装修方式分为清包、半包、全包三种，很多民宿主在选好装修公司后，会对应该选择哪种方式进行装修而纠结。事实上，常见的这三种民宿装修方式都存在着自身的优势和劣势，民宿主应该根据自己的具体情况进行比较分析，最终选择一种适合于自身的方式。

一、清包

名称定义：清包也叫包清工，由民宿经营者自行购买所有装修所需要的材料，装修公司只负责人员施工部分。

适合人群：对装修的材料有充分的掌握，且时间和精力充沛，有能力自己购买装修材料的内行人士。

清包优势：自由度大，可控制性强，能够充分体现民宿经营者的自主意愿，并可根据自身的经济能力来选择材料。民宿经营者只需要支付人工费给装修公司，避免装修公司从材料中获利，相对来说比较节省费用。

清包弊端：民宿经营者自己购买装修材料需要大量的时间和精力，且民宿的施工工期一般较长，耗时久。如果民宿经营者对于建材市场行情不是很了解，还可能买到质次价高的材料或型号错误的材料。由于民宿经营者单体的购买量较小，在价格上无法拿到装修公司享受的批发价，且运费偏高。

如果装修的材料不能按施工进度准时到位，而耽误装修的工期，也会增加很多人工成本，且很容易引发争执。而且民宿经营者对于装修材料所需的实际数量掌握得不是很准确，装修公司的工人可能存在用料浪费的情况，材料损耗会偏高。民宿经营者还总是担心材料被工人调包。而且如果装修的质量出了问题，很难分清是材料的问题还是施工的问题，容易导致与装饰公司产生纠纷。

二、半包

名称定义：半包即由装修公司负责施工和辅料的采购，而瓷砖、地板、洁具等主材则由民宿经营者自行采购。

适合人群：对民宿装修的设计水平和个性化要求较高，且具备一定经济实力的民宿经营者。

半包优势：主材在整个民宿装修费用中所占比重较高，民宿经营者采购可灵活控制费用。水泥、涂料、电线等装修辅料种类繁杂、价格也不高，由装饰公司统一采购省心省力，质量也更加有保证，民宿经营者也可以省心些。

相对于过于简单的清包，半包由装饰公司提供完整的设计方案，设计水平和装修档次更高；同时，避免了全包对主材品类的诸多制约，能充分满足民宿经营者的个性化需求。

半包弊端：民宿经营者自己采购价格较高，在价格上无法拿到装修公司享受的批发价；对于民宿的总体造价民宿经营者把控不到位，很容易发生费用超标的情况。辅料由装修公司统一采购，民宿经营者无法把关，如果使用劣质辅料或环保不达标，将影响整个民宿装修工程的质量和日后使用。

三、全包

名称定义：全包也叫包工包料，即所有材料的采购和施工都由装修公司来负责。

适合人群：时间和精力不够充裕，或对装修材料不是很了解的民宿经营者人群。

全包优势：省时省力省心，责权明晰，一旦出现质量问题，无论是施工还是材料，都由装饰公司全权负责，避免产生装饰公司和民宿经营者扯皮的现象。报价透明，杜绝低开高走、设计师拿回扣等潜规则。整体的民宿装修费用更容易掌控，不容易发生超标的情况。装饰公司集体采购的建材价格往往会比市场价格低，更加经济实惠。减少了装修材料的损耗，避免了民宿经营者自购建材导致的配件不匹配、不便安装等问题出现。

全包弊端：目前装修市场混乱，某些装修公司缺乏诚信，而装修的材料价格和种类繁杂，一旦装饰公司虚报价格，拿劣质材料欺骗民宿经营者，则很难在短时间内识别。

（资料来源：作者根据相关资料整理。）

第五节　民宿设计的主要趋势

随着社会经济的不断发展，旅游者们对民宿的要求早已不再局限于住宿本身，而是对住宿场所空间环境的要求越来越高，于是对于民宿空间设计提出更高的要求。现代民宿空间设计除了要考虑住宿方式外，还需要对日新月异的社会商业模式以及不断升级和变化的大众消费模式进行综合分析，这些因素使得现代民宿空间设计成为涉及环境学、生态学、设计学、人机工程学、美学、消费心理学、设计心理学等诸多学科知识的综合性设计。这就对民宿设计者提出了更高的要求，需要根据空间使用性质，运用美学原理和技术手段，结合各类不同材质的特性，创造出功能合理、使用舒适、形式美观并且能反映其文化内涵的空间环境。在这样的背景下，空间装饰方法也随着空间内涵的变化而不断向前发展，主要呈现出如下几种趋势：

（一）现代化

现代化包括：新型材料、结构构成、施工工艺，良好的声、光、热环境的设施设备。随着科学技术的发展，室内设计师要学会采用一切现代科技手段，使室内设计达到最佳声、光、色、形的匹配效果，实现高速度、高效率、高功能，创造出理想的、值得人们赞叹的空间环境，未来的设计将变得妙不可言。现代信息数字化也在不断发展，在许多民宿中，利用数字媒体或者计算机控制的装饰物被广泛应用，如一些民宿中的特色餐厅里会使用贯穿于整个空间的"水道"，以此实现菜品的全自动运输。图 4-19 为民宿中的现代化马桶装置。

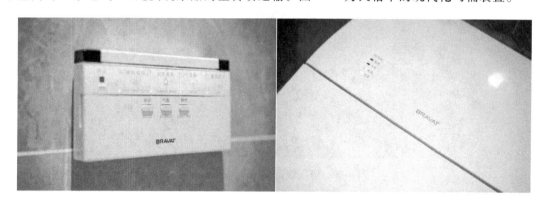

图 4-19　民宿中的现代化马桶装置

（二）创新化

当前规划与环境设计存在雷同的通病，缺少创新和个性，设计构思局限封闭。民宿不是工业产品，不能同质化复制，要求设计创新化不是一味地简单模仿，要努力打破同一化，追求个性差异创新。在设计的过程当中要更强调独立的思考创新，实现突破，从而让消费者产生耳目一新的效果。民宿空间设计是随着整个行业的进步不断地向前发展的，为了适应发展、满足使用者的需求，设计者在设计手法上要不断创新，力求运用多种设计手法来营造最佳的用户体验空间。近年来，交互设计法、数字化设计法、信息可视化法、景观室内化设计法等都逐渐被应用到了民宿空间设计中。

（三）整体化

民宿设计不是一个单一的个体，想要打造一个优秀的民宿，需要注重其整体化的规划设计。

一方面，民宿设计需要注重与所处大环境的整体化，整体化涉及民宿设计的立意、构思、风格和环境氛围的创造，从选材到设计，应与所在地的自然景观、历史文化和民俗风情相融合，需要着眼于环境的整体、文化特征以及建筑功能特点等多方面因素。建筑设计的风格要与整体风貌保持一致，民宿的建筑设计外观也十分重要。图 4-20 为丽江棠棣园民宿的装饰风格。为了更深入地做好设计，需要对环境整体有足够的了解和分析。

另一方面，民宿设计需要注重室内环境的整体化，包括室内空间环境、视觉环境、空气质量环境、声光热等物理环境、心理环境等许多方面。在室内陈设布置中根据功能要求，整个布局必须完整统一、风格一致。围绕这一原则，自然而合理化地对室内装饰、器物陈设、色调搭配、装饰手法等做出选择。

图 4-20　丽江棠棣园民宿的装饰风格

（四）人性化

设计是一项综合性极强的系统工程，人性化要求在设计时往往会因从多项局部因素考虑而被忽视。设计应该以满足人和人际活动的需要为核心，针对不同的人、不同的使用对象，考虑他们不同的要求，创造出满足不同人所需的环境。

为人服务，这正是民宿设计的社会功能的基石。民宿设计的目的是通过创造好的空间环境从而满足旅游者们的安全和身心健康需求。民宿设计迎合旅游者们喜欢多样化的需求，追求新颖、方便舒适的美好生活的愿望，是与时代发展和大众需求相契合的。方便舒适的民宿浴室设计如图 4-21 所示。

a)

b)

图 4-21　方便舒适的民宿浴室设计

（五）绿色化

随着城市化进程的不断加快，生活在水泥钢筋混凝土里的旅游者们离大自然越来越远，所以，旅游者们对健康环保的渴望也日益强烈，也更加向往大自然，追求低碳生活。正是因为旅游者们的这种追求，促使民宿空间设计越来越重视营造更为健康生态的空间，从建造材料、装饰物等细节体现绿色化，以达到营造健康空间环境的目的。

第六节　民宿空间设计要素

高品质的民宿空间设计应当是功能性与形式美的完美统一，而民宿空间的内部装饰及空间氛围的营造则需要借助对各类设计要素的控制与运用，从而营造既实用又美观的高品质民宿空间。

一、色彩与氛围渲染

对于民宿空间设计而言，色彩具有较强的装饰性，它既有审美作用，又兼具调节室内空间氛围的作用，色彩的正确、合理运用对旅游者们的心理活动也有着重要的暗示和引导作用，能对情绪产生一定的积极影响，因此色彩是民宿空间设计的重要因素之一。民宿空间内良好的色彩设计不但能提升空间环境品质、调节空间的整体气氛、营造空间特色，而且还有助于民宿空间功能的发挥，从而吸引更多旅游者们，提高民宿的经济效益。所以，色彩的合理搭配对民宿空间的塑造、氛围的渲染有着重要的意义。

民宿空间的色彩搭配需要注意以下三点。

（一）注意色调的搭配

民宿空间最终呈现在视觉效果上的审美差异大多来源于配色，不同色彩的相互关系对民宿空间的最终视觉效果有着直接的影响。因此，设计者对民宿空间进行装饰时，色彩的搭配不宜过于繁杂，纯度宜淡不宜浓，明度宜明不宜暗，主要色彩不宜超过三个色相。一般情况下，可选择一种色彩作为基调色，其他大多数的装饰色彩以基调色为基础进行明度、纯度的变化，在少数需要强调、突出的地方运用基调色的对比色进行装饰，形成强烈对比和视觉冲突，以达到吸引旅游者们注意的目的。只要色彩搭配得宜并处理好与主题之间相互呼应的关系，就能够打造出让旅游者们感觉安心、舒适的民宿空间环境。

（二）色彩的选择要与空间风格相匹配

每类特定的风格都有能引人联想的常见色彩搭配，如地中海风格总是与白色和蓝色相关联，而现代风格总是与黑、白、灰相关联等。所以，在民宿空间的色彩选择上，要根据民宿整体的风格定位，在旅游者们的常规认知的基础上进行改变和创新，从而营造出极具民宿自身特色的高品质空间环境。图 4-22 为民宿空间色彩应用。

（三）把握好色彩与人心理活动之间的关系并加以运用

不同的色彩会对旅游者们的心理活动产生不同的影响，通过色彩系列的设计让整体空间成为设计者传递信息的重要载体，如高明度、饱和度的暖色属于膨胀色，在视觉上看来可拓宽空间，能减少旅游者人数多时所产生的拥挤感。在民宿空间设计时，设计者要把握好色彩与旅游者们的心理活动之间的关系，通过色彩的选择将空间所承载的情感以及内在信息传递给旅游者们，同时，对色彩的"诱目性"也要加以利用。以民宿中的餐饮空间为例，红黄色能够在一定程度上勾起旅游者们的食欲，使旅游者们有更好的用餐体验；而蓝色则相反，会对旅游者们的食欲产生一定的抑制作用。

图 4-22　民宿空间色彩应用

二、灯光与空间塑造

灯光对于民宿的空间环境塑造有着非常重要的影响。对于民宿空间来说，灯光不但可以起到照明的作用，而且有利于构建符合旅游者们审美情趣的意境。同时，民宿空间灯光还能通过色温、色彩、照度的变化对主体进行强调、突出，以此来丰富民宿空间的层次感，有助于民宿主题的体现。

（一）对灯光照度进行合理控制

照度是指灯光的明亮程度。在民宿设计中，如果选择的光源照度过低，会导致空间昏暗、照明不足等问题；照度过高，则可能会因为室内太过明亮而使人产生眩晕等。选择照度时，应综合考虑民宿空间内的自然光照效果、主要用途、主要开灯时段以及空间氛围等因素。例如，民宿公共区域的灯光对照明要求较高，在灯光设计时，应选用照度较高的灯具，通过明亮的灯光配合整体环境营造出一种宽敞明亮的氛围。图 4-23 为某民宿院落照明环境。

图 4-23　某民宿院落照明环境

（二）光色、光温应与空间氛围相协调

在民宿空间设计中，光色、光温应与空间氛围相协调。例如，民宿的卧室是旅游者们休息的空间，应选择光色偏暖、色温偏高的灯具作为主光源，让旅游者们在其中得到全身心的放松，给予旅游者们家一般的感觉。通过灯光的相互搭配凸显这一空间的精神内涵，营造温馨、舒适的氛围，提升旅游者们的住宿体验。图4-24为某民宿光色、光温的氛围营造。

（三）光源布点要合理

民宿空间内的光环境是通过多种点光源的组合共同构成的，好的光源布点可以对整体空间起到画龙点睛的作用。例如，民宿公共区域内悬挂的精致装饰画，在射灯的装点下，会显得更加的突出夺目，彰显了民宿不凡的设计主题和品位。在民宿空间的灯光设计中，要注意光源布点的合理性，进行主与次、虚与实的结合，在照明的同时利用灯光营造动人的意境。图4-25为某民宿的空间多点光源设计。

图4-24　某民宿光色、光温的氛围营造

图4-25　某民宿的空间多点光源设计

三、陈设与主题刻画

在民宿空间日益多元化的今天，民宿空间的陈设设计也越来越受到了旅游者们的重视。高品质的陈设设计既装点了室内环境，又能够烘托室内环境氛围、营造空间的意境，强调与刻画空间主体。

民宿的陈设是民宿风格的展示，是展示民宿室内装饰内容的重要表达方式。民宿陈设如何能够在营造室内空间的舒适性的同时，营造出具有独特文化氛围的民宿空间，是民宿陈设面临的挑战。民宿陈设能够创造舒适、健康、安全、便利的生活环境，还能够充分利用陈设艺术品的特性实现"物与人的对话"，通过不同陈设品的肌理、材质、触觉、色彩，使旅游者们获得审美的体验。

在民宿空间的陈设设计中，主要包含了以下几个方面的内容。

（一）家具陈设

在民宿空间里，所有的家具，例如，柜、桌、椅、沙发等均属于家具陈设。从空间上来看，家具占据了空间相当大的一部分面积，是对民宿空间档次最为直接的体现。同时，还可以用家具对空间实现分隔，以此来减少墙体的面积，从而扩大空间的利用，使空间变得更加宽敞。还可以通过家具布置的灵活变化达到适应不同功能要求的目的。家具分为巴洛克式家具、洛可可式家具、欧式新古典式家具、现代简约式家具、美式乡村式家具、地中海式家具、东南亚式家具、新中式家具等多种类型。不同类型的家具，在空间的设计中也会产生不同的效果、营造不同的氛围，为旅游者们提供不同的住宿体验。图 4-26 为某民宿茶空间家具布置。

图 4-26　某民宿茶空间家具布置

（二）灯具陈设

灯具在民宿空间内除了具有传统的照明功能之外，其装饰的作用也越来越突出。灯具是民宿空间内必要的物件。灯具样式的选择要与整体民宿空间的主题相搭配，特别是民宿的大厅、走廊等公共区域，在注重其使用价值的同时，也可以把其当作装饰物品，充分发挥其装饰的作用。因此要注意灯具造型的艺术性，切实做到功能性与审美性相统一。图 4-27 为某民宿前台灯具陈设。

（三）艺术品陈设

艺术品陈设是民宿空间氛围在细节上的表现，对突出主题起着极为重要的作用。在民宿空间中的艺术品陈设，不在乎摆放数量的多少，而在乎效果的呈现是否到位、每处艺术品的选择是否合适；不在乎价格

图 4-27　某民宿前台灯具陈设

的高低，而在乎是否能够与主题相符合。如果民宿本身是田园主题风格，那摆放价格高的古玩会显得不是很合理，没有做到与整体设计风格相一致。在传统的中式主题民宿中，应多选择字画、茶具、漆器、玉器、古玩等艺术品进行装饰。而在偏欧式的民宿中，则应多选择华丽的水晶灯、雕塑以及油画等艺术品进行装饰。在具有民族特色的民宿中，选择具有当地特色的手工艺品等进行装饰。艺术品在美化空间环境的同时，也较好地突出了民宿空间的主题，渲染了空间氛围，使民宿空间在艺术品的加持下更显特色。图 4-28 为某民宿手工艺术品陈设。

（四）植物陈设

植物具有旺盛的生命力，使整个空间充满活力，能给予旅游者们以生机蓬勃的自然情趣。将其作为民宿空间的陈设，不仅可以净化室内空间、降低噪声，同时还能给旅游者们带来身心的愉悦，让空间呈现出自然与艺术交融之美，努力营造一个更加宜人的民宿氛围。

植物在体量上应与空间大小相宜。根据各个空间的面积大小、光线、温度等环境特点和功能要求，合理地陈设植物，使环境更加优美、富有生机。如果民宿的公共区域空间较大，适合摆设较为舒展的植株，如龟背竹、南洋杉、巴西木等观叶植物。而民宿房间内则应摆放较为小巧的植物。这样布置，既不拥挤，又不空虚，与房间大小相协调，充分显示出植物装饰的艺术魅力。同时，植物饰品的配置必须与墙面、地面、家具色彩相协调。这样看起来，整个房间的布置才更加浑然一体，也会使旅游者们有更好的住宿体验。图 4-29 为某民宿多肉植物陈设。

图 4-28　某民宿手工艺术品陈设

图 4-29　某民宿多肉植物陈设

【拓展阅读】

经典民宿设计案例——丽江白沙朴里小院

一、项目概况

（1）民宿名称：朴里小院。

(2) 民宿所在地：云南省丽江市白沙古镇。

(3) 民宿面积：750m²。

(4) 民宿设计方：丽江几木设计团队。

(5) 摄影：忘返记。

二、项目背景

在一次机缘巧合下小院主人邂逅了位于玉龙雪山脚下一个丽江最原始、最纯粹的地方——白沙古镇。它没有大研古城和束河古镇的商业、繁华，但作为木氏家族的发源地，一直被认为是最具有纳西遗风的古镇，是最原生态的纳西村落。在村子走走，你会感觉时光似乎都停止了流动，壮丽雪山、碧蓝天空，整个古镇如纳西老人一般朴素安详。道路的两旁都是茫茫的原野，鲜花、麦田、牛群等一切都是原始纯粹的模样。

雨后新晴后的原野，开阔静谧，水汽环绕着青山，云雾缭绕，置身其中，举手投足间尽是山野的清新气息。山里万物都在此刻变得慵懒又惬意，说它是丽江仅存不多的一片净土也不为过。就在这片宁静的土地上，民宿主关于回归田园的愿望，在设计师的勾勒中得以实现，于是有了这座小院，"朴里"便是民宿主老家的名字。

三、项目文化依托

白沙古镇是木氏家族的发源地，是纳西族的古都。纳西族绝大部分居住在滇西北的丽江市，其余分布在云南其他县市和四川盐源、盐边、木里等县，也有少数分布在西藏芒康县。纳西族有本民族语言。纳西族在艺术方面独树一帜，其诗文、绘画、雕塑、乐舞艺术名扬古今中外。勤劳开明的纳西人兼容并蓄，集百家之长，使白沙发展成为一个多元文化共同发展的中心，具有纳西族民族特色的建筑、铜器、刺绣、壁画等都是最有代表的例子。与丽江的大研古城和束河古镇不同的是，白沙的安静与古朴有一丝世外桃源之感，以真实的民俗与风景，在有限的商业活动之下，不急不躁地为旅客提供一种特殊的体验，令人心驰神往、流连忘返，在满是焦躁与压力的世间，贪恋这一丝难得的静谧与惬意。正因为如此，白沙古镇才能完好地保存着曾经丽江政治、经济、商贸和文化中心的点滴，使丽江民俗与文化得到更好的传承与发展。

白沙古镇中的白沙壁画，结合了佛教壁画的细节与内容，纳西画的粗犷与色彩自成一派，在这里日复一日、年复一年，向人们讲述着这个古都的传奇故事。白沙壁画，虽然是一个没有得到足够关注的古迹，但是它记录了历史中纳西族的起源与发展，将纳西族的故事永久地保留下来。

白沙古镇里的民风、房屋、壁画、古乐，还有远处的山景，都在用它的魔力唤醒着原始的记忆和色彩，让旅游者们在这里感受到世间不可多得的淳朴民风。体验人间本味，感受世间温暖，治愈心灵。

四、项目突出特色

朴里小院位于玉龙雪山脚下的白沙古镇，以纳西文化为依托，突出白沙文化。小院建筑体本身与周边环境相融合,最大程度做到还原生活最真实的状态,雪山与天空似乎都触手可得。这片宁静的土地给予旅游者们回归自然的体验。朴里小院远离城市的喧嚣,更多地呈现出田园山野的气息,让久违放松的旅游者们寻回生活本该有的安宁,感受白沙文化、纳西文化。这里远离繁华,遗世独立,不刻意迎合但也绝不怠慢。在雪山脚下的村落里,有一间雅致、朴素的民宿——朴里小院。坐卧山林、仰头摘月,俨然是诗人王维笔下"明月松间照,清泉石上流"的真实写照。尽最大努力求得自然与建筑之间的平衡和融合。最终建筑不再是乡村农舍,庭院不仅是空间的围合,而是将现代生活的精致、自然农林的朴素带给旅游者们,让其在山野乡间获得城市中难以感受到的生活仪式感。

五、项目设计细节

朴里小院是建筑体本身与周边环境的完美结合,与周边植物浑然天成,它的建筑风格较大程度上给予了旅游者们丰富的视觉体验。眺远山、观流云,给予旅游者们豁然开朗的视觉体验。设计的灵感来源于自然。回归的愿望,原生态的走向,一呼一吸间,与自然共生,将设计的本源融合旅游者们的体验感,视、听、嗅、触、观尽最大可能在这里舒展开来。

整体院子面向玉龙雪山,原石取之自然,原木就地取材,营造出温和质朴的感觉。一进大门,一大片水池映入眼帘,与背后奔放的山地景观融为一体,让旅游者们产生心归田园的悸动。旁边满眼都是绿色植物,一切显得生机勃勃、富有诗意。图4-30与图4-31为民宿主体设计与民宿庭院的设计。

a) b)

图4-30 民宿主体设计

水池是庭院中最大的亮点。水池的底色为蓝绿色,该水池的色彩让人感受到平静、祥和。水池中会映出蓝天、白云和雪山,仿佛水中另有一番天地,十分惬意、烂漫。庭院最中心的位置设计了大型水池,走过石墩,可以到达水池最中心的平台处,平台上设有草墩和木桌,休憩于此,人与自然做伴,妙趣横生,以开阔的视野来欣赏雪山全景和云卷云舒、日出日落。中心平台与水景相结合,会碰撞出更加奇幻的色彩,给人一种置身水中的唯美感。置身于水池中央的平台上,水在四周流动,而旅游者在水中静立,水面清澈如镜,水面映射出周围的景物,在扩大了空间视觉感的同时,又增加了空间的层次感。潺潺的流水不仅打造了空间中的独特景观,水的纯净与自然感还洗涤了人的心灵。民宿的旅游者们可以在此处拍照

a)　　　　　　　　　　　　　　b)

图 4-31　民宿庭院的设计

留念，在雪山和雪山倒影中遥相呼应，整体布局显得越发温柔、沉静。在穿插的水池间横置一个步道，设计师意在放缓旅游者的脚步，伴随着涓涓的水流声，让旅游者感受最纯粹的自然风情。图 4-32 为民宿水池的设计。

a)　　　　　　　　　　　　　　b)

图 4-32　民宿水池的设计

客房部分的设计，自然存在与人工新建完美融合，提供给客人一处朴素、温馨的休憩之所。该民宿一共有八间房，每一间都有极为开阔的视野，可在房间中品茗、观窗外景，不失风雅。在设计中将大面积的落地玻璃窗和玻璃门运用到极致，在房间里便可眺望远方极致的风景。室内室外仿佛无隔绝，让人感觉置身于山野之中，与自然共生，与树木共舞，可静静地享受慵懒自在的时光。墙体与竹木的穿插式设计，提升了空间的趣味性。空间的打造遵从"所见之处皆通透、明亮"，在格局上的打造上也意在烘托主旨，更重要的是让这份透亮留在旅游者们心里。此外，部分房间屋顶也是采用玻璃打造而成，让旅游者们在夜晚，躺在柔软的床上，能够欣赏到那属于高原地区的特有的迷人星空。图 4-33 为民宿客房的设计。

a)　　　　　　　　　　　　　　b)

图 4-33　民宿客房的设计

客房的休息区，包含室内和室外部分。室内客房的休息区均设有桌椅等家具，同时为弘扬本地的茶马文化特色，休息区还配备有茶叶和茶具，方便旅游者们享用。室外客房的休息区主要用来欣赏雪山、村落等风景，让人尽享山野气息。图 4-34 为民宿休息区的设计。

图 4-34　民宿休息区的设计

客房中 SPA 区的设计也是别具一格，通透的玻璃将窗外的风景引入室内，舒缓的休闲风情顿时发挥得淋漓尽致，自然环境与空间相结合，万物归一，回归自然本真，无不体现着对生活本质的向往，美观又不失功能性。这种精致时尚又个性化的设计方式，也正与现代人们的生活态度以及时代潮流相符合。图 4-35 为民宿 SPA 区的设计。

a)　　　　　　　　　　　　b)

图 4-35　民宿 SPA 区的设计

在朴里小院的软装方面，设计师巧妙地将人、物、空间相融合，使空间相互关联，不再单调。房间的软装方面，应用很多的木质、竹制材料，包括定制的床、柜等家具，将空间变得自然纯粹，配以简约的装饰，以黄铜材质家具为点缀，映出低调与雅奢，提升室内的整体气质，打造高品质民宿。

小院在保留民俗风格和个性化之间寻找平衡，在简洁干净的新中式风格中融入民俗元素。例如，墙上的软装挂画是扎染拼图，还有部分床品也用扎染加以点缀，意料之外的图案令人惊喜。扎染搭配担任着此次软装中的重要角色，云南的扎染朴素自然，蓝地上的白花清清雅雅、毫不张扬，符合情致，贴近生活，充满人性色彩，集文化和艺术为一体，为房间增添一丝清新、素雅。房间软装与整体风格一致，简洁而不平庸，没有过多的装饰，安静简单，营造出自在空间。

木和竹都是简约自然、健康环保、稳固耐久的材质，源于大自然的馈赠，木和竹自身含有的香气柔和、清雅，亦是自然界弥足珍贵的礼物。经过设计师反复测试，最终定下床头倾斜的角度，更贴合腰背的曲线，倚靠舒适。为了突出丽江茶马文化的特色，设计师还特意在每间房间的软装中都增设了套装茶具，能够让旅游者们更好地感受当地的文化特色。图 4-36 为民宿软装的设计。

室内餐厅的设计，在对空间进行合理应用的基础上，打破了传统的平面布局，特别做了

图 4-36 民宿软装的设计

下沉式的设计,将空间聚焦于此。通过视觉上的凹凸感,形成感官上的落差,营造更有深度的空间层次感。以此来彰显个性,不同高度平面采用不同的表面处理,形成各自独特的氛围,但又相得益彰。台阶是下沉空间与其他空间的连接,也为下沉空间增加了更多的变化,使得空间多了别样的意境。

沉下去的空间,给人一种亲切的包围感,身处其中就会有一种安全感,同时也会让空间显得更大、更深、更有层次感,还可以让室内拥有更好的采光角度和与众不同的空间视野。在保持开阔与空旷的基础上,下沉式布局还可以在风格上有自由发挥的空间。另外,它能让整体空间更加错落有致、更有层次感,下沉式设计很好地展现了自由舒适的空间,可以给予人们自由、舒适、开阔的视觉享受。图 4-37 为民宿室内餐厅的设计。

图 4-37　民宿室内餐厅的设计

室外餐厅的设计是参照丽江传统的火塘修建而成的，既可以煮火锅又可以烤肉，方便旅游者们感受丽江的传统饮食方式。在此就餐，满足了旅游者们享受美食的同时还能欣赏到雪山美景的需求。人生的旅途中，唯有美食与美景不可辜负，风景与美食同在，便可以抵挡全世界的悲伤与迷茫，治愈心灵，享受人生。图 4-38 为民宿室外餐厅的设计。

a)

b)

图 4-38　民宿室外餐厅的设计

公共区域的整体空间规划以小区域功能景观来划分，通过一步一景的设计，将小面积的空间变得有趣、生动。户外的休闲空间铺满白色石头，将活动空间与居住空间分离，格栅的木头走廊富有节奏感，白天阳光照射过来，能够呈现出不同的光影，唤起人们对空间设计的向往和憧憬。小镇郊外不比大都市，这里更多的是一份自在的安静，让时光慢慢流淌，因此休息区域显得格外重要。饮一杯茶，读一本书，弹一首曲子，恍惚间时光就过了好久。若逢七八月份的雨季，可以盘腿而坐，静静地聆听动听的雨声。用心去感受自然，体会"一花一世界，一叶一菩提"，图 4-39 为民宿公共区域的设计。

a)　　　　　　　　　　　　　　　　　b)

图 4-39　民宿公共区域的设计

（资料来源：作者根据相关资料整理。）

【复习思考题】

1. 民宿的筹建过程应该注意哪些问题？
2. 民宿规划与设计过程中应遵循哪些方法和原则？
3. 民宿内涵建设把握的要点是什么？
4. 结合本章所学，以你的家乡地理环境和文化脉络为基础，打造一处民宿，分小组设计一套规划设计方案并展示。

第五章　民宿岗位设置与人员管理

【本章导读】

根据民宿发展战略的要求，民宿经营者开始着手有计划地对人力资源进行合理配置，通过对员工的招聘、培训、使用、考核、激励、调整等一系列过程，调动员工的积极性，发挥员工的潜能，为民宿创造价值，给民宿带来效益。对民宿进行岗位设置与人力资源管理，保证民宿对人力资源的需求得到最大限度的满足。最大限度地开发与管理民宿内外的人力资源，促进民宿的可持续发展；维护与激励民宿内部人力资源，使其潜能得到最大限度的发挥。民宿如果要想长久稳定地运营下去，最好建立自己的 SOP 体系。

第一节　民宿人员基本素质

民宿在世界范围内逐步兴起，国内涌现出越来越多的民宿，社会对于经营民宿、运营民宿、管理民宿的人才需求也越来越旺盛。那么一间民宿到底需要哪些岗位？这些岗位的工作人员又需要具备哪些素养与工作能力呢？民宿工作人员应具备以下素养。

一、职业道德

职业道德是指行业的从业人员在职业生活中应遵循的行为原则和基本规范，是职业素质的重要构成因素。民宿员工应具有的职业道德为：敬业爱岗，勤奋工作；无私奉献、诚实守信；遵纪守法、文明礼貌；真诚公道、信誉第一等。作为一名民宿员工，良好的职业道德是必须具备的职业素质之一，是最普遍、最基本的道德要求，也是做好工作的前提与个人发展必备的条件之一。良好的职业道德，会帮助民宿从业人员热爱自己所从事的行业，端正工作态度，提高履行职责的自觉性，刻苦钻研业务，增强自己的服务技能，为客人提供高质量的服务。

二、服务意识

服务意识是指民宿员工表现出的热情、周到、主动地为客人提供优质服务的意识和行为，是提高民宿服务质量的关键。万豪酒店创始人马里奥特认为，"生活就是服务，我们时时刻刻都生活在为别人服务和被别人服务的环境当中"。树立服务意识是民宿从业人员的从业前提，也是最基本的职业素质之一。服务意识发自于服务人员的内心，具体表现为：员工要微笑待客，时刻注意、满足客人的需求，热情周到，亲切真诚、一视同仁地对待每一位客人等。只有具备良好的服务意识，才能为顾客提供热情、周到的服务，进而培养忠诚的顾客。

三、沟通能力

住宿业的人际关系较为复杂，在民宿服务中，民宿员工需要处理好与客人、同事、上下级之间的关系，这需要具有较强的沟通能力，掌握交际沟通的原则，掌握一定的沟通技巧，能够积极地与客人、同事、上下级交流，及时化解人际关系中的误解与矛盾，倾听不同的意见、建议。如果在服务过程中出现问题，能用恰当的方式方法主动沟通、协调，有效工作，取得事业的成功。

四、语言应用能力

随着旅游业的发展，民宿业接待外国客人的数量也在快速增加，对民宿员工的英语水平要求也在逐年提高。英语作为民宿员工的基本素质越来越重要。如果民宿员工英语表达能力不强，不能很好地与外国客人交流，满意的服务就无从谈起。调查表明，民宿员工最欠缺的是流利的英语口语和专业的英语服务知识。民宿员工应具备较强的英语应用能力，掌握民宿的各个主要部门岗位常用的服务和交流英语，有较强的英语口头表达能力，能自如地应对国外客人。

五、合作能力

民宿是团队协作的结果，民宿工作需要各部门以及员工的密切合作才能完成，只有团结合作、顾全大局，才能获得良好的整体利益。只有民宿员工具备良好的合作能力，与上下级、同事相互支持、密切配合、相互尊重、团结合作、彼此信任，民宿才会有较强的凝聚力和战斗力。

第二节 民宿岗位设置与职责

民宿的岗位设置一般比较简单，组织机构多呈扁平化设计，主要包括店长、管家、前台服务员、客房服务员等岗位。当然，每家民宿可以根据自身的实际情况进行具体的岗位设置。

一、民宿店长

（一）基本职能

店长主要负责为民宿制订长期计划、短期计划，并全面负责民宿的运营；通过在民宿内营造积极和高效的工作环境，使民宿在业绩、利润率和投资回报方面取得最佳效果；确保优质的客户服务并使民宿达到质量标准；实现对人力资源的管理以及确定市场销售的策略；推动品牌和价值宣传，实现民宿业绩增长及员工个人发展。店长对实现民宿的目标和整体满意度负有最终责任。

（二）工作职责

民宿店长的工作职责包括以下几方面。

（1）制订财务和运营计划并监督其执行情况，从而支持民宿总体目标；制订年度预算和业务规划，对提高民宿资产的投资改进给予建议，从而确保民宿能够达到预期的目标。

（2）监督服务质量，确保为所有客人提供最优质的服务和无比的关怀，包括对客人的要求及时予以回应和有效地处理客人的投诉等。

（3）通过对民宿外观形象的维护、建筑维修及卫生清洁，确保民宿各方面的产品质量和服务标准达到要求。制订并持续执行预防性维修计划，以保护民宿的实物资产。

（4）监督销售计划的制订与执行以及收益管理工作，从而使营业收入、平均客房收入和入住率达到最高水平。通过对市场变化的预测和计划，最大限度地获取客房收入及利润。确保策略性地拓展市场，以及制定战略性的销售方案。

（5）同地区运营团队密切合作，确保民宿各个岗位上的员工配置与工作量和生产力相符。最大限度地发挥培训的作用，以及策划如何提高工作效率的方案、改进民宿的经营现状和服务表现。

（6）同员工一起有效地讨论有关民宿文化和工作环境的问题，从而为员工及顾客的体验带来正面影响。

（7）建立并完善民宿人力资源部门的职能，从而确保激发员工斗志，为员工提供培训及发展机会，管理工资和福利，遵守政策法规和各项程序以及民宿所在地的劳工法规。同员工和当地的相关部门等培养积极的关系。

二、民宿管家

（一）基本职能

管家主要负责对客人提供全过程跟进式的服务。对客人入住期间的需求进行全过程的提供，针对不同客人的不同需求做好客史档案的收集与管理。

（二）工作职责

民宿管家的工作职责包括以下几个方面。

（1）负责检查客人的预订信息，了解抵离店时间，在客人抵店前安排小礼物，做好客人抵达的迎候工作。

（2）负责客人抵达前的查房工作，客人抵店前做好客房的检查工作及餐室的准备情况，准备客人的房间赠品，引导客人至客房并适时介绍客房设施和特色服务，提供欢迎饮品，为客人提供行李开箱或装箱服务等。

（3）与前台部门密切配合，安排客人房间的清洁、整理、夜床服务及餐前准备工作的检查和用餐服务，确保客人的需求在第一时间得到满足。

（4）负责客房餐饮服务的点菜、用餐服务，负责免费水果的配备服务，负责收取和送还客衣服务，安排客人的叫醒、用餐、用车等服务。

（5）对客人住店期间的意见进行征询，了解客人的消费需求，并及时与相关部门协调、沟通并予以落实，确保客人的需求得以适时解决和安排。

（6）了解民宿的各类服务项目和产品、当地风土人情和旅游咨询、土特产、商务信息等资料，适时向客人推荐民宿的服务产品。

（7）致力于提高个人的语言沟通能力、业务知识技能和服务质量。与其他部门保持良好的沟通和协调关系。24h 为客人提供高质量的专业服务，能够妥善处理与客人之间发生的各类矛盾。

（8）为客人提供会务及商务秘书服务，根据客人的需要及时、有效地提供其他相关服务。

（9）整理、收集客人住店期间的消费信息及生活习惯等相关资料，做好客史档案的记录和存档工作。

（10）客人离店前为客人安排行李、出租车服务，并欢送客人离店。

三、前台服务员

（一）基本职能

前台服务员，也称为接待人员，主要负责高效、礼貌和职业地帮助客人办理所有接待的相关事宜。在接听电话、客人登记、分配房间、客人退房和协助解决各种请求时,随时保持高标准的服务和工作质量。

(二) 工作职责

前台服务员的工作职责包括以下几个方面。

(1) 根据入住登记标准和程序办理客人入住,从客人处了解准确的付款细节和其他登记信息。

(2) 高效完成收银工作,确保客人满意。

(3) 掌握各预订软件的使用方法,并实时知晓预订情况。

(4) 快捷、高效地处理客人请求,确保客人满意。

(5) 熟悉客房位置、房型、房价、折扣、设施及其营业时间,特别促销活动等。

(6) 礼貌高效地接听电话。

(7) 根据预订和客人要求,恰当地安排房间。

(8) 将客人的详细资料输入计算机,包括客人的特殊要求和喜好。

(9) 在不需要店长出面的情况下解决客人投诉。需要时,向店长说明情况,及时对各网络上的投诉进行处理。

(10) 提升民宿的产品和服务知识,以便更好地向客人解释民宿的设施和提供的服务。

(11) 对民宿所在城市有充分的了解,包括但不仅限于交通、娱乐设施、主要写字楼、综合信息、城市历史、去往周边城市和国际城市的航班信息等。

(12) 处理行李短期寄存要求并将寄存牌交给客人。

四、客房服务员

(一) 基本职能

客房服务员主要负责清洁客房及相关区域并使之保持整洁、良好的状态,确保客人物品的安全和整齐有序,努力为所有客人提供舒适的环境。

(二) 工作职责

(1) 根据质量标准负责所分配客房和公共区域的整洁。

(2) 当客房处于"请勿打扰"状态时,尊重客人的隐私。

(3) 尽可能地为客人提供帮助,响应客人的要求。

(4) 按照程序和标准打扫和为客房提供补给。

(5) 保持布草房的整洁和井井有条。

(6) 向店长汇报任何布草、家具、固定物或装置的丢失或损害情况。

(7) 保持与前台的密切工作,确保房态准确无误。

（8）照顾民宿的出口、客房、公共区域等处的花卉。

（9）立即上交任何在退房内发现的客人遗留物品，并确保已在客人遗留物品记录本上记录。

（10）在空房内做一般性打扫。

（11）保持高水平的产品和服务的知识，以便为客人解释服务和便利设施并尽力将这些服务和便利设施销售出去。

五、客服人员

（一）基本职能

民宿的客服主要负责的内容就是在 OTA 平台上与房客进行初步的沟通，确认订单后通过聊天的形式向客人介绍民宿的相关信息等。

（二）工作职责

客服人员的工作职责包括以下几个方面。

（1）熟练 OTA 平台的运作，协助民宿经营者进行多房源线上销售的处理。

（2）了解每个平台上的相关房源，在订单预订出去的同时及时关闭其他平台上的信息。

（3）要有足够的耐心和素养，在和形形色色的客人交流的过程中，要保持情绪稳定，不可焦躁。

六、旅行顾问

（一）基本职能

旅行顾问根据民宿客户的旅行需要，为其提供有针对性的各类相关旅游信息，包括这之后所发生的旅游行为。

旅行顾问的服务可以是长期的、不间断的，而不是像导游那样提供短期的行为。所以要求服务人员具有多方面的素质和极佳的个人信誉。同时也需要客户的积极配合，告知自己的真实意图和喜好，方便和服务人员做有效的沟通。

（二）工作职责

旅行顾问的工作职责包括以下几个方面。

（1）全面解答客人对旅游线路的咨询，将旅游线路的详细信息及特色正确传达给客人。

（2）对提交的订单及时进行处理和跟进，维护现有客人，开发潜在客人。

（3）为客人安排旅行日程，并落实相关事宜。

（4）按时完成民宿要求的业绩指标。

（5）负责民宿外联广告宣传促销工作。

（6）完成民宿客人的导游等服务工作。

第三节 民宿员工招募

民宿的员工招聘不同于酒店招聘，民宿员工的岗位设置要比一般的酒店灵活得多，在招募民宿员工之前应该做好以下内容的准备。

一、招聘前期准备

（一）核算人力成本

列出员工成本回收计划，用实际的营业压力来估算全年能够支付的工资以及能够提供的福利。部分民宿经营者在招人之前，没有估算过前期投入，也没有考虑过后期持续增加的投入，盲目地以同地区行业内工资水平招聘一线工作人员，导致后期人工成本过高。部分民宿经营者在管理时，不停地给新来的员工增加工作量，导致员工的情绪和心理出现不良反应，最终不欢而散。

（二）统计工作量

列表统计民宿新员工的具体工作量。愿意到民宿工作的人，大多数都向往理想的生活，但实际上民宿体量小，工作内容琐碎。民宿经营者最好根据员工的实际工作状态，统计和测算工作量，这样有利于在招聘和面试环节找到合适的人选，也便于交流和留住员工。

目前国内许多民宿经营者都是跨行经营，没有足够的管理经验和经营经验，如果在招聘的前期尽可能地完善工作内容，可以有效地降低沟通成本，从而在后期的员工培训上，使员工将精力更多地投放在增值服务的增加和扩展上。

（三）调整工资与福利

民宿经营者需要将自己能够支付的工资和福利做对比，看能否吸引到令自己满意的员工。

选择民宿业的员工，多数对自己的生活品质有一定追求，所以不能只用以钱来衡量其在工作里想要获取的内容。福利可以是根据季节不同增补的奖金或补贴，更多的还是要从提高员工生活品质方面设置。

例如，经营者让员工学习制作手冲咖啡、跨行业听讲座、参与二次销售产品的分红等，这样的福利也是能够吸引到年轻员工的。

（四）准备问题列表

列一个面试时的问题列表，每一个问题都辐射着员工想要了解的内容。

1. 薪资和福利

应聘者最不喜欢的往往就是招聘单位不讲清楚工资与福利待遇，因为那是员工维持生活的基础，含糊不清会给应聘者一个误解，这是一个不正规的工作。

2. 工作时长和各自的生活爱好

明确工作时长和描述工作状态。民宿经营者并不只是告诉员工如何工作，更多的是进行一个生活理念的传导。要尽可能地引导员工过有质量的、有态度的生活。

3. 互相能接受的工作强度

明确工作强度。不管是民宿的经营者还是从业人员，大家都比较清楚在工作的时候应该分担哪些责任和义务。

4. 住宿条件

一般来说，民宿经营者在招聘的时候要说清楚住宿条件。例如，是集体宿舍还是单人宿舍，有哪些住宿要求，员工可以享受哪些待遇等。

5. 明确的工作内容及临时增加的工作内容

首先要明确告知固定的工作内容。对于临时增加的工作内容，面试时也要向应聘者告知。如果员工没有做好轮岗或者加班的准备，那这个行业可能也不会满足员工的预期。

建议民宿经营者给团队小伙伴一些长远的职业规划，无论是单体民宿，还是连锁品牌民宿，都应该为员工设定一个长远的职业规划。

【拓展阅读】

面试民宿员工时的常用问题

1. 你独自旅行过吗？都去过什么地方？

这个问题主要是看一个人独自处理事务的能力，以及在陌生环境面对突发事件的状态。

2. 你旅行的时候遇到过最不能接受的事情是什么？

这个问题是看一个人的道德底线。旅行有的时候对应的不只是美好，也有一些触发到道德底线，比如近年来在旅行途中发生的诈骗、盗窃等事件。

有一部分人的答案是在旅途中住宿硬件及软件的不良体验。通过这样的回答，我们可以看出这个人对卫生、环境的要求。

3. 打扫客房时，你愿意冲刷客房的厕所吗？

不要小看这个问题，很多人是不愿意的。其实大家都不愿意去冲刷一个陌生的厕所，因为根本不知道里面会有什么。很多人尽管是在第一时间回答"愿意"，但是他们的表情其实已经给出了答案。

不愿意是常态，只是接受的程度不同。洗手间里有很多位置，如花洒头、马桶盖、地漏周边，这些位置的卫生都属于细节卫生，要把卫生间的卫生做好是非常不容易的。

真正愿意给客房冲刷厕所的人，一般是在卫生原则上有底线的人。同时，被问到这个问题的人，都会附带地问：难道没有保洁阿姨吗？我们会给出解释：不是没有，而是如果保洁阿姨有什么突发情况，在经营期间，是不允许客房卫生出现脱节的、外包成本过高等意外情况发生的，我们希望自己人可以有责任心和行动力来处理。

另外，如果一个人没有做卫生的经验，那么我们怎么能放心把卫生检查的工作交给他呢？最后，这个问题也同时给应聘的人降低一些工作上的美好预期，让其不要对客栈民宿的工作有太多幻想。

4. 你经历过最有趣的青旅客栈民宿里的人是老板还是客人？

这个问题考察的是应聘的人喜欢的是陌生驴友，还是喜欢一个固定场所的氛围、环境、老板的生活理念等。

这是两个不同的爱好点。喜欢和客人打交道的人，大多对稳定的生活模式没有计划，稳定性较差，但是性格活泼外向，相对容易营造热闹的氛围；而喜欢固定场所的氛围及老板的人，大多是比较理想主义、对美好生活有一定向往的人，可能有一定的创造力，和客人的互动更多的是源于个人主观的喜好。

其实两种类型各有利弊，但如果在招聘时就能够对员工该方面有初步的了解，后期管理时就可以采取相对合适的方式。

5. 我们的工作是很琐碎的，甚至会影响到睡眠，你能接受吗？

民宿操心的事情，其实多数都是发生在晚上。一般会有几种事件较常发生。

很多客人到了旅行目的地以后难免会在时间上比较随意：吃个宵夜，逛逛热闹的地方，泡泡酒吧等。尤其热门的旅游城市，客人回店的时间大多是在晚间20：30以后。

客人的行程有临时性的改变，比如交通工具晚点造成的晚到。

网站的订房通知。旺季的订单常常都发生在半夜，OTA的系统通知电话是即时通知的。

入住的客人有一些突发需求，比如突然腹泻、中暑等。

不够稳定的睡眠是民宿从业人员在工作时间一定会经历到的情况，如果应聘者不能接受这一点，在细节服务上就很难做到位。

（资料来源：作者根据相关资料整理。）

二、招聘流程与面试要点

(一) 招聘流程

1. 投发完整的需求及联系方式到各个民宿的平台

完整的需求及联系方式以便于及时沟通。特别忌讳民宿经营者只谈美好，把民宿描绘成一个慵懒晒太阳的圣地，员工到岗工作之后容易形成更大落差。

2. 常用招聘渠道及平台推荐

常用招聘渠道及平台推荐：云掌柜客栈大学微信公众号、客栈群英汇微信公众号、囧游天下微信公众号、民宿经营者自己的微信公众号；豆瓣上的打工换食宿小组、旅行义工小组；新浪微博上的义工旅行大联盟等。

（二）面试与试用

1. 面试

建议流程：电话联系（确定应聘人员是否有真实的应聘需求）→短信息确认（约定应聘面试的时间）→见面或者视频→三天的考虑期（这三天可以做随时的深度交流以及临时想起来的问题答疑）→确定录用。

尽管非常复杂，但很有效。如果一个人愿意经历这么复杂的流程，表明他对这份工作有诚意。

其次，这样一个看似复杂的流程，能够让双方有足够的时间了解彼此和沟通，避免即招即用造成后期沟通困难。

2. 试用

第一个试用期建议在三天左右。义工也好，长期员工也好，长期的经验来看，一个人想要去陌生的城市旅行或者生活，一般都会需要三天左右时间适应。给彼此三天的考察和适应。

3. 培训

简单的培训一般包括 OTA 的后台使用、基础接待服务、卫生检查、订退房流程、熟悉周边环境、了解经常使用的联系人电话。

4. 正式进入试用期

试用期建议 2~3 个月。

【拓展阅读】

民宿每日工作时间表及内外场分工

民宿内外场的区分：前一天休息的人负责当天的外场工作及开门、内场人员负责关门。负责开门的人必须 9：00 前起床，内场人员则可以稍晚（9：30 前）起床，但必须负责最后的收尾和关门。夜间手机则由第二天继续上班的人负责。

一、民宿外场工作人员日程

9：00 前

（1）关闭走廊灯，打开中庭铁门、各休息室和茶室等公共区域的灯和门、前台工作区的灯。

（2）整个过程约在 5min 内完成。

9：00

准时开启前院门（可早不可迟）。

9：05~9：30

（1）收拾前院。

（2）清理厕所。

（3）浇花。

9：30~10：30

（1）查看后台管理系统，查看今日到店的房态是否备注了到店时间，若没备注及时联系客人（12：00前），并备注到后台管理系统中。

（2）写今日到店单据（房费、押金）。

14：00前

（1）客人退房，按照退房查房表检查退房卫生，并及时用电话或者微信通知内场各项检查结果是否合格。

（2）登记退房查房表格。

12：00~18：00时间段内

（1）外场人员根据退房数量和忙碌情况，决定是否需要帮助分担洗晒、收叠布草工作。

（2）铺床及再次检查房间。

客人到店入住（全天时段）

（1）接客人至入座。

（2）在内场办理入住的时间段内，把行李提上楼放至房间，下楼后带领客人上房，介绍客房情况和电器使用方法。

（3）结束后下楼收拾餐具。

上门消费（全天时段）

（1）引导客人参观或入座消费：上菜单、介绍、点单、写单子。

（2）上水。

（3）送餐，交流。

（4）巡场，收拾。

看房（全天时段）

（1）负责引领上门客，介绍房型。

（2）带客看房。

客人归店（全天时段）

（1）若客人通知归店，由外场人员上楼取电，并送客人上房。

（2）若客人直到23：00都没有回来，由外场人员在下班前提前插上电卡，并给客人发送微信提醒："已经把房间插上电卡咯，回来记得打电话给我，帮你开门噢！"

闭店（23：00~24：00）

（1）外场人员清理前院卫生、厕所卫生，打包垃圾。

（2）检查是否有未归客人，再次给客人打电话，问询回店时间，并再次进行温馨提示。给未归的房间插上电卡、留灯，关闭不需要整夜开的灯。

（3）扔垃圾。

二、民宿内场工作人员日程

9：00~9：30

（1）清理杯具，准备过滤水，清理前台桌面。

（2）检查当日物料（茶水、蛋糕、冰淇淋等）。

9：30~10：30

（1）打开后台管理系统及所有OTA订房网站，检查是否有漏做订单及新订单，及时更新房态。

（2）若有新订单，及时做订单并与客人联系。

13：00后（午饭后）

自制饮料（在午饭过后，避免油烟影响口感）。

客人退房（14：00前）

（1）内场人员为退房客人倒水、寄存行李。

（2）等待外场的检查反馈，给客人退还押金，整理单据。

客人到店入住时（全天时段）

（1）检查入住前卫生，并插上电卡，打开空调，调至24~26℃，准备水、水果、单据和攻略地图。

（2）办理入住，介绍交通和攻略（约10~15min完成）。

（3）内场登记入住并清洗餐具。

上门消费（全天时段）

（1）根据外场的写单进行制作。

（2）收银、清洗餐具。

做订单（全天时段）

（1）处理订单、更新房态。

（2）联系客人。

接电话及回复微信（全天时段）

（1）负责处理电话和微信。

（2）若有客人通知到店，告诉外场上房插电卡。

闭店（23：00~24：00）

（1）清理前台工作区域的卫生，清洗杯具，整理厨房剩菜，打包垃圾。

(2) 写汇总单据，点钱，等待最后客人回房，关门。

（资料来源：作者根据相关资料整理。）

第四节　民宿员工培训

民宿的成长是行业的成长，也是员工的成长。在这里，员工不同于传统酒店的培养模式，每一个员工都可以活成自己想要的模样。坚持培训，让每一个员工都有机会站上舞台分享自己的成长历程，让团队更加紧密。民宿员工的培训主要包括以下四个方面。

一、意识层面培训

员工进入民宿行业以后，首先要进行的是行业意识的培训，让员工了解并接受民宿行业的特点和创造的价值。除了服务意识，民宿主还应具备忧患意识、竞争意识、营销意识，同时也要将这些意识背后的深层规律传达给员工。一个具备相关意识的民宿员工也相应地在工作岗位上能够影响他的行为，通过行为让客人感知到各种温馨和超出期待的待遇等。所以民宿主应当重视对员工各种意识的培训，因为只有意识明确，才能够转化为进一步的服务行为，才能进一步地让客人感知民宿的文化，使得民宿在未来的竞争中立于不败之地。

二、服务规范培训

民宿员工接受的进一步培训是服务规范培训。所谓"规范"，是指隐藏民宿的运作体系、组织构架都应该是专业的，小到遥控器的摆向、浴巾的摆放这种细节，背后都有完整的SOP和PNP。

三、体验活动策划培训

民宿体验活动的魅力在于充分运用民宿周边资源。如果民宿旁边是农民的一片梨园，可以把梨榨成一杯新鲜的梨汁、做成可口的梨糕，也可以将梨作为伴手礼，还可以进行农业观光。竹林挖笋、稻田农事、林间慢宴、蔬果采摘等诸多就地取材的体验都能成为客人独特而美好的回忆。民宿员工参与活动策划方面，应当深入民间，深度挖掘地方文化的魅力，创造体验活动，将民宿变为客人难忘的旅游目的地。

四、服务人员的沟通培训

（一）语言沟通技巧

服务人员在民宿接待服务过程中，除了注重正确使用礼貌用语，还要掌握一些必要的技巧，这样更能增强语言的感染力。

1. 赞美语言

人总是喜欢听到赞美。在民宿接待服务中，服务人员应适当地给予游客赞美。例如，在见到旅游者时，称赞其漂亮、打扮得体等；在旅游者表演节目时，给予充分的赞美等。这样更易于拉近旅游者与民宿服务人员的心理距离。

2. 倾听

国外有句谚语："用十秒钟的时间讲，用十分钟的时间听。"听，可以从谈话获得必要的信息，领会谈话者的真实意图。在民宿接待服务中，民宿服务人员要充分重视听的功能，讲究听的方式，追求听的艺术。倾听有如下要点。

（1）认真耐心。在旅游者阐述自己观点时，服务人员应该认真、耐心地听完并领会其意图。因对话题不感兴趣，或产生强烈的共鸣，就打断对方而插话或做出其他举动的，都是不礼貌的行为。如果必须打断旅游者说话，服务人员应适时示意并致歉后再插话。插话结束时，要立即告诉对方："请您继续讲下去。"

（2）专注有礼。在听对方讲话时，应该目视对方，以示专心。因为语言只传达了部分信息，要真正了解对方，应注意说话者的神态、表情、姿势以及声调、语气等非语言符号的变化。同时，认真聆听，对说话者来说也是一种尊重和鼓励，可以使他感觉到自己被重视。

（3）呼应理解。聆听者在听取对方信息后，应根据情景，或微笑，或点头，适时插上一两点提问"真的吗？"等。谈话者与聆听者不断地交流，形成心理默契，谈话更投机。

3. 柔性语言

在民宿接待服务中，民宿服务人员应注意柔性语言的运用。这样的语言能使人愉悦，并有较强的说服力，往往能达到以柔克刚的效果。

例如：一名店长在接待过程中很积极、主动，旅游者对他的感觉也很好。但是，有一天旅游者夜间外出访友，因多年未见加上贪杯，所以到了深更半夜才回来。民宿店长打开大门，劈头就责问："怎么搞的？这么晚才回民宿？人家等你到现在，还没有睡觉，你好意思吗？"店长的话使旅游者心里很不高兴，于是发生了争吵。如果店长换一种方式说："你回来我就放心了，洗个澡赶紧睡吧，明天还有很多景点要玩呢。"旅游者听了这番话，心里肯定充满感激。所以，说话时一定注意语言的柔性。

4. 寒暄

寒暄对社交来说尤为常用，尤显重要。有的外国民宿就对使用频率高的最必要的寒暄用语做了规定，要求店员能娴熟运用。如果店员一时来不及接待，那更要连连致歉："对不起，让你久等了！"这些寒暄让客人如沐春风。注意：同样的寒暄用语对同一个人或在同一时间反复使用，则让人感到僵硬甚至虚伪。

（二）非语言沟通技巧

非语言沟通是除了语言沟通以外的其他沟通形式，包括面部表情、眼神接触、身体姿势、手势和动作、声线、身体距离等诸多因素，都会对非语言沟通的效果产生影响。非语言沟通侧重感受和情绪的表达，在社交过程中无处不在、不可避免，但容易被忽视。另外，非语言沟通技巧一般需要配合语言沟通技巧使用。

1. 面部表情

面部是身体上最易引起注意的部位，是非常复杂的表情管道，因为产生出来的表情实在太多，而表情的变化也实在太快。面部表情可分为惊讶、害怕、生气、厌恶、伤心等，但也可多种结合。民宿服务人员与旅游者交流时，面部表情应该生动，并要配合说话的内容。而笑容也是面部表情的一个重要环节，一个友善的笑容表示，愿意开放与人交往，而他人接收了这个友善的信息后，也愿意接近。

2. 眼神接触

在沟通过程中，适当的眼神接触是敬意和关注的有力象征。如果眼神躲避，不与对方接触，会令对方误解。而眼神交流过多，如瞪视，会令对方尴尬。因此，在民宿接待服务过程中，与人交流时不要全程盯着对方的眼睛，可以不时地将视线转移到对方的面部。

3. 身体姿势

身体姿势暗示出对交往活动的意愿或对交谈内容的兴趣。双手交叉或双腿交叠得太紧，都是封闭式的姿势，暗示着情绪紧张，或没有交往兴趣。双手不交叉，双腿交叠而指向对方或微微张开，都是开放式的姿势，可理解为精神放松，愿意交往。民宿服务人员在工作中要根据实际情况调整好自己的身体姿势。

4. 手势及其他动作

在民宿接待服务过程中，说话时可以适当地配合手势的运用，加强内容表达和感染力，不过要注意手势运用的自然，不要太夸张。生气的人会握拳，或扳折手指关节等。当一个人想表达他的友谊时，经常是张开手臂的。动作要清晰、刻意、简单，适当的动作有助表达，过分的动作则会令人心生厌恶。点头是聆听技巧的一种，表示理解了对方的说话内容。

5. 声线

声线包括语调、声量，以及流畅程度。

民宿服务人员语调要恰当，给人以亲切感。声量要适中，不要过大或过小。过大令人害怕，过小听不清楚。语言表达尽量清晰、流畅，不要过于简略或含糊。

6. 身体距离

不同的场合及熟悉程度不同，身体距离标准不同，可分为亲密距离、私人距离、社交距离。民宿接待服务中，服务人员应该注意与客人保持适当的社交距离，避免过于亲密而引发误会。

第五节　民宿员工团队建设

民宿团队成员需要关心，需要人情味，更需要民宿为员工提供优秀的发展平台。民宿经营者要洞察员工内心深处的需求和渴望，然后给予满足。

一、民宿员工创建阶段

在民宿的运营过程中，根据不同阶段需求招募员工。

第一阶段（创业初期）：顺手、信任、忠诚

民宿创业初期，各个方面都不成熟，这个时候熟悉并且干活积极的员工较合适。毕竟民宿就是家，每天要处理各种琐碎的小事，这时候以亲属或是熟人为主民宿经营者心里有底，并且交流起来也方便。这个阶段最重要的是信任。

第二阶段（稳定期）：梯队

民宿运营到一定时期，基本上是半年左右，需要有持续的人员培养机制，可以通过各类招聘网等渠道，招聘相应人才，比如 OTA 专业人才、客房管家、厨艺好的阿姨、甜品师或者咖啡师等。要确保人员跟得上民宿的经营情况。

第三阶段（成熟期）：快速批量培训基础员工

民宿运营到成熟期的时候，民宿经营者要有能快速的培训新员工的能力，使之能迅速上手，做到用人而不依赖人。例如，民宿每月会有 1~2 个义工，只要经过两天培训，一般的基础活，比如接待、做卫生、办入住、结账等流程，义工就能做到得心应手。

二、民宿团队建设的要点

1. 理解民宿文化

民宿区别于酒店，其中最为关键的因素就在于其特有的人文情怀，民宿是有温度的，故而民宿中的工作人员也应该具有这样的特性。

最初招聘员工时，员工即使拥有符合岗位的专业技能以及对行业的喜爱，但是对该民宿一定是没有进行深入了解的。民宿经营者需要在一开始的时候便向员工传达自家民宿的设计理念、整体构思以及文化底蕴，让员工更快地融入民宿中。

总而言之，就是要让员工也拥有主人的情怀，能够真正地了解该民宿的内涵。

2. 有包容心

"用人不疑，疑人不用"，在初入职员工还没有正式融入组织和掌握岗位基本技巧的时候，一定不要急于求成，要用包容的心态来对待员工，以此促进他们进步，并对民宿产生好的印象。

另外就是要多和员工接触，并针对性地给予帮助。

3. 给员工授权

管理者的个人英雄主义只会扼杀员工的创造力。不同的团队成员具备不同的能力，发挥不同的作用。作为民宿团队的领导者，即使能力再强，也不可能所有的事情都亲力亲为，民宿经营者如果不懂得授权，一方面会力不从心，另一方面员工会因无用武之地而选择离去。所以应该给予员工足够的授权，让他们能得心应手地参与经营，发挥他们的主观能动性，积极地思考市场策略，并且及时做出应对决策。

4. 和员工成为朋友

一个优秀的领导者，一定是既有领导的魄力又有强大的亲和力的。民宿作为分享经济的短租载体，其所包含的人情元素相对更多，民宿经营者和员工的相处、交流比其他的工作也会更深入。

在朝夕相处的过程中，一个亲和力满满的管理者一定会更受员工的青睐。民宿经营者和员工适当地发展为朋友，也是建立好的团队不可缺少的一部分。

5. 多组织团建活动

凝聚向心力的前提一定是有共同经历的多种体验，尤其是对于向心力尤为重要的行业而言。那么对于民宿团队而言，其重要性也是不言而喻的。

建议民宿经营者可以在淡季的时候多多组织员工团建活动，可以有很多种方式进行，团建活动是培养员工关系、增强团队意识的重要方式，目前很多的企业多多少少都会开展类似的活动。

作为民宿，如此能够增强团队融洽性和向心力的活动当然也是非常必要的。

6. 有专业的培训

民宿业的发展是很快的，当代社会信息更迭繁茂。那么作为民宿经营者，适时地对员工进行专业培训也是不可缺少的，以此来提高员工的专业技能，完善员工的素质水平，让其更好地服务客人。

7. 合理的奖惩制度

民宿要有合理的奖惩制度。民宿要有员工规范手册，注明员工守则，比如每日上下班时间、节假日休息制度等。

员工如有违规行为，要根据书面的条约进行合理的处罚，但若是有超额完成的情况也应当适当地进行奖励，一定要奖惩分明。另外在重大节假日以旺季，可以有适当的额外奖励，以此来鼓励员工用更大地热情投入工作。

【复习思考题】

1. 民宿运营的主要工作岗位有哪些？岗位设置有什么特点？
2. 民宿的人员招聘途径有哪些？总结它们的优缺点。
3. 你认为民宿员工团队建设的意义何在？
4. 分小组组织一场民宿员工的模拟面试，深入了解民宿人员需求的要点。

第六章 民宿服务管理

【本章导读】

　　一个成功的民宿，持续、良好的服务与营销推广必不可少。民宿的硬件建设完成之后，短期内无法做出较大改变，而服务与产品营销却有着无限潜力。如何维持民宿后期的运营及持续发展，需要通过多种方式，需在服务、营销推广等方面下功夫。民宿本质上是酒店业，作为服务业，建立一套标准流程化的服务设计极为重要，这能为有序运营提供保障。同时，增值的、个性化的体验是民宿成功的核心要素，民宿应摆脱星级酒店或快捷酒店千店一面的工业化标准，在保障有序服务的基础上，为消费者提供个性化、有情感、有温度的服务。为了更好、更快地达到民宿运营要求，必须要在关键程序上制定SOP，如民宿的前台接待、客房、餐饮、采购、库管等环节，以此提高工作效率。在其他条件满足的情况下，科学合理的SOP，能充分保证民宿硬件常用常新、正常运作，也能保障服务、卫生等软件的品质，进而提高民宿的运营效果。

第一节 民宿前台服务管理

　　前台是每一位旅游者抵达、离开民宿的必经之地，是民宿对客服务的开始和最终完成的场所，也是旅游者们对民宿形成第一印象和最后印象的地方。前厅是民宿的门面和代表，反映民宿的整体服务质量和水平，对提高民宿形象起着重要作用，是整个民宿服务工作的核心。

一、客房预订程序

　　第一步，了解客人需要。仔细阅读网络信息，了解客人需要及客人情况，包括预订人及客人姓名、联系电话、到店及离店时间、要求的房间类型及间数、房间价格及附加服务等信息。

第二步，查看房态。检查房间状况。

第三步，接收预订。确认书里要有说明民宿保证类预订和预订未到的收费规定。

第四步，复述核对订房。将下载的订房信息输入计算机，确保计算机中有预订信息、信息输入准确。

第五步，留存资料。按照预订的到店日期存放在资料夹中以便查找订房资料。

二、办理入住的基本流程

第一步，欢迎并问候客人。面带微笑，态度友好、热情地向客人问好。

第二步，确认客人是否有预定。请客人出示有效证件（身份证、护照、军官证、港澳居民来往内地通行证、台湾居民来往大陆通行证等），在系统中查找客人预订信息。

第三步，确认入住信息。在系统中查询客人是否曾经住过本民宿，对首次入住的客人表示欢迎，对再次入住的客人表示感谢。确认入住信息，包括入住天数、入住人数、客房类型、房价以及是否包含早餐及其他优惠、付款方式等细节问题。

第四步，告知客人酒店服务的相关信息。早餐的时间及地点、网络的连接方法、出行方式等。

第五步，递交房卡给客人。将房卡双手递给客人，指出房间楼层位置以及电梯方向。

第六步，祝客人入住愉快。如管家在店内，将管家引荐给客人；如管家不在店内，将管家的联系方式告知客人，并引领客人到房间。

三、办理退房的基本流程

第一步，问候客人并确认房号。保持微笑和目光接触，跟客人打招呼并确认客人的名字与房号。

第二步，确认所有账目已入账。确认好房号后，在系统中输入房号，检查客人账目。如果有留言交代有关账目事宜，前台员工应执行有关指令。如果登记单上有相关账目指令交代，也应该遵照执行。

第三步，结清账目。参照一般结账程序结清客人杂费，交给客人一份账单并放在退房信封里。

第四步，收回房卡并推荐交通服务。请客人交回房卡。在办理完结账手续后，询问客人是否需要行李服务或交通服务，如果客人需要，联系行李员帮助客人。

第五步，询问客人居住感受。结账过程中，询问客人的居住感受，如果客人对服务与设施有任何意见，转发宾客服务经理跟进。

第六步，道别。感谢客人的光顾，祝其旅途愉快，并希望其再次光顾，大堂里的其他员工也要称呼客人姓名并与客人道别。

四、电话服务基本流程

第一步,及时接听。前厅服务人员听到电话铃声,应立即接电话,在三声之内接听电话,铃声不应超过三声,这样才能体现民宿的工作效率。做好各项准备工作,如打开民宿管理操作系统,并准备各种表格、数据、图表、笔、笔记本等。打电话时,要直对话筒说话,嘴唇与话筒相距5cm为宜。

第二步,问好并自报家门。接听电话要求用普通话,简单问候,迅速报出民宿名称。声音清晰、态度和蔼、言语准确、音量适中和反应迅速。通话时,应避免提高嗓音、吼叫、和客人争论,或态度粗鲁,即使非常忙碌也不能让声音听起来匆忙或恼怒。

第三步,认真接听。电话接线要迅速准确。接听电话时要精力集中,如两部电话同时铃响,先接其中一个,向对方致歉,请其稍等一下,迅速接另一个电话。接听电话时要注意礼貌,仔细聆听来电者的讲话,不能使用"喂""不知道""我很忙"或者随便挂断电话,应不时地用"对""是""我很乐意"等词汇给对方积极的反馈。热情、修辞恰当的语句是电话回答成功的一半,因而不要用非正规、非专业化以及不礼貌的用语。

第四步,做好记录。若是重要的事,应做记录。记录时要重复对方的话,以检验是否无误。电话接听完毕之前,要复述一遍来电的要点,防止记录错误或者误会。

第五步,结束通话。以对方挂断电话方为通话完毕,任何时候不得用力掷听筒。等对方先挂断,然后自己再轻轻放下话筒。

五、叫醒服务程序

第一步,接受叫醒。问清客人房号、姓名及叫醒时间;复述并确认客人的叫醒要求;填写叫醒记录表。

第二步,使用定时钟。在定时钟上定时。

第三步,叫醒客人。定时钟响后,用电话叫醒客人:"××先生(女士),早上好,叫醒您的时间到了,祝您一天愉快。"若无人应答,隔3min再叫一次;若再次无人应答时,应到客人的房间查明原因并采取措施。

第四步,注销。在叫醒记录表上登记注销。

六、民宿中的特色前台服务

1. 接送服务

民宿接送服务的专业表现,不仅是礼仪、涵养的表现,也是服务管理和品牌形象的延伸。建议民宿前厅部门在旅游者们预订后的24h内,确保向旅游者们发送电子版欢迎页及各交通枢纽清晰详尽的到店交通指南,同时,确认是否需要接送机服务,确保旅游者们能够顺利地抵达民宿。

对于当日到店的旅游者们，应确保使用电话、短信、微信等快捷联系方式与旅游者们在第一时间取得联系，发送目的地地图定位，提示旅游者们相关注意事项、目的地楼体外观图片及附近地标建筑物图片，给出详细的到店指引，并了解旅游者们的到店时间，该项服务也会大大提高旅游者们对民宿服务的好感度。对于需要通过比较复杂的线路才能够抵达的民宿，前厅更应该提供细致的服务。例如，云南丽江大研古城内车辆不允许进入，道路错综复杂，且道路均是石板路，民宿前厅的工作人员最好能够在古城的入口等处迎接旅游者们，以便旅游者们能够顺利地找到民宿。

2. 介绍服务

旅游者们在入住民宿之前，虽然已经对旅行地的地理人文及景区景点进行了一定的了解，但是仍然对实际的出游计划和行程没有充分安排，因为大多数选择民宿的旅游者均是自助游旅游者。民宿可以根据当地人的经验，结合旅游者们的喜好，制定一份详尽的自荐攻略，推荐当地有趣的地方和美味的小食。在旅游者们抵达民宿后，前厅的工作人员可以为其进行简单的介绍，如果能提供自行车、出租车租赁服务或者全程陪同向导服务等最好。

3. 家的人文关怀

关心旅游者们的感受就在于民宿经营者是不是真的像对待朋友和家人一样虔诚地对待每一位旅游者。家的人文关怀是体现在细节服务的点滴中。一个印象美好的民宿入住体验：民宿工作人员从机场接旅游者们到民宿，进门后民宿经营者从房间出来迎接，寒暄入座后递上两杯温柠檬水或者主人自制果汁，行李送进房间。接下来，民宿经营者了解旅游者们第二天的安排和行程，并帮助旅游者们做出最佳的安排。接下来，民宿经营者将旅游者们带到房间，介绍房间的使用和设施功能，最后将可爱的小礼物和房间钥匙放到旅游者们的手中，并留下联系方式。一切都是那么安全和温馨。

【拓展阅读】

旅游民宿设施要求与服务规范（节选）

6.1 基本要求

6.1.1 服务应做到规范化、个性化、细微化、亲情化，热情好客、文明礼貌、和谐友好，提倡具有地方特色的服务。

6.1.2 前厅宜设有总服务台并标识明显，服务人员应热情帮助客人办理入住手续。

6.1.3 应提供安全、便捷的结算服务。

6.1.4 应有应急医疗措施，主要从业人员应掌握基本急救知识及操作技能，备有常用非处方药品和医疗用品（如氧气袋、卫生药棉、绷带、创可贴等）。

6.1.5 经营场地应有专人打扫，做到整洁卫生、清理及时，无污水、污物，无乱扔乱放，无异味。

6.1.6 应遵守承诺，保护隐私，尊重客人的宗教信仰与风俗习惯，保护客人的合法权益。

6.2 人员要求

6.2.1 民宿主人宜参与接待服务，关注每位宾客的合理需求。

6.2.2 民宿主人应自然、亲切、热情适度。

6.2.3 接待人员应热情好客，着装整洁，礼仪礼节得当。

6.2.4 接待人员应掌握相应的业务知识和服务技能，高效率地完成对客服务。

6.2.5 接待人员应熟悉当地旅游资源和民宿文化的特色内涵，可为宾客做介绍。

6.2.6 接待人员应熟悉当地特产，可为宾客做推荐。

6.2.7 晚间应有值班人员或值班电话。

（资料来源：黑龙江省文化和旅游厅官网。）

第二节 民宿客房服务管理

客房是民宿为客人准备的、用于住宿以及休闲娱乐等的场所，是民宿的重要组成部分。客房是民宿提供的主要产品，是客人停留时间最长的场所。客房是民宿的"心脏"，客人往往把客房服务作为衡量整个民宿服务质量的标准之一。客房是客人休息的地方，客房服务的好坏直接影响到客人的满意程度。所以，民宿中的客房服务至关重要。

一、清洁房间

房间清洁是民宿客人最重视的环节之一。一个干净的房间是宾客最基本的也是最重要的需求。一个干净的房间比其他方面（包括用餐场所的多样性、舒适的床、客用设施和通信设备等）更为重要。客人希望他们入住的房间非常干净且空气清新，民宿客房服务员需要确保每个客人进入房间时，该房间是干净整洁的，所有设施设备是完好的，以确保房间处于最佳状态，同时让客人满意，这将有利于提升客人忠诚度。

客房服务员应按照以下步骤来进行正确的清洁和消毒。

（一）收集垃圾和客人用过的物品

基本程序：

第一步，轻敲房门，介绍自己，进入客房。

第二步，所有退房清洁必须保持房门关闭，有客人在房间内的续住房可开门清洁；清洁房间时工作车需停放在房门口，防止陌生人进入并在房门外的门把手上挂上"ON DUTY"

的清洁服务牌。

第三步，将干净的布草放在房间的沙发上。

第四步，拉开房间内的窗帘，打开窗户（取决于天气情况），使新鲜的空气在房间内流通。

第五步，收集房间内的垃圾，将垃圾桶内的垃圾倒进工作车的垃圾袋内。

第六步，如果在房间内发现送餐车或送餐托盘，将它们移出房间放在服务区域，并及时通知送餐部。同时将客房内的器皿从送餐车或送餐托盘上取下并留在客房内。

第七步，确保没有任何客人的物品被当作民宿的物品撤出房间。

第八步，更换所有的杯子，将干净杯子放回原来的位置。将所有用过的杯子浸在消毒间的消毒盆里。

第九步，用干净的烟缸替代原来的烟缸，房间打扫人员需在工作间内清洗脏的烟缸。

第十步，将清洁篮放入浴室内，先放水将恭桶内的污物冲掉。

第十一步，收集浴室内的垃圾及客人使用过的脏毛巾。

第十二步，将清洁房间的工具放在指定位置处。

（二）铺床

床可以让客人体会到"家"的感受。床上用品尽量每天更换，并随时保持干净和整齐。不管是什么类型的床或什么房型的房间，铺床的程序大致相似。始终如一的品质是关键，要做到始终如一，遵守程序是最好的方法。

基本程序：

第一步，将床从靠墙处拉出来。

第二步，将旅游者们的私人物品移开，放置于床头柜上。

第三步，按照顺序，一件一件地撤掉床上用品。

第四步，先将枕套从枕头上撤掉放在床尾，将枕芯放在附近的椅子上，检查枕芯是否有污迹。

第五步，将纤维被被套从被子上撤掉，并注意不要将被套反面朝外，以免增加洗衣房的工作量。检查被芯是否有污迹或破损，然后按照被子的使用方向纵向将被子折成"Z"形，横向再折三折后放在沙发上。

第六步，轻轻抖动顶单、羽绒毯、中单和底单，依次撤下，羽绒毯同样按照使用方向折好后放于沙发上，并注意检查是否夹有客人的遗留物品。

第七步，将脏床单和枕套从床上撤下来，放在工作车的脏布草袋里。不要将床单放进枕袋内。

第八步，确保保护垫和床垫位置正确，如有需要请做适当调整。

第九步，从工作车上拿下干净的布草放在沙发上或扶手椅上。

第十步，检查床裙，如果需要的话拉直并使其平整。注意：要检查床下是否有客人的遗留物品，或者床轮是否有丢失。

第十一步，站在床尾，将床单正面向上用力甩开、平展，四面下垂部分相等，包床四角，每角为90°，中线在床的中央。

第十二步，把中单反面向上、正面向下，用力甩开、平展，床头位置与床垫齐平，床两侧下垂部分相等，中线在床的中央，且与床单中线对齐，包床尾一侧，床尾两侧边角呈直角并自然下垂。

第十三步，将羽绒毯按照使用方向平铺于床上，被头与床垫齐平，床两侧下垂部分相等，包床尾一侧，床尾两侧边角呈直角并自然下垂。

第十四步，将顶单正面向上、反面向下，用力甩开、平展，床头位置与床垫齐平，床两侧下垂部分相等，中线在床的中央，包床尾一侧，床尾两侧边角呈直角并自然下垂。

第十五步，站在床尾，将被套平铺于床上，开口朝床尾方向，并轻轻抖动被套，将空气灌入，便于操作。

第十六步，将叠好的纤维被放入被套中，把被子宽边上的两角放入被套底中并抓住，用力抖开，使被子平展于被套中。

第十七步，展开之后将开口处系带系好藏在被套内，然后将被子整理好，中线在床中央，并确保两侧下垂部分距离相同。

第十八步，轻拍被子，让其尽可能蓬松。

第十九步，将被头部分的被子连同顶单、羽绒毯、中单一同向床尾方向折30cm。

第二十步，折起部分中线，被套中线、顶单中线与中单中线对齐，两侧与床尾端自然下垂。

第二十一步，将枕头套进枕袋里，枕头要立平放与床头，每张床四个枕头。

第二十二步，枕头开口相对，枕套封口处向外。

第二十三步，双床房枕头开口向外，枕套封口处向内。

第二十四步，检查做床效果并确保被子平整舒展、枕头饱满挺括。

（三）喷洒清洁剂

第一步，将浴室内需清洁的设备喷洒上适量的清洁剂，在喷洒前需先将客人的私人物品移开。

第二步，从面盆开始，依次向浴缸、淋浴间、墙面、恭桶喷洒清剂并使其作用一会儿，以便达到最好的清洁效果。

（四）抹尘

民宿房间的家具及设施设备的清洁也是相当重要的。其中包括：衣柜、迷你吧区域、墙面、窗户、长凳、装饰物、灯及灯罩、床头柜、窗台、椅子、行李架、镜子、开关照明等。

第一步，拿两个抹布（一个是湿的、另一个是干的，专门用来擦镜子、灯泡和电视机)。在抹尘时从同一方向进行抹尘（例如，顺时针或逆时针方向）。从门框开始，猫眼、门把手、衣柜、电视机、电视柜、小酒吧抽屉、写字台和椅子、写字台灯、落地灯、床头板、床头柜、床头灯、画框、墙纸、插座、浴室门和门框。

第二步，抹尘时还要注意要从高处向低处抹尘。

第三步，擦客房门时，可以使用中性清洁剂，以达到更好的清洁效果。在清洁房门时，要特别注意面对走廊的门的下面。可以将清洁剂喷到门的表面，然后用干净的抹布擦干净。

第四步，清洁门缝、猫眼、门合页，去掉所有的污迹和灰尘。

第五步，当清洁带有连通门的房间时，确保连通门一定是锁好的。

第六步，若房间的门或门锁有任何问题，填写工程维修单。

第七步，清洁墙纸时，发现有污迹时，用特殊墙纸专用清洁剂清洁。

第八步，若墙纸有任何损坏或污迹不能去除时，填写工程维修单。

第九步，检查所有的电力系统，保证其在良好的工作状态下，如果有需要维修的，报告给管家。

第十步，如果服务员由于某些原因未能检查房间内的小酒吧，当清洁房间的时候应该检查小酒吧，发现有消费时，如果客人不在房间内，应该立即使用电话入账系统入账，并记录在工作单上；如果客人在房间内，用旁边空房的电话通知管家部办公室该客人的消费情况。

（五）清洁浴室

客人入住民宿后，对其而言最重要的区域之一就是盥洗室。盥洗室是宾客认为必须保证干净和卫生的区域。盥洗室需要达到卫生标准，看上去干净，空气清新，避免有害细菌存在。

第一步，清洁浴室，先从面盆开始清洁，然后清洁浴缸、淋浴间、淋浴间墙面、恭桶。

第二步，将客人的物品复原。

第三步，补充浴室内用品。

第四步，清洁浴室地面。

（六）完成房间的清洁

第一步，补充所有用过的印刷品。

第二步，从里向外吸尘（从房间的最里面一直吸到房门口）。

第三步，关闭所有的灯。

第四步，关上房门之前，再次环顾房间，确保房间状态良好，然后离开房间。

二、夜床服务

夜床服务的标准化流程是民宿为客人们做好的入睡前准备工作，客房服务人员会在大约

17：30~21：00 的时间段里为客人把床整理成适宜入睡的状态，这通常包括撤走床罩，把被子拉开一个大约 30°的角，拉上窗帘和补充客用品等。

第一步，将客人用过的空杯子放在服务车上，将干净杯子补回房间。

第二步，如果两张标准床只住了一位客人，开夜床时开客人住过的那张床或靠近窗户的那张床。如果两张标准床都住了人，那么两张床都开。电话要放在靠近窗户的床头柜上面。

第三步，对只住了一位客人的大床，开夜床时要开靠近窗户的那一边。如果住了两位客人，那么两边都要开床。开夜床时将靠垫立放在扶手椅上。

第四步，床单必要时（脏）进行更换。

第五步，将窗帘拉合在一起。

第六步，将烟缸和垃圾桶倒空并清洗干净。

第七步，将地巾打开平放在浴缸旁边的浴室地面上，民宿标志面向浴缸。

第八步，再将防滑胶垫平放在淋浴间内，将地垫平放在淋浴间外面的浴室地面上，民宿标志面向淋浴间。

第九步，更换用过的巾类和浴室用品。

第十步，将浴室的灯、床头灯打开，当客人进入房间时会感到房间内的灯光很舒适。

第十一步，环视整个房间，确保所有设施正常运转。

三、遗留物处理

旅游者们将随身物品遗留在民宿的情况是很常见的。旅游者们通常会在意识到物品丢失后致电民宿，并要求民宿保留他们的遗留物品。通常他们在离店不久就能发现，但有时他们在数月之后才意识到自己有东西遗留在民宿。

每家民宿必须要有失物招领登记簿。这可以是一个小笔记本或电子文件、数据，所有的失物招领情况都会登记在上面。

四、民宿特色客房服务

随着社会经济的不断发展，旅游者们已经不再满足于对客房本身的要求，对空间环境、心理感受及服务体验等有了更多诉求。为了顺应这一发展趋势，民宿业已经从单一的向旅游者销售住宿空间逐渐发展成为推广民宿文化、体现人文内涵。民宿中的特色客房服务，是市场发展的需要，是提升民宿客房服务品质的需要，也是打造民宿口碑的需要。民宿中的特色客房服务可以从特色床上用品、特色客房装饰物、特色客房欢迎礼、特色开夜床服务、特殊人群的客房特色服务、特色房间布置服务六个方面着手，开展工作。

1. 特色床上用品

床上用品指的是供客人们在睡眠时使用的物品，是客房中必不可少的物品。客人们对于床上用品的基本要求是干净舒适，但是，作为优秀的民宿经营者，不应该仅仅满足于此。民宿经营者可以结合民宿自身主题或者所在地文化特色，选用具有特色的床上用品。例如，云南大理的民宿会选用具有当地扎染特色的床上用品，它不仅满足了使用的基本需求，还突出了民宿自身的特色和搭配艺术。

2. 特色客房装饰物

客房装饰物是民宿经营者在客房中对细节的把握和展示，在客房布置中显得尤为关键。客房装饰物不是选择千篇一律的绿色植物或者挂画，而是与当地的风土民情相辉映，以便体现出民宿的特色风格。例如，海南的部分民宿会以椰子为原材料制作装饰物，从而来体现当地民宿的特色。特色客房装饰物从某种角度上讲其实是民宿设计中的点睛之笔，通过装饰物让客人感受当地的风俗和人情，也会让客人感受到一种别样的旅游体验。图 6-1 为以当地建筑物为背景的客房装饰。

图 6-1　以当地建筑物为背景的客房装饰

3. 特色客房欢迎礼

欢迎礼指的是民宿为刚刚入住的客人提供的果盘、饮料等表示欢迎的小礼物。对于客人而言，各式花样精美的欢迎礼会让客人感到备受重视，有助于提升客人对民宿的好感度，让其在入住的第一时间感受到民宿的温暖。民宿应该在欢迎礼中准备具有当地特色的水果、小吃等，同时，欢迎礼品类的搭配组合、色彩的层次感、食材的温度以及客人的喜好等都需要考虑。例如，山东曲阜的民宿有些会准备颇具当地特色的煎饼作为欢迎礼；云南丽江的某些民宿在每年的十月左右会准备雪桃给客人等。当民宿把当地的美食通过特色客房欢迎礼展现出来的时候，会让客人眼前一亮，深切感受当地独一无二的特色。民宿还可以制作一些充满心意的欢迎礼，欢迎礼不一定要品类繁多，但是一定要小而精美，如手工制作的伴手礼、节日特色小礼物等，给客人们赏心悦目的感觉。图 6-2 为丽江见微民宿客房欢迎礼。

4. 特色开夜床服务

民宿中的开夜床服务已经不仅满足于标准化的服务，而是更加注重特色服务的开展。

图 6-2 丽江见微民宿客房欢迎礼

晚安致意卡是开夜床服务中的组成部分。传统的晚安致意卡，一面印着"请不要在床头吸烟"，另一面印着"祝您晚安"。现在的特色民宿晚安致意卡可以以天气预报等为内容。例如，某景区内民宿的晚安致意卡就很有特色。内容为："尊敬的某女士（先生）：您好，有朋自远方来，不亦乐乎！欢迎您入住本民宿。×××景区是×××（关于风景区的简要介绍），本民宿是×××（关于民宿的简要介绍）。今晚的天气是：山上×××，山下×××；明天早上的天气是：山上×××，山下×××；明天晚上的天气是：山上×××，山下×××。友情提示：本地处于山区，山上山下及早晚温差较大，请您根据气候变化酌情增减衣服。祝您旅行及下榻愉快！您的管家：×××民宿，××××年××月××日。"该晚安卡中致敬语、欢迎语、宣传语、提示语、祝福语等应有尽有，同时也是充满实用性的晚安卡。

在特色开夜床服务中，也可以选择为客房赠送小礼品。这些赠品不但可以给客人留下深刻的印象，同时还是宣传的有效途径。开夜床赠品分为以下几类：①食品类，养生羹、当地特产糕点、牛奶饮品等；②玩具类，跳棋、军棋等；③小饰品类，特色钥匙扣、手机链、当地特色小饰品等；④睡前读物。用细节让客人们感受民宿的亲切与热诚。

5. 特殊人群的客房特色服务

民宿客人中的特殊人群包括儿童、老年人等。当有特殊客人来访时，需要针对特殊人群的不同特征提供特色客房服务。当有儿童来访时，民宿可以为儿童提供儿童拖鞋、儿童浴袍等，还可以赠送小玩具等。当有老年人来访时，民宿可以为其安排较低楼层，以方便其出行。当有身材高大的客人来访时，民宿可以为其提供大号拖鞋、大号浴袍等。

6. 特色房间布置服务

民宿可以根据客人的不同需求，例如，布置蜜月房、求婚房等，来增加房间的亮点，提升民宿的服务水平。以蜜月房为例，可以布置气球、窗花、鲜花、相片等对房间进行内部装饰，以烘托喜庆的气氛，需要把床上用品、洗漱用品等都换为喜庆的款式，尽力为客人留下美好的回忆。

第三节　民宿餐饮服务管理

在旅游的六要素"吃、住、行、游、购、娱"中。"吃"被排在首位，足以见得餐饮在旅游中的重要性，餐饮文化在中华民族传统文化中占有重要的地位，民宿中的餐饮服务也很重要，应努力将其打造成为民宿经营中的特色之一。

一、备餐服务

餐厅在开餐前要准备好一切，不仅能确保餐厅以整洁的状态迎接客人，而且让服务有效率。备餐包括以下内容：

第一，餐桌需要保持干净、卫生、结实，并且按餐厅标准摆放，使每位客人都有足够的空间。已被预订的餐桌要有适当、清晰的"已预订"标牌。

第二，餐椅需要保持清洁，没有碎屑。

第三，餐具和玻璃器皿需要保持光亮并且恰当地摆放在桌上。调料瓶装满并且保持干净。

第四，桌布需要保持干净、无破洞并且熨烫平整，其余桌上物品保持整洁。

第五，备餐台需要保持干净、维护良好，并且备品充足，并放置在一个合理的位置。

第六，整备好洁净的餐具和玻璃器皿、餐车、口布、菜单、文具（点菜单、有店标的笔、账单夹、收据）、水壶等所需物品。

二、迎送客人

客人从进入餐厅的那一刻，甚至于在开口讲话之前，就开始对民宿、对用餐场所产生印象。第一印象是没有办法重复和重来的，所以要确保客人在用餐开始前形成的印象是积极的。确保客人到来时，以亲切、友好的语调称呼客人的名字，让旅游者们感受到民宿的温暖。如果，同行者有儿童的话，需要及时提供儿童的餐椅、餐具等。

在客人用餐后送别客人，因为送别客人与欢迎同样客人重要，这是客人记得餐厅的最后一刻。正确地送别客人包括以下因素：送客人出门时对他们的到来表示感谢，并礼貌地询问用餐是否愉快或者有什么反馈；对于反馈给予恰当回应并对客人的意见采取行动；称呼客人姓名感谢客人光临，等待他们离开，并期望下次光临。

与客人的互动包括语言交流和非语言交流，两种形式的交流都很重要。为客人提供民宿的温馨服务，我们必须确保沟通专业、有效并确保这两种交流方式传递同样的信息。

三、点餐服务

开始点餐服务前，员工需要熟悉菜单并准备好与菜肴相关的建议与解释，当客人表露出疑惑或需要帮助时，应提供此类服务。员工在上前为就座客人服务之前需要留意客人的肢体语言，因为这表示他们是否需要帮助或准备好点餐。例如，合上菜单，张望着寻找服务员。礼貌友好地询问客人是否要点餐，当所有点餐都完毕后，需要清晰地复述客人的点餐，与客人再次进行确认。准确地将点过的菜式通知厨房，对需要留意的所有特殊要求，尤其食物过敏，需要准确地与厨师进行沟通。

四、民宿特色餐饮经营

"吃"对于一个民宿的意义并不仅仅局限于吃。现在的旅游者们也越发重视吃，入住民宿体验当地文化，最直接的一个切入口就是吃。从民宿的出发点而言，最早出现英文名称的"B&B"，其含义就是"Bed and Breakfast"。在民宿的经营中，如果想在餐饮方面有所成绩和亮点，仅仅达到常规餐饮的要求是远远不够的，还需要打造出来属于自己的独具匠心的特色餐饮。民宿可以从特色菜肴、特色食材、特色就餐环境、特色服务、定制餐饮、主题餐饮六个方面着手开展工作。

1. 特色菜肴

世界的饮食文化纷繁多样，大多都具有浓厚的地域特色、民族特色等人文特性。世界各地汇聚了种类繁多、样式丰富的具有地方色彩的美食，各地特色菜肴美味多姿多彩，而且让人唇齿留香、难以忘怀。来民宿居住，旅游者们往往想体验一把当地的文化特色，其中对当地特色的饮食文化的体验就成为必不可少的一项活动。民宿中的特色餐饮，首先体现在特色菜肴上。一方面，民宿的特色菜肴可以是当地具有特色的传统美食、特色小吃等，例如，桂林很多民宿在早餐时会给旅游者们准备各式粉作为特色菜肴，因为各式粉是桂林本地的传统饮食文化特色。另一方面，民宿的特色菜肴可以是结合本民宿特点，自主研发的特色菜肴，

图 6-3　丽江见微民宿的特色菜肴——丽江粑粑和永胜油茶

以此吸引旅游者,我国丽江地区的很多民宿都拥有自己民宿的特色菜肴。图 6-3 为丽江见微民宿的特色菜肴——丽江粑粑和永胜油茶。

2. 特色食材

我国地大物博,各地的食材丰富多样,例如,广东地区盛产各类海鲜,而阳澄湖盛产大闸蟹,内蒙古盛产牛羊肉等。由于各地的气候、土壤等具有很大差异,所以各地的特色食材也是多种多样、不胜枚举。如果能够在民宿中享用到当地的特色食材,旅游者们一定会对此次的行程印象深刻。至此,云南的民宿自然是当仁不让的。每年的七八月份左右,云南的诸多民宿都会使用新鲜采摘的松茸、鸡枞、牛肝菌等当地特色的野生菌食材招待旅游者们,很多旅游者也会选择在这个季节来访云南,来品尝当地特色的新鲜野生菌。独具地域特色的新鲜食材加上云南温润怡人的气候,旅游者们体验感十足,也能更充分地感受云南的自然之美和民宿的热情好客。也有不少民宿经营者,会自己种植部分食材,旅游者们可以自行采摘,保证了食材的绿色健康和新鲜美味,同时也使旅游者们体验到采摘的乐趣。云南丽江见微客栈在每年的七八月份左右,会为旅游者们提供由应季特色食材野生新鲜松茸制作的黄油香煎松茸、松茸土鸡汤、松茸刺身等特色菜肴。图 6-4 为新鲜松茸烹制而成的特色民宿美食。

图 6-4　新鲜松茸烹制而成的特色民宿美食

3. 特色就餐环境

特色餐饮如同艺术品般，可以给旅游者们带来愉悦享受。特色餐饮，不仅局限于特色菜肴和特色食材，它还需要通过特色就餐环境的呈现，使其尽显风味。新时代的旅游者们除了追求特色美食上的享受之外，也格外注重用餐环境。所以，特色餐饮的打造离不开就餐环境的加持，各项之间皆是环环相扣的，每一环都是不可或缺的特色餐饮体验。民宿特色就餐环境不单单是环境的优雅静谧，更需要结合本民宿的特点，打造特色就餐环境。例如，印度尼西亚巴厘岛地区很多民宿提供一种特色的早餐，被称之为"漂浮早餐"，它是将早餐放在藤编的大餐盘上，旅游者们则可以漂浮在酒店别墅里的泳池中央进行就餐。"漂浮早餐"在菜肴上比较普通，但是在就餐环境上进行了改变，就餐的同时可以享受到巴厘岛的美丽景色和灿烂阳光，给旅游者们留下了耳目一新的感受。

4. 特色服务

对于民宿的餐饮服务质量、服务水准的要求，不仅局限于民宿餐饮服务的制度化、程序化、标准化，还要求做到个性化、多样化的特色餐饮服务，做到标准与个性相统一，守责与灵活相统一。例如，广西壮族自治区的部分民宿餐饮服务员，在餐饮服务中会身穿当地少数民族的服饰，有些还会在餐饮服务中增加少数民族的歌舞表演，让旅游者们感受到更浓厚的当地文化，获得更值得的餐饮特色服务，为民宿的餐饮服务打造更多的亮点，也为民宿收获更大的效益和美誉。

当有特殊客人来访时，也需要针对特殊人群的不同特征，提供特色餐饮服务。当有儿童在民宿中用餐时，应该主动提供儿童餐具和儿童椅等，推荐适于儿童食用的餐品。当有老年人在民宿中用餐时，应该推荐刺激性小、利于消化的餐品。当有宗教信仰的客人在民宿中用餐时，应该注重食物禁忌。由此可见，特色服务不仅能为旅游者们带来更舒心的体验，同时也能为民宿的经营增添更多的亮点。

5. 定制餐饮

民宿中餐厅的面积一般不会很大，适于提供定制化餐厅服务。根据客人的需求，可以帮助安排个性化的餐厅和服务，例如，举办生日宴会、烛光晚餐、求婚仪式以及户外用餐等，民宿将尽自身最大的努力来满足客人定制餐饮的要求。

6. 主题餐饮

民宿可以根据不同季节的食材特点，开展不同主题的餐饮活动，以吸引旅游者们的目光。例如，当螃蟹等时令食材上市时，开展以此食材为主题的餐饮活动；当天气变冷时，开展以火锅为主题的餐饮活动等。

【拓展阅读】

旅游民宿设施要求与服务规范（节选）

5.2.2.3　餐厅

5.2.2.3.1　餐厅建筑与功能配置、内部装饰应尽量结合地方特色，并易于辨识。

5.2.2.3.2　餐厅场地应平整，环境整洁宽敞，就餐用各项设备、用品应完好、清洁无污，符合卫生条件。

5.2.2.3.3　厨房应为独立的功能区，由无毒材料建成，地面、墙面平整，易清洗，无脱落，厨房各功能区划分与使用应符合相关法律、法规要求。

5.2.2.3.4　厨房应有有效使用的消毒、冷冻和冷藏设施及相关厨具。

5.2.2.3.5　餐厅和厨房应有防止蚊蝇、禽畜等的有效措施，具有空气消毒、消灭蚊蝇、蟑螂等虫害的设备、工具和用品。

6.4　餐饮要求

6.4.1　餐饮应体现家庭或当地饮食与民俗文化特点。

6.4.2　餐厅主要食品原材料应新鲜，不得使用变质或超过保质期的食品原材料。原材料台账记录完整，来源可以追溯。

6.4.3　不得将回收后的食品（包括辅料）再次供应。

6.4.4　凉菜应当使用专用工具、容器。

6.4.5　餐饮器具应清洁无污渍、无破损，保证一客一消毒。食品原料和餐具应分开清洗。

6.4.6　宜向宾客提供自己动手做饭的厨房和设施、设备。

（资料来源：黑龙江省文化和旅游厅官网。）

第四节　民宿茶艺服务管理

中国是茶的故乡，也是茶文化的发源地，茶的发现和利用已有几千年的历史，且长盛不衰，传遍全球。茶是中华民族的举国之饮，同时，茶为世界三大无酒精饮料（茶、可乐、咖啡）之一。茶艺是一种文化，茶艺在中国已经传承了上千年，现已形成了具有浓厚民族特色的中国茶文化。茶艺包括选茶、择水、茶具艺术、环境的选择创造、冲泡等一系列内容，其过程体现形式和精神的相互统一，是饮茶活动过程中形成的文化现象。故越来越多的民宿将茶艺服务设为不可或缺的一部分。

茶艺的美是在行茶过程中而不是在结果上，中华茶艺的美是大美，是意境的美。所谓大美，是感官之外的美，所以茶艺才更需要用心去感受。随着社会的发展和人们对生活品质的追求以及文化欣赏力的提高，越来越多的人愿意去接触茶、感受茶、品味茶。图6-5为丽江见微民宿的普洱茶服务。让旅游者们在民宿中体验到茶的魅力,也会给他们留下一抹难忘的回忆。

一、茶叶的基础知识

在民宿的茶艺服务中,首先要准备好茶叶。我国的茶叶按照制作加工流程和品质上的差异,可以分为绿茶、白茶、黄茶、青茶(乌龙茶)、黑茶、红茶六大基本茶类。

图 6-5　丽江见微民宿的普洱茶服务

(一)绿茶

绿茶属不发酵茶。绿茶为中国的主要茶类,产量位居六大初制茶之首,是我国饮用最为广泛的一种茶。我国生产绿茶的范围极为广泛,浙江、安徽、江西、江苏、四川、湖南等省份都产制绿茶。绿茶的茶叶颜色是碧绿、翠绿或黄绿,久置或与热空气接触易变色。泡出来的茶汤是绿黄色。原料多为嫩芽、嫩叶,不宜久置。香味多为清新的绿豆香,味清淡、微苦。绿茶富含叶绿素、维生素C,茶性较寒凉,咖啡因、茶碱含量较多,较易刺激神经。绿茶可分为炒青绿茶、烘青绿茶、蒸青绿茶、晒青绿茶四类。绿茶的代表茶品有龙井、碧螺春、太平猴魁、六安瓜片、黄山毛峰、安吉白茶、恩施雨露等。

(二)白茶

白茶属部分发酵茶,是我国茶类中的特殊珍品,因其成品茶多为芽头,满披白毫,如银似雪而得名。白茶为福建的特产,主要产区在福鼎、政和、松溪、建阳等地。白茶外形芽毫完整,满身披毫,毫香清鲜,汤色黄绿清澈浅淡,滋味清淡甘醇,回甘强。白茶多寒凉,有退热祛暑的作用。白茶的代表茶品有白毫银针、白牡丹等。

(三)黄茶

黄茶属部分发酵茶。黄茶是一种发酵度不高的茶类,制造工艺似绿茶,过程中加以闷黄工艺,因此具有黄汤黄叶的特点。黄茶多为带有茸毛的芽头、芽或芽叶制成。黄茶多香气清纯、滋味甜爽。黄茶具有凉性的性质,因产量少,是珍贵的茶叶。黄茶可分为黄芽茶、黄小茶、黄大茶三类。黄茶的代表茶品有君山银针、蒙顶黄芽、霍山黄芽、广东大叶青等。

(四)青茶(乌龙茶)

青茶属部分发酵茶,俗称乌龙茶。青茶原料多为两叶一芽,枝叶连理,大都是对口叶,芽叶已成熟。青茶的干茶样多呈深绿色或青褐色,具有绿叶红镶边、三分红七分绿的特征,其外形条索粗壮、紧实,色泽砂绿蜜黄、鲜润光泽,泛宝色。茶汤则多是蜜绿色或蜜黄色,叶底肥厚柔软。青茶的香气，从清新的花香、果香到熟果香都有，滋味醇厚回甘，略带微苦亦能回甘。茶香中有绿茶的清幽鲜爽，又不似绿茶般收敛涩口；有红茶的甘甜香醇，又不似红茶般刺激浓郁。茶香馥郁持久。青茶的滋味醇厚甘鲜，岩韵显。青茶性质为温凉，略具叶绿素、维生素 C，茶碱、咖啡因约有 3%。青茶种类繁多，可分为闽北乌龙、闽南乌龙、广东乌龙、台湾乌龙四类。青茶代表茶品有铁观音、大红袍、凤凰单枞、冻顶乌龙等。

（五）黑茶

黑茶属后发酵茶，可存放较久，耐泡耐煮。黑茶是我国特有的一大茶类，生产历史悠久，产区广阔，销售量大，是我国西北广大地区藏族、蒙古族、维吾尔族等兄弟民族日常生活必不可少的饮料。黑茶一般原料较粗老，叶色黝黑或黑褐，故称黑茶。此类茶以前多销往我国边疆地区，其余是内销，少部分销往海外。黑茶的香味具陈香，滋味醇厚回甘，性质温和。黑茶的花色、品种丰富，可分为湖南黑毛茶、湖北老青茶、四川边茶、滇桂黑茶四大类。黑茶代表茶品有安化黑茶、普洱茶、老青茶、六堡茶等。

（六）红茶

红茶属全发酵茶。因为它的颜色是深红色，泡出来的茶汤又呈朱红色，所以叫"红茶"。英文却把它称作 Black Tea，因为外国人喝的红茶颜色较深，呈暗红色。红茶的原料有大叶种、中叶种、小叶种，性质温和，多为焦糖香，滋味浓厚、略带涩味。红茶不含叶绿素、维生素 C，咖啡因、茶碱较少，兴奋神经的效能较低。红茶可分为红条茶和红碎茶两大类，代表茶品有祁门红茶、正山小种、滇红茶等。

再加工茶是以六大基本茶类——绿茶、红茶、乌龙茶、白茶、黄茶、黑茶的原料，经再加工而成的产品。它包括花茶、紧压茶、萃取茶、果味茶和药用保健茶等，分别具有不同的品味和功效。

二、茶具

"工欲善其事，必先利其器。"在民宿中开展茶艺活动时，不仅需要讲究茶叶的品质特征，还需要准备相关茶具。茶具按照不同的使用途径可分为茶道组、茶荷、杯托、品茗杯、湿茶漏、公道杯、紫砂壶、茶巾、随手泡、闻香杯等多种类型。茶具按照不同材质可分为陶土茶具、瓷器茶具、漆器茶具、金属茶具、玻璃茶具、竹木茶具等多种类型。

冲泡茶叶时，应根据茶品的特征和要求选取适合的茶具。例如，绿茶的冲泡多使用玻璃杯，方便旅游者们观察其叶底之美；黑茶的冲泡多使用紫砂壶，以保证其对水温的要求；乌龙茶由于其具有高香的特征，所以在茶具的配备时应多准备闻香杯，来方便旅游者们闻香使用。另外，在冲泡茶叶中应注意，每位品茗的旅游者最好能够使用一样的品茗杯，显示公平。

三、水

在民宿的茶艺服务中,水也是必不可少的基本元素之一。明人许次纾在《茶疏》中就有"精茗蕴香,借水而及,无水不可论茶也"的说法。可见,水对于茶的重要性。在水的选择中需要注意悬浮物、溶解固形物、硬度、碱度、pH 值等主要指标。另外,应注意水的温度。泡茶水温的高低主要依泡饮的茶品而定。冲泡绿茶,一般以 80℃左右的水为宜,保证茶汤嫩绿明亮、滋味鲜爽,茶叶中的维生素 C 也较少被破坏。泡饮各种花茶、红茶和一般绿茶,则要用 90℃左右的水冲泡。泡饮乌龙茶和黑茶,由于茶叶较粗老,茶叶用量较多,多用 95℃以上的水冲泡。无论用什么温度的水泡茶,都应将水烧开之后,再冷却至所要求的温度。

四、茶点

茶点,是指在品茶时搭配的分量较小且经过精巧制作的食物。茶点具有精细美观、口味多样、形小、量少、质优、品种丰富等特点。在民宿的茶艺服务中,也应注意相关茶点的准备。茶点分为干果类、鲜果类、糖果类、西点类、中式点心类等。与传统点心相比较而言,茶点的制作工艺要求更高,讲究造型设计,注重观赏性。

茶点要讲究与茶的搭配。基本原则是"甜配绿、酸配红、瓜子配乌龙"。"甜配绿"的意思是绿茶较为苦涩,所以多使用糖果、甜糕等甜食搭配;"酸配红"的意思是红茶多选择蜜饯等酸的食品搭配;"瓜子配乌龙"的意思是乌龙茶多选择瓜子等进行搭配。由此可见,茶点需要根据不同类型的茶来选择,从而起到更好的搭配作用。

五、环境

现今,旅游者们对饮茶的追求,已经不再局限于品茶本身,对于饮茶时的环境也越来越重视。因此,在民宿的茶艺服务中,环境也是不容忽视的环节,图 6-6 为丽江棠棣园民宿饮茶空间。

(1)背景音乐。在茶室的环境中,要注意用背景音乐来营造意境,一般茶室多使用古典名曲。古典名曲或宁静悠远或意蕴悠长,或荡气回肠或高亢激昂,相较于现代音乐,古典音乐在安静风雅的环境中更能引起共鸣,从而抚慰人心。

图 6-6 丽江棠棣园民宿饮茶空间

(2)插花。茶室多使用插花来装点,茶室插花一般使用自由型插花,器小而精巧,以衬托品茗的环境,同时追求恬适、简约的纯真之情。

（3）焚香。我国的焚香历史悠久。茶艺中的焚香不应使用太过浓烈的香，要注意与茶室风格的搭配。另外，尤其要注意的是，插花和焚香应保持一定的距离。

（4）挂画。茶室中的挂画，多以书法字轴为主。挂画的存在，能够让茶室更添雅韵，也方便旅游者们了解茶艺知识。茶室中挂画的颜色不宜过分艳丽，以免有粗俗或喧宾夺主之嫌。插花和挂画之间也不宜冲突，因而有插花的茶室应尽量避免挂花轴。民宿中多将《茶经》内容作为挂画。

六、科学饮茶常识

随着旅游者们健康饮食观念的逐步加深，民宿在有好茶叶、好水、好茶具和好环境的基础上，还应该在茶艺服务中介绍科学饮茶常识，让旅游者们科学饮茶。

（一）根据体质选茶

茶虽然是对人体有益的健康饮料，喝茶有益于身体健康，但是由于每个人体质不同、爱好不一、习惯有别，因此，哪位客人更适合喝哪种茶，应因人而异，民宿需要根据客人的身体状况和体质，有针对性地为客人们进行饮茶的推荐。

一般来说，刚开始饮茶的人，或平时饮茶较少的人，民宿应向其推荐饮用红茶，以免造成失眠等困扰。有饮茶习惯、嗜好清淡口味者，民宿应推荐其选择品饮名优绿茶和黄茶，如西湖龙井、君山银针等。喜欢茶味浓醇的人，民宿应推荐其选择青茶，如台湾乌龙、铁观音、大红袍等。平时畏热的人，民宿可以向其推荐绿茶，绿茶有清头润肺、生津利便的功效，喝后有清凉之感。绿茶不适合手足易凉、体寒、胃部常感不适的人饮用，针对这些客人，民宿应向其推荐饮用红茶为佳，因为红茶性温，喝了有祛寒暖胃的功效，还可以在茶汤中加入适量的牛奶或糖等。对于身材较肥胖的客人，民宿可推荐其饮去腻消脂功效显著的普洱茶等更为适合。

（二）根据季节饮茶

一年有四季，气候不同，温度和湿度会有很大的差异，因此，民宿应做到结合四季的特征，从人的生理需求出发，结合茶的品性特点，针对四季推荐饮用不同的茶叶。具体说来，在春季，气温渐渐回暖，民宿可向客人们推荐品饮花茶，通过茶来感受春天的到来。在夏天，天气炎热，民宿可向客人们推荐品饮绿茶或者白茶，可给客人以清凉之感，且能实现降温消暑之效。在秋天，天高气爽，民宿可向客人们推荐品饮乌龙茶，不凉不热，取红茶与绿茶的优点。在冬天，天气寒冷，饮杯味甘性温的红茶或者陈香十足的普洱茶，可以帮助客人们驱走冬日的寒冷。

（三）饮茶禁忌

明代许次纾在《茶疏》中就提到饮茶的相关禁忌，在现代生活中，民宿对于饮茶的禁忌也是不容忽视的。下面列举几个主要的饮茶禁忌：

1. 忌过量空腹饮茶，以免引起"茶醉"

空腹一般不宜过量饮茶，也不宜喝浓茶。尤其是平时不常喝茶的人空腹喝了过量、过浓的茶，容易引起"茶醉"现象的发生。"茶醉"现象的常见表现是头晕、心慌、胃疼等。一旦发生"茶醉"的现象，应该立即停止饮茶，吃些糖果等食物，即可得到有效缓解。

2. 忌饭前大量饮茶

民宿茶艺服务者要提醒客人们忌饭前大量饮茶，这是因为如果饭前大量饮茶，一方面会冲淡唾液，另一方面会影响胃液分泌，从而导致客人们饮食无味，且食物的消化和吸收也会因此而受到影响。

3. 忌饭后立即饮茶

饭后饮杯茶，有助于消食去脂，但是不建议饭后立即饮茶。因为茶叶中含有较多的茶多酚，它会与食物中的铁质、蛋白质等发生凝固反应，从而影响人体对铁质和蛋白质的吸收。

【拓展阅读】

普洱熟茶的冲泡流程

一、冲泡三要素

投茶量：5~8g，水温：95℃以上，浸泡时间：1min左右。

二、冲泡流程

第一步：备具、出具

茶道组1套、茶荷1个、单杯托（数量由旅游者人数而定）、玻璃品茗杯（数量由旅游者人数而定）、湿茶漏1个、公道杯1个、紫砂壶1把、茶巾1条、随手泡1把。

第二步：赏茶

用茶匙从茶叶罐中取适量的茶叶放于茶盒中，供客人们观赏普洱熟茶干茶样的条索、色泽、香气等特征。茶艺师介绍茶样的基本情况：普洱熟茶产于云南普洱、西双版纳、临沧等地，外形条索肥壮、紧结，色泽褐红。

第三步：温杯净具

将水注入壶内进行温烫，本次注水采用定点注水的方式。将壶中的水注入玻璃品茗杯容量的约1/3处，从左往右，依次进行烫杯。烫杯的作用是提高杯身的温度，有助于茶香的散发。

第四步：投茶

向紫砂壶中投入适量的普洱熟茶。

第五步：注水

将水注入紫砂壶中，本次注水采用悬壶高冲注水的方式。

第六步：刮沫

使用紫砂壶的壶盖，将紫砂壶壶口的茶沫刮干净。再用水将紫砂壶壶盖冲洗干净。

第七步：醒茶

将紫砂壶中的水在出水口处倒掉。

第八步：再注水

将水再次注入紫砂壶中，本次注水采用定点注水的方式。

第九步：淋壶

为了增加紫砂壶的温度，使用右手轨迹淋壶一圈。

第十步：焖茶

将普洱熟茶进行1min左右的浸泡。将品茗杯中的水倒掉。

第十一步：出汤

将紫砂壶中的茶汤倒进公道杯中。

第十二步：赏汤

普洱熟茶汤色红浓明亮。

第十三步：分汤

向品茗杯内注入七分满的茶汤，意为"七分茶、三分情"后方于单杯托之上。

第十四步：奉茶

从左往右依次为客人们奉茶。

第十五步：品茗

普洱熟茶先闻其香气，有陈香；再品其滋味，滋味醇厚回甘。

第十六步：收具

当客人们品尝完普洱熟茶后，进行收具，后清洗干净茶具，归放于原处。

铁观音的冲泡流程

一、冲泡三要素

投茶量：5~8g（条索紧结的半球形乌龙茶，用量为壶的二三成，松散的条索为容器的八成满为宜），水温：95℃以上，浸泡时间：1min左右。

二、冲泡流程

第一步：备具、出具

茶道组1套、茶荷1个、双杯托（数量由旅游者人数而定）、闻香杯（数量由旅游者人数而定）、品茗杯（数量由旅游者人数而定）、湿茶漏1个、公道杯1个、紫砂壶1把、茶巾1条、随手泡1把。

第二步：赏茶

用茶匙从茶叶罐中取适量的茶叶放于茶盒中，供客人们观赏铁观音干茶样的条索、色泽、香气等特征。茶艺师介绍茶样的基本情况：铁观音产于福建安溪，其外形条索卷曲、壮结、重实，因其"形似观音重如铁"而得名，色泽鲜润，显砂绿，香气馥郁持久，有"七泡留余香"之美誉。

第三步：温杯净具

将水注入壶内进行温烫，本次注水采用定点注水的方式。将壶中的水注入闻香杯和品茗杯容量的约1/3，从左往右，依次进行烫杯。烫杯的作用是提高杯身的温度，有助于茶香的散发。

第四步：投茶

向紫砂壶中投入适量的铁观音。

第五步：注水

将水注入紫砂壶中，本次注水采用悬壶高冲注水的方式。

第六步：刮沫

使用紫砂壶的壶盖，将紫砂壶壶口的茶沫刮干净。再用水将紫砂壶壶盖冲洗干净。

第七步：醒茶

将紫砂壶中的水在出水口处倒掉。

第八步：再注水

将水再次注入紫砂壶中，本次注水采用定点注水的方式。

第九步：淋壶

为了增加紫砂壶的温度，使用右手轨迹淋壶一圈。

第十步：焖茶

将铁观音进行1min左右的浸泡。将闻香杯和品茗杯中的水倒掉。

第十一步：出汤

将紫砂壶中的茶汤倒进公道杯中。

第十二步：分汤

分汤，向闻香杯内注入七分满的茶汤，意为"七分茶、三分情"。

第十三步：翻杯

使用杯夹将品茗杯扣放于闻香杯之上，放于双杯托之上。

第十四步：奉茶

从左往右依次为客人们奉茶。

第十五步：品茗

铁观音，先闻其香气，香气若兰，鲜灵持久；再观其汤色，汤色金黄；再品其滋味，滋味醇厚甘鲜；最后闻其冷香，香气时有时无。

第十六步：收具

当客人们品尝完铁观音后，进行收具。后清洗干净茶具并归放于原处。

(资料来源：作者根据相关资料整理。)

第五节 民宿咖啡服务管理

一、咖啡的发展历程

咖啡于公元 6 世纪最早被发现于埃塞俄比亚南部的卡法地区。关于咖啡的起源至今没有具体的史料可考，流传下来的是几种不同的传说，但备受认可的是牧羊人卡迪发现咖啡的传说。传说在埃塞俄比亚南部的卡法地区有一个牧羊人卡迪，每天赶着他的羊群去放羊，有一天他发现羊儿们突然有些反常，平时温顺听话的它们突然一只只精神抖擞，活蹦乱跳起来。卡迪有点纳闷，他发现羊群是因为吃了一种红色的果实才变得如此亢奋，于是他也摘下几颗尝了尝，顿觉疲劳大减，精神倍增，心情也振奋起来。后来这种红色果实的效能被卡迪告诉了附近的僧侣们，越来越多的人为红色果实所吸引。此后它们就被用作提神药，也就是最早的咖啡。

最有力的品饮咖啡的证据出现在 15 世纪中叶的苏菲修道院。到了 16 世纪，咖啡传播到了中东以及北非的其余地区。在 16 世纪的第二个 50 年中，第一家为显贵服务的咖啡馆出现在君士坦丁堡，没多久，这里就成为外交官、艺术家、作家和知识分子喜爱的聚会之地。自此，咖啡快速传入欧洲。

二、民宿与咖啡的融合

（一）咖啡主题民宿

咖啡以其休闲、安逸的饮品风格与民宿的格调一拍即合，二者的相遇给追求惬意享受的旅游者们带来了无比的喜悦。在民宿圈诞生了许多有个性的咖啡主题民宿，如大乐之野的 Lost Cafe 是莫干山最好的咖啡馆，主理人陈悦是手冲金杯大师，坚持用最好的咖啡豆，秉承手冲制作流程。店里还为感兴趣的客人设置了咖啡培训课程。位于杭州西湖区上满觉陇村的飞鸟集民宿的咖啡馆要比民宿本身更有魅力，老板坚持数年亲自为客人制作手冲咖啡，成就了"民宿 & 咖啡馆"的招牌。

（二）客房咖啡产品

和传统酒店一样，近年来民宿客房也成为客人享受咖啡的休闲空间。民宿客房提供的咖啡产品一般比较便捷，其中，胶囊咖啡机就是不错的选择。胶囊咖啡机是近年出现的新型咖啡机，厂商预先将咖啡粉装入一个塑料胶囊内，然后充入氮气以保鲜，客人在喝咖啡时只要将胶囊装入专用的机器里面，就能很快地喝到一杯香浓的咖啡了。对于民宿主而言，胶囊咖啡机用时最短，而且几乎不需要学习任何烹调咖啡的技巧，按下按钮静静等待，就能享受一杯口感稳定的咖啡。

（三）原创咖啡产品

如果民宿主真的钟爱民宿与咖啡事业，那么可以研发自己的咖啡产品。民宿是满足休闲空间需求和咖啡产品需求两大场景的综合体，原创咖啡产品不仅可以提供给更多的民宿客人更好的咖啡产品，还可以让客人感受更多个性化的品牌，成为民宿的品牌传播媒介。民宿本身作为有品质的年轻化的线下生活方式空间代表，对于审美环境和休闲空间有深刻的理解和追求。优质的原创咖啡产品可以成为这种空间的有效延伸，进一步满足休闲旅游者对高品质体验业态的需求，原创咖啡产品具有非常明确的创造价值，图 6-7 为丽江棠棣园民宿为客人提供的咖啡产品。

图 6-7　丽江棠棣园民宿为客人提供的咖啡产品

三、咖啡豆的选购与储存

（一）单品咖啡豆种类

想要在民宿中做好咖啡服务，对于咖啡豆种类的选择是至关重要的环节。单品咖啡是用原产地出产的单一咖啡豆磨制而成，饮用时一般不加奶或糖，有强烈的特性，口感或清新柔和，或香醇顺滑。但成本较高，价格较贵。比如著名的蓝山咖啡、哥伦比亚咖啡、巴西咖啡、意大利咖啡等都是以咖啡豆的出产地命名的单品。摩卡咖啡和炭烧咖啡虽然也是单品，但是它们的命名就比较特别。摩卡是也门的一个港口，在这个港口出产的咖啡都叫摩卡，但这些咖啡可能来自不同的产地，因此，来源地不同的摩卡豆的味道也不相同。

1. 蓝山咖啡

蓝山咖啡产于牙买加的蓝山，是咖啡中的极品。以山丘命名，生长在海拔 1000~2500m 的山上。纯牙买加蓝山咖啡将咖啡中独特的酸、苦、甘、醇等味道完美地融合在一起，香味十分浓郁，香醇甘滑，有持久的水果味，形成强烈诱人的优雅气息，是世界上公认的咖啡极品。

2. 哥伦比亚咖啡

哥伦比亚咖啡产于哥伦比亚，以生产国命名。烘焙后的咖啡豆会释放出甘甜的清香，具有酸中带甘、苦味中平的良质特性，且浓度适中，并带有持久的水果清香。因浓度适宜的缘故，经常被应用于高级混合咖啡中。哥伦比亚咖啡年产量稀有，非常珍贵，因此也被称为

"翡翠咖啡"。

3. 巴西咖啡

巴西咖啡产于南美洲,以生产国命名,被称为"山度士"。巴西是世界上第一大咖啡生产国。巴西咖啡是在咖啡胚芽新鲜时,由人工精细挑选,让其自然在阴室中干燥60~70天,果肉之甜味充分渗入豆内,有柔和清淡的香味,味道甘醇、温和,有甜味。

4. 意大利咖啡

意大利咖啡产于意大利,以口味命名,又称"浓缩咖啡"。以专业的炭烧咖啡为基础特征,以深度烘焙为特点,采用意大利 Espresso 特性烘焙风味,具有浓郁的香味及强烈的苦味,且咖啡的表面浮现一层薄薄的咖啡油,这层油正是意大利咖啡诱人香味的来源,适合那些追求强烈味觉感受的人。

5. 曼特宁咖啡

曼特宁咖啡产于印度尼西亚的苏门答腊群岛,以产地命名,颗粒饱满,带有极重的浓香味。曼特宁咖啡以辛辣的苦味而出名,特别喜欢它的人会沉迷于它的苦后回甘。曼特宁咖啡又具有糖浆味和巧克力味,此时酸味就显得不突出,但有种浓郁的醇度。它也是调配混合咖啡不可或缺的品种。

6. 爪哇咖啡

爪哇咖啡产于印度尼西亚爪哇岛,颗粒饱满,含辛辣味,酸度相对较低,口感细腻,均衡度好,是精致的芳香型咖啡。

7. 哥斯达黎加咖啡

哥斯达黎加是世界上主要的咖啡产地之一,所产咖啡风味清淡醇正,香气怡人。优质的哥斯达黎加咖啡被称为"特硬豆"(SHB),此种咖啡可以在海拔1500m以上生长。

8. 摩卡咖啡

摩卡咖啡产于埃塞俄比亚,豆小而香浓,其酸醇味强,略带酒香,辛辣刺激,甘味适中,风味特殊。摩卡咖啡是颇负盛名的优质咖啡,通常作为单品饮用。

9. 危地马拉咖啡

危地马拉咖啡产于拥有肥沃火山土壤的安提瓜区,是咖啡界相当著名的咖啡品种之一。肥沃的火山岩土壤造就了举世闻名的危地马拉咖啡,其口感柔和、香醇,略带热带水果味道。滋味丰富、协调,再加上那一丝丝烟熏味,更渲染了它的古老与神秘。许多咖啡专家评论危地马拉咖啡为"中南美洲咖啡的最佳品种"。

10. 乞力马扎罗咖啡

乞力马扎罗咖啡产于坦桑尼亚东北部的非洲最高山脉乞力马扎罗山,是一种不带酸味的咖啡品种，品质优良，香气浓郁，中度或中度以上烘焙后有着浓厚的香气。乞力马扎罗山是非洲最高的山脉，也是地球上唯一一座位于赤道线上的雪峰，它是"非洲的屋脊"，是"赤道的白雪公主"。肥沃的火山灰赐予这里的咖啡浓厚的质感和柔和的酸度，有着典型非洲咖啡豆的特色。乞力马扎罗 AA 咖啡豆是最高等级的豆子，各方面的品质均为上等。乞力马扎罗咖啡主要适合调配混合咖啡。

11. 可纳咖啡

可纳咖啡产于夏威夷可纳地区，是只能栽种在火山斜坡上的稀有品种。可纳咖啡味道香浓、甘醇，且略带一种葡萄酒香，风味极特殊。上选的可纳咖啡有适度的酸味和温顺丰润的口感以及一股独特的香醇风味。由于此类咖啡产量日趋减少，价格直追蓝山咖啡。

12. 炭烧咖啡

炭烧咖啡由日本人最早用木炭烘焙咖啡豆而得名，以烘焙方式命名，又称"日本炭烧"。炭烧咖啡由巴西咖啡、曼特宁咖啡混合而成，喝起来有一种炭烧的味道，但是不会很浓，保留了咖啡原有的味道，口味醇正，这可能和日本人饮食习惯比较清淡有关。

（二）混合咖啡豆的调配

如果民宿咖啡服务中只提供一种单品咖啡豆，味道是很单调的，需要配合几种咖啡豆，以达到预期调配后的口味。所谓调配咖啡，并不是单纯地将几种咖啡豆混合在一起，而是要利用几种不同咖啡豆的特有风味，这是调配过程中最重要的细节。

每种单品咖啡除本身具有的独特风味外，也可以依据烘焙程度的差别，炒出不同的口味。同样一种品质的咖啡豆，浅炒的味道较酸，深炒则产生苦味且调配也要考虑成分和烘焙的程度。

咖啡豆按树种划分主要有阿拉比卡和罗布斯塔两种。

1. 阿拉比卡

阿拉比卡种咖啡豆未经烘焙时闻起来是如同青草般的清香气味，经过适当的烘焙后，展现出"果香"（中浅焙）与"焦糖甜香"（深烘焙）。一般而言，具有比罗布斯塔豆更佳的香气与风味。目前阿拉比卡种咖啡占全世界咖啡产量75%，在这些阿拉比卡咖啡产量中，只有10%阿拉比卡咖啡的品质能归类在"精品咖啡"（Specialty Coffee）里。

2. 罗布斯塔

罗布斯塔种咖啡豆有独特的味道，被称为"罗布味"，有些人认为是霉臭味与苦味。因此，罗布斯塔种咖啡豆是不适合作为单品咖啡豆饮用的。一般情况，罗布斯塔咖啡被用于即溶咖啡、罐装咖啡、液体咖啡等工业生产咖啡上。其咖啡因的含量远高于阿拉比卡种，大约为3.2%左右。

一般的咖啡调配，除了主要的咖啡豆之外，平常只要调和 2~3 种具有特性的咖啡豆即可。最普遍的调配法是 3 种，但至少要 2 种，最多可达到 6 种，品种过多，反而造成原味的不平衡。

以下是混合咖啡调配改良的方法，参考如下：

（1）较苦的咖啡：配 10%的哥伦比亚咖啡。

（2）较酸的咖啡：加调 10%的罗布斯塔咖啡、曼特宁咖啡。

（3）酸味较低的咖啡：加调 10%的曼特宁咖啡（浅炒）。

（4）香味较低的咖啡：加调 10%的曼特宁咖啡。

（5）甘味较低的咖啡：加调 10%的哥伦比亚咖啡。

（6）醇度较低的咖啡：加调 10%的危地马拉咖啡。

（7）涩味加强时的咖啡：要注意技术上的配合问题、水量问题、豆子颗粒的粗细问题、火候控制问题。

（8）腥味过重的咖啡：可以先将咖啡豆颗粒研磨粗些，将咖啡豆里的内膜吹掉，然后再将一般研磨机号码拨至小号数，使颗粒研磨成细粉状冲调。

（9）若蓝山豆缺货：可用别的咖啡临时代替，如哥伦比亚咖啡加少许曼特宁咖啡或哥伦比亚咖啡加一半的危地马拉咖啡。注意：冲调蓝山咖啡的时间及火候控制非常关键，替代的咖啡更要留意其口味的相像。乞力马扎罗咖啡亦可使用。

（10）摩卡咖啡若要加强香味时：加调 10%的曼特宁咖啡。

（11）哥伦比亚咖啡缺货时：以哥斯达黎加咖啡替代。

（12）罗姆斯达咖啡缺货时：爪哇咖啡可代替，其特性是相似的。

（三）如何选购咖啡豆

如何选购咖啡豆，也是民宿咖啡服务中的技术难题，判断咖啡豆是否新鲜，提供以下几个方法：

（1）新鲜质佳的咖啡豆外形圆润，豆大肥美，有光泽；反之则残缺破碎，形状不一。

（2）将一颗豆子放在口中或在手里轻压，新鲜的豆子质感爽脆，开时声音轻快、芳香四溢。

（3）用鼻子闻香气是否足够。在开袋子时，如果闻到一种跃动、愉悦的香气，则表示是优质的咖啡豆。如果咖啡豆已失去香味或闻起来有杂味，就表示这咖啡豆已不再新鲜，多为杂豆、霉豆、烂豆，则不宜购买。

（4）强火和中深的焙炒法会造成咖啡豆出油。若较浅焙炒的豆子出油，则表示已经变质，不但香醇度降低，而且会出现涩味和酸味。

（5）如果要买单品的咖啡豆，除上述的判断标准之外，还要看每颗豆子的颜色、颗粒大小、形状是否相似，以免买到混合豆。

（6）如果买的是混合豆，颜色、颗粒大小和形状不同是正常现象。

(四) 如何储存咖啡豆

在民宿的咖啡服务中，随着时间与加工程序的增加，咖啡的寿命就会有所减少；合适的储存方法可以延长咖啡的保鲜期，不当的保存方法会影响咖啡的品质和风味。

1. 影响咖啡豆的三大要素

影响咖啡豆的三大要素是温度、湿度、日光。

咖啡豆应该储存在民宿中较干燥且阴凉的地方，一定不要放在冰箱里，以免吸收湿气。咖啡豆和研磨咖啡可以冰冻，需要注意的是，从冷冻柜中拿出咖啡时，需要避免冰冻的部分化开而使袋中咖啡受潮。美国人认为咖啡放在冰箱里比较好，不过时间不会超过一个月。他们从冷冻室取出要喝的咖啡豆分量，趁尚未解冻便开始研磨，煮来饮用。

2. 咖啡最佳品尝周期

咖啡豆为4周，咖啡粉为1周。如果已研磨好的咖啡粉无密闭容器时，则可存放在冰箱的冷冻储藏箱内。

3. 保存期限

咖啡豆在真空包装状态下的保存期限：真空罐24~28个月，柔性胶膜之真空包装为12个月。锡罐可使咖啡香味保留时间较长。塑胶袋也可以，但存放的量比锡罐少。而在国外，咖啡豆有时就是放在锡罐或塑胶袋中出售。真空包装更加有利于咖啡的存放，使原有风味更持久。一旦打开防油或锡箔包装的咖啡袋子，要立刻将咖啡豆或咖啡粉放在密封罐里，这样咖啡粉就不会很快发霉，但和咖啡豆一样会吸收空气中的味道。

四、民宿精品咖啡的制作与服务

民宿的咖啡服务应选用精品咖啡。"精品咖啡（Specialty Coffee）"这一个词语最早是由Erna Knutsen提出的。她于1974年在《茶与咖啡》（Tea & Coffee Trade Journal）中提出，精品咖啡是特别气候与地理条件下培育出的独特香味的咖啡豆，旨在将精品咖啡豆与纽约期货交易市场的大宗商用咖啡做作区别。精品咖啡由精品咖啡豆制作，如果制作咖啡的豆子不是精品咖啡豆，制作出的咖啡液不能称为精品咖啡。精品咖啡制作前应保持咖啡豆的新鲜，包括烘焙豆的保存、在制作之前才将咖啡豆磨成粉，这也是为了保留其最原始、最好的风味。

下面介绍几种民宿环境下适用的几种精品咖啡冲煮方法。

(一) 滤纸式冲泡法——最轻松的表演

滤纸式冲泡法是民宿咖啡服务中最简单的冲制方法。德国人梅莉塔·安兹在1908年发明了滤纸式冲泡法。这种冲泡法适合民宿经营者使用，简单方便，更便于煮出香醇的咖啡，但如果掌握不好，则很容易冲出酸味，需要多加练习。

（1）准备器具：咖啡杯、咖啡匙、细口壶、滤杯、滤纸、量匙、透明玻璃壶、磨豆机、搅动竹片、奶粒、糖包。

（2）咖啡粉用量及研磨度：咖啡豆15g（半匙），研磨程度：中度。

（3）水量：热水200mL。

（4）操作步骤：

第一步：将专业过滤纸折好，正确地放入冲泡杯中。

第二步：用专业咖啡粉量匙将咖啡粉倒入过滤纸中，再把咖啡粉表面拨平。

第三步：用装入95~100℃热开水的细口壶，以滤杯中间为圆心沿顺时针一圈一圈画圆。在冲泡时开始计时，15s将咖啡冲泡至30g，然后停止注水，闷蒸至25~35s间，观察粉层，没有气泡冒出，开始第二次注水。

第四步：第二次注水时与前面一样，以滤杯中间为圆心沿顺时针一圈一圈画圆，水流不要冲到咖啡粉与滤纸相连的地方，以免产生通道效应，咖啡粉冲到最外圈留出一圈即可。然后再一圈一圈往中间冲泡。

第五步：重复第四步，进行4~5次注水，至冲泡完成。

第六步：进行手冲的关键步骤——闷蒸。如果手冲最开始的步骤少了闷蒸，大量的热水将依循局部而少数的水道通过粉层，这样一来滴滤时间将拉长，可能导致过度萃取，因为萃取时间变长，溶解出的物质更多，味道可能较为酸涩刺激，或是满口杂味。然而，一旦能留意闷蒸的动作再开始正式注水，热水便能通过上述由咖啡粉均匀组成的过滤层，进而达到均匀萃取的目的。

（二）虹吸式咖啡冲煮法——享受气氛

虹吸式咖啡壶又称为塞风壶，因为它是利用蒸汽压力的原理，所以又叫蒸汽式咖啡壶。它是最常见的咖啡制作方法，主要适用于单品咖啡。由英国海洋工程师罗珀奈华尔1840年创制，至20世纪初，演变成现在的形式，之后由美国传到日本。虹吸式咖啡壶需要较高的技术性，以及较烦琐的程序，在如今分秒必争的工商社会里有逐渐式微的趋势，但是虹吸式咖啡壶煮出的咖啡，其香醇是一般以机器冲泡的研磨咖啡所不能比拟的。

（1）准备器具：虹吸壶、酒精灯或瓦斯灯、滤布、大咖啡杯1套、咖啡匙1个、量豆匙、磨豆机。

（2）适用咖啡豆：浅度烘焙至深度烘焙咖啡豆。

（3）咖啡粉用量及研磨度：咖啡豆15g/杯，研磨程度：中度。

（4）水量：热水200mL。

（5）操作步骤：

第一步：检查虹吸壶上、下壶及过滤器，滤布是否完好，计时器、搅拌棒、咖啡量勺是否齐全。

第二步：采用纯净水，按照虹吸壶下壶上的刻度来加水。

第三步：将磨好的咖啡粉倒入虹吸壶上壶，并轻拍，使得咖啡粉表面平坦。

第四步：使过滤器拉钩垂直向下，安装在上壶中心位置并且构筑玻璃导管。

第五步：用布擦干虹吸壶上/下壶外部的水珠。咖啡杯加入热水或者放在温杯器上进行温杯。点燃酒精灯，将虹吸壶放在火上。

第六步：当水加热至小气泡冒出时，将虹吸壶上壶插入水中。水升至上壶翻腾时，关小火，计时与搅拌同时进行，顺时针搅拌5~6圈。经过30s后，将木搅棒插入咖啡的2/3处进行第二次搅拌。（除蓝山咖啡、夏威夷咖啡可加热40~50s关火外，其他咖啡均加热60s关火）

第七步：先将下壶的压力释放，再将上壶摇晃取下。将咖啡倒入咖啡杯中的八分满，附上咖啡匙、奶粒和糖包等。

第八步：虹吸式咖啡冲煮时请注意：下壶内的水最好是开水，可节省煮沸时间；下壶一定要用干毛巾擦干，不能有水滴；控制好冲煮时间，勿超过时间太久。

（三）意式咖啡的冲调——最意式的浓情

浓缩咖啡机起源于意大利咖啡机，用高压、快速的冲煮方法，只需要20多秒的时间，就可以将细磨、重度烘焙的咖啡粉调制成香浓可口的Espresso，并充分使咖啡豆中的油脂、胶质乳化出来，在杯中形成独特的深黄色。搭配使用的蒸汽管，还可以打出奶泡，做出像拉花、卡布奇诺的意大利花式咖啡，变化丰富。

（1）准备器具：意大利咖啡机、压板、咖啡粉、水。

（2）适用咖啡豆：深度烘焙咖啡豆，单品或综合豆。

（3）咖啡粉用量及研磨度：咖啡粉14g，研磨程度较细。

（4）水量：60mL。

（5）操作步骤：

第一步：打开电源开关，待红灯熄灭后开始加热。暖机时间为30min左右，观察蒸汽压力表，指针指到60~80kPa时，咖啡机暖机结束。

第二步：将咖啡机手柄放在咖啡出口处，将磨豆机刻度调至细磨；将咖啡磨好后装入咖啡机手柄中。

第三步：用镇压器将咖啡粉压实，使咖啡粉分布均匀平整，这样才能萃取均匀。

第四步：镇压后，咖啡冲泡头处与机器正面呈90°。

第五步：立即按下相应的按钮，萃取咖啡。

第六步：浓缩咖啡的评定标准：咖啡液和油脂的比例应为2∶1，即咖啡为1，油脂为0.5；优质的Espresso油脂应是金黄色，且颜色均匀细腻；油脂必须紧密、细腻，一般要求持续1min以上；敲出的咖啡渣应是完整的一块渣饼。

五、民宿创意咖啡产品

原创的咖啡产品是展示和宣传民宿内涵的最佳内容，是旅游者乐于分享的休闲时光，所以民宿经营者可以从创意上好好研制咖啡产品,加之精心烘焙的民宿原创点心,烘托出整个民宿的休闲氛围,使之成为民宿的延伸形象。下面介绍几种创意咖啡的制作,希望能为民宿经营者带来一些创意参考。

(一) 柠檬皇家咖啡

(1) 材料:意大利热咖啡8分量、柠檬1个、白兰地30mL。

(2) 用杯:咖啡杯150~180mL,附咖啡匙、奶油球、糖包。

(3) 做法:

第一步:将柠檬的皮切成螺旋状,用小夹子拉在杯口。

第二步:杯中倒入热咖啡约8分量,柠檬的皮上倒入白兰地,立刻点火将柠檬皮放入杯中。

第三步:附上糖包、奶油球就可以上桌,享用前再将柠檬皮取出。操作时,请特别注意,柠檬皮切绿色的部分即可,顺着切成螺旋状。将白兰地倒下去后立刻点火,会有蓝色火焰,使用喷火枪较为方便。

(二) 拿铁跳舞咖啡

(1) 材料:意大利热咖啡4分量、鲜奶4分量、奶泡2分量。

(2) 用杯:有把手的爱尔兰咖啡杯250mL,附长汤匙、冰糖包。

(3) 做法:

第一步:用奶泡壶先加热鲜奶至60~65℃,倒入杯中4分量。

第二步:将打好的奶泡,挖入杯中至6分量。

第三步:从正中央上面慢慢倒入黑浓意大利咖啡到杯子的8分量,咖啡会在鲜奶及奶泡中间,形成上下波动的状态,所以叫跳舞咖啡。

(三) 抹茶咖啡

(1) 材料:曼巴咖啡8分量、蜂蜜15mL、绿茶粉1茶匙、鲜奶油适量。

(2) 用杯:精致咖啡杯150~180mL,附咖啡匙、糖包。

(3) 做法:

第一步:杯中倒入曼巴咖啡8分量,加入蜂蜜、绿茶粉。

第二步:将鲜奶油以冰淇淋挖球器挖成球状,上面再撒一些绿茶粉就可以上桌享用。

(四) 玫瑰咖啡

(1) 材料:曼巴咖啡8分量、玫瑰香蜜15mL、鲜奶油适量、干玫瑰花。

(2) 用杯:精致咖啡杯150~180mL,附咖啡匙、糖包。

(3) 做法:

第一步：曼巴咖啡倒入杯中8分量，加入玫瑰香蜜。

第二步：挤上鲜奶油，再放上鲜奶油做成的玫瑰花。

第三步：以干玫瑰花装饰就完成了。

（五）蓝带香浓咖啡

（1）材料：炭烧热咖啡8分量、蓝柑橘酒15mL、鲜奶油适量、咖啡豆3粒、糖粉少许、蜂蜜10mL。

（2）用杯：咖啡杯150~180mL，附咖啡匙、糖粉或蜂蜜。

（3）做法：

第一步：加入热咖啡8分量，倒入蓝柑橘酒。

第二步：挤上一层鲜奶油，放上炭烧咖啡豆。

（六）罗马假期咖啡

（1）材料：意大利热咖啡8分量、棕可可酒10mL、水蜜桃酒10mL、鲜奶油适量、水蜜桃丁少许。

（2）用杯：咖啡杯150~180mL，附咖啡匙、糖包。

（3）做法：

第一步：倒入热咖啡约8分量，加入棕可可酒、水蜜桃酒。

第二步：挤上一层鲜奶油花，撒上一些水蜜桃丁。

【拓展阅读】

民宿各式咖啡的服务要点

1. 浓缩咖啡

浓缩咖啡（Espresso）是一种具有强烈口感的咖啡类型，发明及发展于意大利，由短时间高压冲煮而成，将咖啡的风味浓缩后，口感尤为强烈。服务要点：采用意大利咖啡粉，研磨要细，为防止咖啡粉往上冲出，可于咖啡粉上多放一层滤纸，切记：咖啡粉的分量足够才浓郁。

2. 美式咖啡

美式咖啡（Americano）是使用滴滤式咖啡壶所制作的黑咖啡，又或者是意式浓缩中加入大量的水制成，口味比较淡。因为萃取的时间相对较长（大概四五分钟），所以咖啡因含量较高。煮好的咖啡会立即开始失去最好的味道，所以只煮要用的分量。

3. 玛奇朵

玛奇朵（Machiatto）在意大利文里是"烙印、印记"的意思，焦糖玛奇朵象征着甜蜜

㊀ $1oz = 29.57353 cm^3$。

的印记。用 7g 意式咖啡粉萃取出 10z⊖ 浓缩咖啡，倒入咖啡杯中，将冰鲜奶和香草果露倒入发泡钢杯中，用咖啡机蒸汽管加热，并使其发泡用汤匙盛起奶泡，覆盖在咖啡表面，并挤上焦糖酱装饰即可。

4. 康宝蓝

意大利语中，Con 是搅拌，Panna 是生奶油，康宝蓝（Espresso Con Panna）即意式浓缩咖啡加上鲜奶油。康宝蓝用 7g 意式咖啡粉萃取 10z 浓缩咖啡，倒入咖啡杯中，在咖啡上发泡鲜奶油装饰即可。康宝蓝的特色在于它的三层口感——奶油的香甜、咖啡的香醇、糖浆的甜蜜，同时冰奶油也与刚刚萃取的浓缩形成了冰火两重天的口感。

5. 拿铁咖啡

"拿铁"是意大利文"Latte"的译音，拿铁咖啡（Caffè Latte）是咖啡与牛奶交融的极致之作。拿铁是由一小杯浓缩和一杯牛奶制作而成（150~200mL）。与卡布奇诺一样，拿铁因为含有大量牛奶，适合在早餐时饮用，比卡布奇诺多了鲜奶味道，味道也更香醇。要在新鲜出炉的热意大利浓缩咖啡中加入接近沸腾的温热牛奶，牛奶成分可依口味、心情而定。

6. 摩卡咖啡

摩卡咖啡（Cafe Mocha）是一种最古老的咖啡，得名于著名的摩卡港，它是由意大利浓缩咖啡、巧克力酱、鲜奶油和牛奶混合而成的。摩卡通常是由 1/3 的意式浓缩和 2/3 的奶泡配成，再加入少许巧克力。顺着同一方向将咖啡与巧克力酱搅拌均匀，使巧克力酱完全融入咖啡里，并以螺旋形式由外到内加入鲜奶油，并让鲜奶油略微高出杯口。

7. 卡布奇诺

卡布奇诺（Cappuccino）是一种以同量的意大利特浓咖啡和蒸汽泡沫牛奶相混合的意大利咖啡，此时咖啡的颜色就像卡布奇诺教会的修士在深褐色的外衣上覆上一条头巾一样，咖啡因此得名。卡布奇诺分为干和湿两种。干卡布奇诺（Dry Cappuccino）是指奶泡较多、牛奶较少的调理法，喝起来咖啡味浓过奶香，适合重口味者饮用。湿卡布奇诺（Wet Cappuccino）则指奶泡较少、牛奶量较多的做法，奶香盖过浓呛的咖啡味，适合口味清淡者。

8. 白咖啡

白咖啡（Flat White）是马来西亚的土特产，约有 100 多年的历史。白咖啡采用特级脱脂奶精原料将咖啡的苦酸和咖啡因含量降到最低，不伤胃，口感丝滑，香浓，不带一丝苦涩。冲泡水温应当保持在 85~90℃，冲泡后即可饮用。同时也可加冰饮、热饮或冰镇。

9. 布雷卫/半拿铁

"Breve"是意大利文，意指短暂，半拿铁（Cafe Breve）咖啡加入的是半牛奶、半奶油的混合物，有时也会加入少量奶泡。比例、口感与拿铁非常类似，但半拿铁的牛奶混合鲜奶油蒸煮，更为浓密的奶泡会让人误以为是甜点。

（资料来源：作者根据相关资料整理。）

第六节　民宿鸡尾酒服务管理

一、鸡尾酒历程

广义上的鸡尾酒是指含酒精的混合饮料。美国《平衡》杂志中写道：鸡尾酒是一种由烈酒、糖、水或冰块、苦味酒混合而成的提神饮料。美国《韦氏词典》这样解释：鸡尾酒是一种量少而冰镇的酒，以烈酒、葡萄酒为基酒，再配以其他辅料（如果汁、鸡蛋、苦酒、糖等）用搅拌或摇晃调制而成，最后饰以柠檬片或薄荷叶。

鸡尾酒的最初萌芽可追溯至古埃及，当时埃及人已经会酿造啤酒。古代的酒原始且粗糙，非常难以入口。于是有些埃及人在啤酒中添加些蜂蜜或椰枣汁来饮用，使酒美味可口，这应该算是鸡尾酒的最初形式。

鸡尾酒的真正出现应该是在1806年5月13日美国发行的一本杂志上："鸡尾酒是一种由任意种类的烈酒、糖水和苦酒构成，具有刺激作用的酒类。"

二、民宿与鸡尾酒的融合

（一）民宿餐饮的亮点

鸡尾酒本身就具有独创性的特点，民宿经营者可以根据自己民宿的特色独创一款鸡尾酒，如"浪漫邂逅""爱在旅途"等，给旅游者在休闲旅游的过程中增添一抹独特的审美想象空间。民宿的休闲和体验功能与鸡尾酒这类产品的可创造性和文化创意性完美地融合，成为民宿餐饮经营的亮点，图6-8为丽江见微民宿为客人提供的鸡尾酒产品。

图6-8　丽江见微民宿为客人提供的鸡尾酒产品

（二）设计民宿体验活动

互动体验是今天民宿产品服务设计的"重头戏"。鸡尾酒会具有互动、社交等多重娱乐属性，能够与民宿的公共空间属性和旅游者的互动需求很好地结合。喜欢活跃气氛的民宿经营者可以根据民宿所在地的节庆、习俗、纪念日等举办有创意的鸡尾酒会，给入住的旅游者创造难忘的旅途记忆。

（三）中外旅游者的互动纽带

旅游活动的本质是跨文化的体验。民宿创造了文化体验的空间，而鸡尾酒可以成为这个空间跨文化体验的载体。中外旅游者能够借助鸡尾酒的形式进行互动交流，增进彼此的理解和文化认同。鸡尾酒这种西方饮品同样可以承载东方文化审美，在一方小小的民宿缔结一条中外旅游者的互动纽带。

三、民宿鸡尾酒的制作与服务

（一）鸡尾酒的主料——六大基酒与利口酒

六大基酒是指伏特加（Vodka）、朗姆酒（Rum）、金酒（Gin）、龙舌兰（Tequila）、威士忌（Whiskey）、白兰地（Brandy）。

伏特加因为酒液透明无色，又名为"钻石酒"，酒精含量介于35%～50%，酿造原料最常见的是马铃薯、黑麦或小麦，经过蒸馏后反复精炼而成，在制作过程中，过滤的次数越多，品质越上乘，市面上品质较佳的伏特加至少都经过三次以上的蒸馏，再用活性炭过滤。

朗姆酒又名"糖酒"，带有醇厚的甜腻果香或甘蔗焦香，非常适合调制具有热带风情的水果类调酒，主要产地是牙买加、古巴、墨西哥、巴西等热带地区。

金酒是由谷物发酵，并增添多种香料蒸馏制成，由于主要调味香料为杜松子，故又名为"杜松子酒"，较常见的金酒有荷兰金酒（Dutch Gin）和英国的伦敦金酒（London Dry Gin）。"Dry"是指口感倾向不甜之意。金酒酒液无色，气味清香，可单饮也适合调酒，故被誉为"六大基酒之首"。

龙舌兰以其原料龙舌兰为名，是原产自墨西哥的植物，茎部富含水分及糖分，故被用来发酵酿酒，也因为它独特的植物香气，适合调配成口感浓厚的调酒，或用独特的 Shot 喝法饮用，先抿一口盐巴，将龙舌兰酒一饮而尽后，再含食柠檬片，别有一番风味。

"威士忌"一词源自苏格兰语，是"生命之水"之意，是所有以谷物为原料，并经过陈年工序（在橡木桶中成熟）所制造出来的蒸馏酒之通称，口感独特鲜明，在调配中容易与其他副材料冲突，以威士忌为基酒的调酒并不多，主要还是以纯饮为主。

"白兰地"一词源自荷兰文，意思是"可燃烧的酒"，大多以葡萄酒为原料酿造而成，广义而言，只要是以果酒为基底，加以蒸馏制成的酒，都可以称为白兰地。白兰地酒液带有甜甜的水果香气，又被称为"葡萄酒的灵魂"，本是无色，在橡木桶储藏过程中会逐渐陈化成琥珀色。

（二）鸡尾酒的辅料

鸡尾酒的辅料是鸡尾酒调味、调香、调色彩的总称。它们能与基酒充分混合，降低基酒的酒精含量，缓冲基酒的刺激感。其中调香、调色材料使鸡尾酒有了色、香、味等俱佳的艺术化特征，从而使鸡尾酒的色彩瑰丽灿烂，风情万种。辅料的成本相对较低，但是也要求品质与价格并重,因为辅料用量较大。

1. 冰块

冰块是调制鸡尾酒不可缺少的重要角色。冰块可用于冰镇鸡尾酒,也可用于调制富拉贝、冰镇类鸡尾酒,用途非常广泛。调制鸡尾酒用的冰块不同于用冰箱制作的普通冰块,冰块大小和形状不同,使用方法和制作方法也不同。同玻璃杯一样,冰块与鸡尾酒的搭配也至关重要,因此事先应该记住鸡尾酒用冰块的特性、种类和用途。并不是一般家庭制作的冰块都适合于调制鸡尾酒。如果家庭制作冰块,最好使用煮沸的矿泉水,这样调制出来的鸡尾酒才不会有漂白粉味。冰块能够左右鸡尾酒的味道,比如有漂白粉味道的冰块调制的鸡尾酒就带有漂白粉的味道。适合于调制鸡尾酒的冰块第一条件必须坚硬透明,有气泡的冰块质地很软,放入鸡尾酒后很快就融化。

2. 软饮料

软饮料在鸡尾酒调制中至关重要,它给鸡尾酒调制带来了无限的想象空间。在酒中掺兑软饮料,可以降低酒精浓度,增加口感。可以利用冰箱中现有的饮料,不必特意购买,通常使用苏打水、橙汁、柠檬汁等。果汁现榨的更好,如果没有,可使用瓶装果汁。

3. 香料与糖浆

香料对鸡尾酒的味道有画龙点睛的作用,但是很多人都忽视这一点,配方中即使有香料也不添加。鸡尾酒的调制过程中必须添加香料,经常使用的香料有肉豆蔻粉和薄荷。有了这两种香料,鸡尾酒的调制方法也就变得繁多起来。糖浆可以增添鸡尾酒的甜味、香气和色彩,使用最多的为石榴糖浆。如果没有石榴糖浆,那么几乎无法调制甜味的鸡尾酒,因此最好准备些。

砂糖:鸡尾酒中使用最广泛的为白糖浆,但是也常选方糖或白砂糖,用于装饰。

盐:用于盐边类鸡尾酒。很多人选用岩盐,其实一般家庭用精盐即可。

生奶油:通常是指乳脂含量超过18%的奶油,一般鸡尾酒调制中使用的生奶油为乳脂含量超过45%的重奶油,如果没有,可以用18%~25%的咖啡奶油代替。

4. 蔬菜和水果

调制鸡尾酒时,使用不同的蔬菜和水果,会令鸡尾酒的外观精彩纷呈。蔬菜的使用主要在于装饰,而不是入味。芹菜或黄瓜可取代长勺,用于使用番茄汁调制的鸡尾酒。水果除切碎或榨汁用于增添口味外,还可用作装饰物增加鸡尾酒的华丽外表。其中,尤以柠檬、橙子、菠萝最常饰于鸡尾酒。调酒者可熟练地选择季节性水果。水果用于鸡尾酒装饰时,正确喝法是一边咀嚼水果,一边啜饮鸡尾酒。

5. 其他配料

除上述介绍的冰块、软饮料、香料与糖浆、蔬菜和水果外,鸡尾酒的配料还有很多种,主要用于装饰鸡尾酒的外观，或使鸡尾酒的口味圆润顺滑。虽然不是主材料，但是却可使鸡尾酒的外观和味道更加诱人。

（三）鸡尾酒的基本调制方法

调制鸡尾酒有 6 种最基本的技法，民宿中的鸡尾酒制作者如果熟悉了以下 6 种技法，就基本掌握了大部分鸡尾酒的调制方法。

1. 摇和法

摇和（Shaking）即摇晃，将材料和冰放入调酒壶中，通过摇晃使材料相互混合均匀。使用这种调制方法，材料很快就能混合均匀，而且饮品温度极低，很多鸡尾酒都是由摇和法调制的。另外，由于摇动时材料溶解了调酒壶中的空气，调制出的鸡尾酒口感非常柔和。摇和法适用于酒精度高的基酒。

摇和时需要的用具：量酒杯、调酒壶。

第一步：调酒壶内的水分控净后，将材料和冰放入调酒壶内，冰一般为调酒壶的 4/5。

第二步：扣上滤冰器，盖上盖。

第三步：调酒壶抱于左胸前。

第四步：向斜上方摇出。

第五步：拉回胸前。

第六步：向斜下方摇出（再拉回胸前，重复 4~6 次）。

第七步：打开调酒壶盖，右手食指和拇指按住滤冰器，左手按住鸡尾酒杯底，将调酒壶中的酒缓缓注入鸡尾酒杯中。

2. 调和法

调和（Stirring）即搅拌，将材料和冰放入调酒杯内，用调酒匙搅动均匀。使用这种调制方法可以保持原料的原汁原味，此方法常用于不宜用摇和法调制的葡萄酒等材料。代表性鸡尾酒有马提尼、曼哈顿等。

调和时需要的用具：量酒杯、调酒匙、滤冰器、调酒杯。

第一步：将材料和冰（冰一般为调酒器的 3/5）放入调酒杯中。

第二步：左手把持住调酒器底部，右手拿住调酒匙，调酒匙背部紧贴住调酒器的内侧，注意不要发出声音。

第三步：调酒匙贴着调酒器内侧，快速抖手腕，搅动 15~16 周。

第四步：用滤冰器扣住调酒器，右手食指按住滤冰器，将调酒器内的酒注入鸡尾酒杯中，同时左手按住鸡尾酒杯底部，防止酒杯倾倒。

3. 搅拌法

搅拌（Blending）即将材料放入酒吧搅拌机打匀。调制冰霜状（冰镇型）鸡尾酒或使用水果制作新鲜果汁时就用这种方法。在国外的聚会场合，一次调制大量鸡尾酒时也采用这种方法。碎冰的分量一般为一人一平底酒杯。若将碎冰加入酒吧搅拌机，则碎冰的分量为酒吧搅拌器容积的约 4/5。可根据调制结果确定是否需要添加碎冰（如果搅拌得太碎，可适量调节）。

搅拌时需要的用具：调酒匙、量杯、酒吧搅拌机。

第一步：将材料放入酒吧搅拌器中（水果或冰必须事先弄成小块），再加入碎冰。

第二步：盖上盖子，插上电源。

第三步：直到酒吧搅拌器内不再发出嘎吱嘎吱声，而发出均匀的嗡嗡声时，关上电源。

第四步：打开盖子，检查是否调好。

第五步：取下酒吧搅拌机的杯子部分，用调酒匙将酒盛入鸡尾酒杯中。

4. 注入法

注入（Building）既不用调酒壶也不用调酒器，而是直接将材料注入鸡尾酒杯中轻轻搅拌。注入法中具有代表性的鸡尾酒为汤姆·考林斯。使用这种调酒法的材料必须是非常容易混合的，如苏打水等碳酸类材料。碳酸类材料不能使用调酒壶，因为用调和法会使气体迅速逸出，用注入法最合宜。

注入时需要的用具：量酒杯、调酒匙。

第一步：将冰镇后的材料和冰放入事先冰镇好的鸡尾酒杯中（使用注入法时必须事先冰镇材料和鸡尾酒杯）。

第二步：左手扶着鸡尾酒杯，右手用调酒匙搅动（使用碳酸类材料时，为防止气体大量逸出，搅动 1~2 圈即可）。

5. 分层法

分层（Layering）法又称"漂浮法"。将酒按不同的密度缓慢倒入杯内，形成层次。制作时注意密度最大的酒在下层，倒酒时要沿着杯壁缓慢倒入。

6. 捣碎法

捣碎（Mudding）法是使用捣碎棒将原料捣碎或挤压（果蔬类），使其汁液流出，再加入所需烈酒或软饮料调配而成。

（四）鸡尾酒的装饰

美丽如鸡尾酒，也需要散发自然气息的水果来映衬它的魅力，鸡尾酒的杯饰等装饰物是鸡尾酒的重要组成部分。装饰物的巧妙运用，可有画龙点睛般的效果，使一杯平淡单调的鸡尾酒旋即鲜活生动起来。一杯经过精心装饰的鸡尾酒，不仅能使自然生机焕发于杯盏之间，也可成为鸡尾酒的典型。

对于经典的鸡尾酒，其装饰物的构成和制作方法是约定俗成的，应保持原貌，不得随意改变。而对创新的鸡尾酒，装饰物的修饰和雕琢则不受限制，调酒师可充分发挥想象力和创造力。而对于不需要做装饰的鸡尾酒品，加以赘饰则会破坏酒品的意境。

1. 常用的装饰材料

（1）果品类。果品类中常用的有车厘子（红、绿等色）、橄榄（青、黑等色）、珍珠洋葱（细小如指尖、圆形透明）。

（2）鲜水果类。鲜水果类是鸡尾酒装饰最常用的原料，如橙子、柠檬、青柠、菠萝、苹果、香蕉、蜜桃、杨桃等。根据鸡尾酒装饰的要求，可将水果切成片状、皮状、角状、块状等进行装饰。有些水果挖空果肉后，还是天然的盛载鸡尾酒的器皿，如椰壳、菠萝壳等。

（3）蔬果类。蔬果类装饰材料常见的有西芹条、新鲜黄瓜条、红萝卜条等。

（4）花草绿叶类。花草绿叶的装饰使鸡尾酒洋溢着自然和生机，令人倍感活力。花草绿叶的选用以小型花序和小圆叶为主，常见的有新鲜薄荷叶、兰花等。花草绿叶的选择应清洁卫生、无毒无害，不能有强烈的香味和刺激性味道。

2. 装饰用具

（1）鸡尾酒签（Cocktail Picks）。常见的鸡尾酒签即普通的酒签。可将不同的原料组合在一起，调酒用的主要有各种造型的花色酒签，如伞签、水果造型酒签、动物造型签等。

（2）调酒棒（Stirrer）。调酒棒放在饮料杯中，既可让客人自己搅拌饮料，又可起装饰点缀作用。常见的多是塑料制品，造型多种多样。

（3）吸管（Straw）。鸡尾酒中的吸管多是塑料吸管，插在已制作好的鸡尾酒中，方便客人饮用。现在吸管造型花色丰富多彩，为鸡尾酒增色不少。

3. 鸡尾酒装饰基本规律

（1）应当按配方要求装饰，保持传统习惯，搭配固定的装饰物，特别是对于一些经典流行的鸡尾酒更是如此。

（2）要考虑装饰物的大小和酒杯是否相协调，并且出于成本考虑，鸡尾酒的装饰尽量简单、简洁。

（3）依照酒品原味，选择与其相协调的装饰物。

（4）象征性的造型更能突出主题。

（5）利用色泽搭配表达情意。

（6）装饰物应增加鸡尾酒的特色，使酒品特色更加突出。

（7）依照鸡尾酒液体透明度选择装饰的位置。

（8）当装饰则装饰，切忌画蛇添足。

对于民宿中的鸡尾酒制作者来讲，装饰是一种创意，是一种情感的寄托，也是一门艺术。在这一项有趣的工作中，你可以充分发挥想象力和才智，利用灵巧的双手，创造出属于自己的个性化装饰。

四、民宿鸡尾酒的创作

创作设计一款新型鸡尾酒，对有经验的民宿调酒师来说是一件很容易的事情。因为鸡尾酒是一种随机性很强的混合饮料，调酒师只要把选用的原料，按照鸡尾酒调制的基本规律和程序，借助自己的审美意识和饮食习惯，便完全可以自由发挥，设计出一款独特的创新鸡尾酒。

（一）鸡尾酒创作的基本要素

民宿中鸡尾酒的创作过程实际是一件艺术品的创造过程。在设计创作之前，应当先明确和考虑以下几个方面。

1. 鸡尾酒创作的目的

民宿经营者在创作设计鸡尾酒时一般都包含着两种目的：一种是自我感情的宣泄；另一种是刺激消费。

2. 鸡尾酒创作的创意

创意，是人们根据需要而形成的设计意念。意念，是一款新型鸡尾酒设计的思想内涵和灵魂。鸡尾酒创意对能否创作出具有非凡艺术感染力的作品有重大的影响，创意一定要新颖，思路一定要清楚，并善于思考和挖掘，善于想象，不断形成新的意念。

3. 鸡尾酒创作的个性与特点

鸡尾酒创作要突出个性、突出特点，一杯好鸡尾酒的调制需要多方面相互作用。民宿经营者的个性差异巨大。虽然在设计新款鸡尾酒时，所面对的材料是有限的，但一旦通过人的设计，便可在调制过程中分类组合设计出款款不同的鸡尾酒。

4. 创造的联想

一款鸡尾酒的设计，要通过色彩、形体、嗅觉、口感为媒介，表现设计者心中的各种情感，如果失去创造的联想，也就丧失了鸡尾酒的价值。饮一杯"彩虹鸡尾酒"，便会联想到色彩绚丽的舞衣、舞台上旋转的舞步。

（二）设计寻求的层面

1. 时间层面

时间丰富人生、充实季节、编织年轮。时间层面为新款鸡尾酒的设计带来取之不尽的素材与灵感。

2. 空间层面

空间给我们无限的遐想，结构、材料构成空间，色彩体现空间，人的心灵只有在空间中任意飞翔，才可能真正体会空间中的天、地、日、月、朝、暮、风、云、雨、露，从而设计出体现空间美的鸡尾酒。

3. 博物层面

世界万物都有其美丽、神奇的方面，无论是日、月、水、土，还是风、霜、雨、雪；无论是绿草，还是鲜花。对万千事物的各种理解，都可以赋予鸡尾酒设计者以美丽、神奇的联想，从而创造出独具魅力的新款鸡尾酒。

4. 典故层面

精彩的典故，仅凭只言片语，就能形象地点明历史事件，揭示出耐人寻味的人生哲理。典故会形成鸡尾酒内涵丰富的意念。国外也多运用这种手法。例如，"自由古巴"这款鸡尾酒，就是源于古巴挣脱西班牙统治、争取独立时的口号"自由古巴万岁"这样一个典故。另外，调酒师还可以从诸如人物、文字、历史、军事、伦理等一系列侧面去展开联想，创作鸡尾酒。

【拓展阅读】

经典鸡尾酒的来历与调制方法

1. 干马提尼（Dry Martini）——鸡尾酒之王

马提尼（Martini）被称为"鸡尾酒中最佳杰作""鸡尾酒之王"。马提尼酒的原型是杜松子酒加某种酒，最早以甜味为主，先用苦艾酒为副材料。

配料：50mL金酒，10mL干苦艾酒。

调制方法：将金酒和苦艾酒混合冰块后放入摇杯中摇匀，然后倒入鸡尾酒碟中，最后用一颗橄榄点缀。

2. 曼哈顿（Manhattan）——鸡尾酒皇后

人们更倾向于认为曼哈顿是英国已故首相丘吉尔的母亲珍妮杰罗姆发明的，她是纽约社交圈的知名人物。据说，她在曼哈顿俱乐部为自己支持的总统候选人举行宴会，用自己发明的这款鸡尾酒来招待客人。

这款鸡尾酒所使用的基酒黑麦威士忌为美国历史最悠久的威士忌，调制这款鸡尾酒时最好选用美国威士忌或加拿大威士忌，这款鸡尾酒香味浓馥、甘甜可口，适于女性饮用，但是注意其酒精度也很高。

配料：40mL加拿大威士忌，20mL味美思酒，2shot①安格斯特拉苦酒（用龙胆和苦橙制成的一种苦味利口酒）。

调制方法：将所有配料倒入一个装有冰块的玻璃杯中，搅拌均匀后倒入鸡尾酒碟，最后加入一颗樱桃点缀。

---

① shot是一种量酒的单位，一般1shot容量通常为1盎司，约为30mL。

3. 玛格丽特（Margarita）——见证爱情的 Tequila 经典

1949 年，美国举行全国鸡尾酒大赛。一位洛杉矶的酒吧调酒师 Jean Durasa 参赛。之所以命名为 Margarita Cocktail，是纪念他的已故恋人玛格丽特。1926 年，Jean Durasa 去墨西哥与玛格丽特相恋，墨西哥成了他们的浪漫之地。然而，有一次两人去野外打猎时，玛格丽特中了流弹，最后倒在恋人的怀中，永远离开了。于是 Jean Durasa 就用墨西哥的国酒 Tequila 为鸡尾酒的基酒，用柠檬汁的酸味代表心中的酸楚，用盐霜意喻怀念的泪水。这款鸡尾酒完美地融合了 Tequila 的传统喝法和创作者的情怀，成为大赛的冠军之作。

配料：30mL 龙舌兰酒，15mL 白色君度橙酒，15mL 酸橙汁，食盐、柠檬适量。

调制方法：取一个鸡尾酒碟，将杯子置于冰箱内冰冻后取出，倒扣于盐上旋转几次，使其沿口沾上一层"盐霜"，将 3 种配料加冰块后倒入摇杯内摇匀，倒入鸡尾酒碟后上桌。

4. 新加坡司令（Singapore Sling）——重现新加坡瑰丽的夕阳

Sling 是鸡尾酒的一种类型，一般认为源于德语的"Schlingen"，意思是"喝进去"，它是一款被英国小说家威廉·萨默塞特·毛姆称赞为"东洋之神秘"的新加坡莱佛士酒店于 1915 年制作的鸡尾酒。莱佛士酒店是新加坡一家以传统风格著称的世界顶级酒店，自 1920 年起，毛姆有 4 年时间在这家酒店度过，在这家酒店的窗边，可以眺望新加坡的晚霞，当然旁边还有另外一个"晚霞"——新加坡司令酒。这款鸡尾酒诞生后，马上就成为这家酒店的金字招牌。

配料：40mL 金酒，20mL 樱桃白兰地，30mL 柠檬汁，10mL 石榴汁，1shot 安格斯特拉苦酒，冰镇苏打水。

调制方法：将苏打水以外的所有配料加冰块后倒入摇杯内摇匀，接着倒入一个芬西玻璃杯中，并加入冰镇苏打水直到杯口，最后用一颗樱桃、一片菠萝点缀。

5. 血腥玛丽（Bloody Mary）——残暴诡异的女王

16 世纪中叶，英格兰的女王玛丽一世当政，她为了复兴天主教而迫害一大批新教教徒，人们称她为"血玛丽"。在 1920 年—1930 年的美国禁酒法实施期间，酒吧创造了这款通红的鸡尾酒，就用"血腥玛丽"给它命名。

配料：50mL 伏特加，10mL 柠檬汁，鲜磨的胡椒粒、盐，2shot 塔巴斯科辣椒酱（Tabasco）少司，4shot 伍斯特少司，120mL 番茄汁。

调制方法：取一个长饮杯，加入适量冰块，并将除番茄汁以外的配料尽数倒入，适当搅拌，接着倒入番茄汁至杯满，再次搅拌，最后用芹菜梗或一个整虾点缀。

6. 红粉佳人（Pink Lady）——优雅大方的女士

1912 年，英国伦敦上演了一出叫作粉红色女士的短剧，在短剧的首场演出庆祝宴会上，人们特意为女主角海泽尔·多思创作了一款叫作 pink lady 的鸡尾酒，于是 pink lady 鸡尾酒开始流行。1944 年，在美国百老汇生日快乐的短剧中，女演员海伦·黑斯喝了 pink lady 鸡尾酒后，在台上大展舞姿，自此 pink lady 鸡尾酒便风靡世界，成为每个酒吧调酒师重点推销的鸡尾酒。

配方：金酒 30mL，柠檬汁 15mL，红石榴糖浆 7.5mL，蛋白一只。

调制方法：将所有配料加冰块倒入摇杯中，持久用力摇匀，倒入三角杯中，最后用红樱桃装饰。

7. 长岛冰茶（Long Island Iced Tea）——伪装成"冰茶"的辛辣酒款

长岛冰茶是在美国长岛诞生的一种烈性鸡尾酒，在日本登陆后迅速流行开来。1978 年一位美国调酒师最先调制出这款鸡尾酒。他发觉这款鸡尾酒的颜色非常接近茶水的颜色，所以取名长岛冰茶。以冰茶命名的烈性酒——Long Island Iced Tea 虽取名"冰茶"，却是在没有使用红茶的情况下调制出具有红茶色泽和口味的鸡尾酒。

配料：金酒 14mL，朗姆酒 14mL，伏特加酒 14mL，龙舌兰 14mL，白甜橙酒 14mL，酸甜汁 56ml，可乐适量，薄荷叶芽 1 枝、柠檬片 2~3 片。

调制方法：将以上材料依次倒入长满冰块的海波杯中，慢慢调和。用柠檬片和薄荷叶装饰。

8. 自由古巴（Cuba Libre）——体会古巴的自由和解放

古巴在很长一段时间都是西班牙的殖民地，在 1902 年，美国跟西班牙之间的战争快结束时，终于实现了独立，当时的暗语就是"Viva Cuba Libre"（自由古巴万岁），一名参加援助古巴独立的美军看到了同伴喝可口可乐时得出灵感，他将朗姆酒与可口可乐混合，并大声叫喊道："自由古巴万岁！"于是一款鸡尾酒诞生了。一个玻璃杯内，完美地融合了古巴产的朗姆酒和美国产的可口可乐，上演着一段古巴追求自由和解放的历史，这种香醇甜美的酒适合夏天，更适合酒量浅的人饮用。它有祛除疲劳、促进消化、促进新陈代谢的功效。

配料：朗姆酒 28mL，青柠汁 14mL，可乐适量，青柠角 2 个。

调制方法：将朗姆酒、青柠汁与冰放入洛克杯中；用冰镇的可口可乐注满，轻轻用搅棒搅匀，最后用青柠角装饰。

9. 贝里尼（Bellini）——文艺复兴时期的意大利名画

这款鸡尾酒由意大利北部威尼托特区首府威尼斯著名餐厅——哈里斯酒吧的经营者朱泽佩·奇普里亚尼在 1948 年设计，因当时举办文艺复兴时期的著名画家贝里尼画展而得名。贝里尼曾是一些名人雅士的挚爱，如埃尔诺·科沃德以及海明威。贝里尼酒将香槟酒和蜜桃甜酒完美地融合在一起。呈现粉红色，所以称之为粉红鸡尾酒，它的味道非常柔和，是很好的餐前酒。

配料：蜜桃甜酒 24mL，蜜桃果蓉 28mL，香槟适量，蜜桃片 1 片。

调制方法：将冰镇的蜜桃甜酒和蜜桃果蓉倒入香槟酒杯，终将冰镇的香槟注满后调匀，最后将蜜桃片装饰在香槟杯边上。

10. 莫吉托（Mojito）——海盗的浪漫饮品

莫吉托诞生于古巴革命时期的浪漫旧时代，或者更早。莫吉托确切的来源已无从考证，据说它起源于德拉盖（Draque），是一种海盗饮品。1830年，关于莫吉托原型的第一个典故证实了其古巴血统，在古巴裔西班牙诗人、短篇小说家、剧作家Ramón de Paima的小说中，一个角色说道："每天早上11点我都要喝一点德拉盖使我的精力充沛"。这不但诠释了这种酒的海盗血统，也显然说明莫吉托是早上饮用的酒品。

配料：白色朗姆酒45mL，砂糖2茶匙，青柠4块，薄荷叶6~8片。

调制方法：将青柠切块，薄荷、叶砂糖放入杯中用碾棒挤压捣碎，使其充分溶解混合，加入朗姆酒及碎冰，再加入少许苏打水，用搅拌长匙从上往下稍微搅一下，以青柠角和薄荷芽装饰，插入吸管即可。

（资料来源：作者根据相关资料整理。）

第七节 民宿烘焙服务管理

烘焙食品是指以粮油、糖、蛋等为原料基础，添加适量辅料，并通过和面、成型、焙烤等工序制成的口味多样、营养丰富的食品。越来越多的民宿在提供烘焙服务，民宿的旅游者们可以足不出户享受到优质的甜点，满足其味蕾的全部需求。

一、烘焙的基本知识

如何能够让民宿的烘焙食品获得旅游者们的芳心，民宿主要应从烘焙食品的色泽、香气、味、型四大方面做好功课，如图6-9所示。

图6-9 丽江棠棣园民宿为客人提供的烘焙产品

（一）食品中的色泽

食品中的色泽是鉴定食品质量的重要感观指标。食品色泽的成因主要来源于两个方面：①食物中原有的天然色素；②食品加工过程中配用的合成色素。

食品的着色料依据其来源可以分为天然色素和人工合成色素两大类。天然色素是从动物和植物等天然资源中获得的食用色素，是食品的天然成分，如姜黄素、叶绿素、甜菜红、

β-胡萝卜素等，使用起来更安全。人工合成色素在现代食品生产使用中是比较普遍的，人工合成色素具有色彩鲜艳、着色力强、性质稳定等特征。在民宿的烘焙中，需要严格地按照食品卫生标准，正确使用人工合成色素。

在食品的加工和熟制过程中，色泽的变化是一个极其复杂的过程，它与食品的组成成分、加热介质的性质、温度等因素都具有密切的关系。色泽的变化一般分为以下几种情况：①褐变是食品比较普通的一种变色现象。褐变是指当食品原料进行加工、储存等后，原料原来的色泽容易变暗或变褐色的现象，如蛋糕、面包等在烘烤过程中变成深色。②淀粉在不完全水解过程中会产生大量的糊精，糊精在高温焦化的作用下生成焦糊精，食品在烘烤的过程中便可产生棕红色或黄色。③食品本身含有天然色素，如花黄素、胡萝卜类色素等，在一定条件下可使食品颜色发生变化。④在加工过程中添加适量色素于原料中，用来调整成品的颜色。

（二）食品中的香气

香是烘焙食品风味的重要组成部分，香气是由多种挥发性的香味物质组成，食品中的香气有焙烤香、果香、乳香、甜香和肉香等。香味形成的途径一般分为以下几种情况。①生物合成，是由原料在生长成熟过程中天然产生的，或在后熟过程中形成的食品中的香气，如香蕉的香气在后期越发明显；②直接酶作用，是指活化食品原料中所含有的酶或加入的酶，使食品原料中的气味前驱物直接形成香气物质而生香，如蒜、葱等香气属于此类；③间接酶作用，是指食品在加工过程中，由于酶的作用形成一些中间物，并作用于香气前驱物而形成香气，如红茶等香气属于此类；④高温分解，多数食品在加热时都会产生诱人的香气。

（三）食品中的味

食品中的味是判断食品质量高低的重要依据，是由食品的可溶性物质溶于唾液或液体食品刺激舌面味蕾而产生的，包括咸味、酸味、甜味、苦味、辣味、涩味、鲜味等多种类型。从广义上讲，味觉是从看到食品，到食品从口腔进入消化道所引起的一系列感觉，在这个过程中，包括：进食环境和食物等给到人的心理味觉；食品的冷热、软硬等物理性状对口腔刺激的物理味觉；化学物质刺激味觉器官所引起的咸味、酸味、甜味、苦味、辣味等化学味觉。

人们对味觉的感受会受到诸如温度、浓度、溶解度等因素的影响。例如食品中物质的溶解度越高时，人们对于其味觉感受更明显；溶解度越低感受越弱。再如，不同温度下的食物给人们的感受是不一样的，当温度处于 10~40℃ 时最能刺激人的味觉，当温度处于低于 10℃ 或高于 40℃ 时，味觉则会减弱。

（四）食品中的形

民宿中的烘焙应做到给旅游者们色、香、味、形的全方位美好体验，食品中的形是其中不可缺少的部分。形的形成途径一般分为以下几种情况。①借助手工、模型、机械等成型方法；②食品初步成型后，进行进一步的加工创作，如几何图形等。

二、烘焙常用原料

"兵马未动，粮草先行"是比喻在做某件事情之前，提前做好准备工作。无论做什么事情，"粮草"都需要提前准备，只有这样才能做到"有备无患"。对于民宿中的烘焙服务来讲，烘焙常用原料和机器设备就是"粮草"，而"粮草"准备得是否充足，直接关系到民宿烘焙服务的水平和质量。

（一）高筋面粉

高筋面粉是指蛋白质含量平均为13.5%左右的面粉，通常蛋白质含量在11.5%以上就可叫作高筋面粉。高筋面粉颜色较深，本身较有活性且光滑，手抓不易成团状。因蛋白质含量高，所以筋度强，常用来制作具有弹性与嚼感的西点等，一般适用于制作面包。

（二）低筋面粉

低筋面粉是指水份13.8%、粗蛋白质9.5%以下的面粉，因低筋粉无筋力，制成的蛋糕特别松软，体积膨大，表面平整。通常用来制作蛋糕、饼干、小西饼点心、酥皮类点心等。

（三）细砂糖

细砂糖精制度高，颗粒大小适中，具有清爽的甜味，且容易跟其他材料均匀溶解，因此最适合做西点烘焙。

（四）糖粉（糖霜）

糖粉（糖霜）是指细砂糖磨成更细的粉末，适合口感更细致的点心。若在其中加入少许淀粉，可以作为蛋糕的装饰使用。

（五）动物奶油

动物奶油也叫淡奶油或稀奶油，是从全脂奶中分离得到的，有着天然的浓郁乳香。动物奶油中的脂肪含量为30%~38%。动物奶油水分多、油脂少，易化，制作裱花蛋糕后形状不易保持，室温下存放的时间稍长就会变软变形，需要在0~5℃冷藏保存。

（六）植物奶油

植物奶油又叫人造奶油、植脂奶油等，常被作为淡奶油的替代品，它创立于1945年的美国维益食品公司，是全球植脂奶油的创始者。植物奶油多是植物油氢化后，加入人工香料、防腐剂、色素及其他添加剂制成的。植物奶油由于不含乳脂成分，融点比动物奶油高，稳定性强，所以能做出各种花式，甚至还能制作各种立体造型，并且能在室温下保持1小时不融化。

（七）黄油

黄油是用牛奶加工出来的一种固态油脂，是把新鲜牛奶加以搅拌之后上层的浓稠状物体滤去部分水分之后的产物。其成分是乳脂肪，香气浓郁。一般西式烘焙，用黄油的情况很多，基本上用的都是无盐黄油。

（八）鸡蛋

鸡蛋是西点的主要材质，可提供产品水分、香味，有气泡，并能使其具有弹性的口感。鸡蛋中的蛋白经过搅打可使蛋糕体积膨大。蛋黄中的成分具有乳化作用，在烘烤面包时刷上一层全蛋液可以帮助面包表面美观并柔软。

（九）乳制品

乳制品在西点中具有使产品芳香及提供水分的作用，属于湿性材料。乳制品中含乳糖，可使烘焙产品的着色较快，增加产品的色泽。同时使面包香软可口，且有营养。乳制品是一种烘焙中常见的原料。

（十）泡打粉

泡打粉是一种复配膨松剂，由苏打粉添加酸性材料，并以玉米粉为填充剂制成的白色粉末，主要用于粮食制品之快速发酵。

（十一）小苏打粉

小苏打粉是用来使产品产生气泡，使产品有蓬松口感的一种无机盐，其酸碱值为碱性。

除了以上这十一种，还有香草豆、吉利丁片、可可粉、抹茶粉、玉米粉、塔塔粉、改良剂等烘焙常用原料。

三、烘焙常用机器设备

想要开展民宿的烘焙服务，除了上面讲到的常用原料外，机器设备也是其重要组成部分。烘焙常用机器设备种类繁多，烘焙烤箱、量秤、量勺、各式模具、打蛋器、橡皮刮刀、塑料刮板、面粉筛网、油纸、锡纸、毛刷、凉架、裱花嘴、裱花袋、蛋糕抹刀、裱花转台等，都是必不可少的。

四、烘焙常见产品

烘焙服务在民宿中越来越流行，烘焙常见产品也呈现出品类繁多、形色俱佳的特征，现对民宿中的烘焙常见产品总结如下。

（一）西饼类

西饼类产品在民宿烘焙中扮演着重要的角色。西饼类根据其配方原料和成品特性的不同可划分为两大类。

1. 面糊类西饼

面糊类西饼是以面粉、蛋、糖、油脂、奶水和化学膨大剂为主要原料，再以产品性质层面划分的西饼主要可分为下列几类。

第一类：酥松性西饼

此类西饼的配方中，油脂、糖、水用量依次减少，因大量的油脂与糖在搅拌过程中发生作用，裹入了大量的空气，故使面团比较松软。因此，整形时需用挤花袋。搭配不同花嘴的使用，最终可挤出各式花样。

第二类：酥硬性西饼（冰箱西饼）

此种西饼的配方中，油脂同糖的用量基本一致，水的用量较少，但因油脂多，所以呈现出酥的感觉。此类西饼通常先置于冰箱中进行冷藏，面团变硬后才能取出做成不同的形状。

第三类：脆硬性西饼

此类西饼的配方中，糖、油脂、水用量依次减少，故其面团较为干硬，整形时先用擀面棍擀平，再用手或模型来助力。

第四类：软性西饼

此类西饼的配方中，水含量偏高，成品的口感较软，整形时多使用汤匙或挤花袋来辅助整形。

2. 乳沫类西饼

乳沫类西饼是以鸡蛋为主要原料，搭配面粉和糖，此类产品性质较面糊类西饼柔软。

第一类：海绵类西饼

此类西饼与海绵蛋糕的配方接近，主原料是全蛋或蛋黄，面糊质地松弛，需要使用挤花袋来加以固定成形，如蛋黄小西饼等。

第二类：蛋白类西饼

此类西饼与天使蛋糕的配方接近，主原料是蛋白，需先将蛋白打至湿性发泡后再加进其他干性材料，最后需要以挤花袋整形，如奶油小西饼等。

（二）面包类

民宿中的面包琳琅满目，依材料配方与制作方法的差异，可分别烘焙出各式各样的面包，大体可分为硬式面包、软式面包、软式餐包、甜面包四种类型。

1. 硬式面包

此类型的面包麦香味十分浓厚,外部松脆芳香,内部柔软但具韧性,在所有面包类型中是油脂含量最低的一类,这也是其最吸引人的地方,如全麦面包、杂粮面包等。

2. 软式面包

凡是吐司烤盘所烘烤出的面包,均可归类为此类面包。此类型面包的特色是口感细腻且外观美丽,如吐司面包、水果面包等。

3. 软式餐包

软式面包比其他三种类型的面包质地更加柔软些,且充满甜味,油脂和糖分的含量较高。由于油脂和糖分两种成分都会抑制到酵母的发酵,所以需要提高酵母的使用量,如红萝卜小餐包、葡萄汁面包、小可颂等。

4. 甜面包

此类型的面包不但糖的含量高,而且油脂、蛋等的含量也偏高。一般此类面包有内馅,制作时需要特别留心发酵的过程,避免制作完成的面包出现颜色偏淡、体积过小、皮馅分离等情况发生。

(三)蛋糕类

现今的蛋糕,口味繁多,种类丰富,是民宿中不可或缺的烘焙食品。蛋糕依据其使用的原料、面糊性质与搅拌方法的不同,大致可分为乳沫类蛋糕、面糊类蛋糕、戚风蛋糕三种类型。

1. 乳沫类蛋糕(清蛋糕)

此类蛋糕的主要原料鸡蛋,其利用鸡蛋中的蛋白质使面糊在搅拌与烘烤过程中膨大;其与面糊类蛋糕最大的不同之处在于不含任何固体油脂,但是可依据具体情况添加少量的液体油脂来降低蛋糕过大的韧性。同时,按照制作中仅使用蛋白和使用全蛋的不同,可细化为天使蛋糕、海绵蛋糕等。

2. 面糊类蛋糕(油蛋糕)

此类蛋糕含有高成分的油脂,以达到柔软组织、润滑面糊的目的,并促进面糊在搅拌过程中与大量空气实现融合,以产生膨大的作用。此类蛋糕的配方中,若油脂的含量高,则不再需要添加膨大剂,直接利用油脂通过搅拌过程中融合空气使其膨大。但是,如果油脂的含量低于面粉量含量的 3/5 时,则需要添加小苏打粉或泡打粉以促进蛋糕的膨大。

3. 戚风蛋糕

此类蛋糕为乳沫类蛋糕与面糊类蛋糕的综合体,将其分次搅拌后再混合。此类蛋糕的特色是气味香甜,口味嫩爽不腻,水分含量高,组织松软但富有弹性,且无塌烂的感觉。

【拓展阅读】

八寸戚风蛋糕的制作方法

戚风蛋糕因其质地非常柔软和味道清淡不腻而备受大家的喜欢，是最受欢迎的蛋糕之一。具体制作方法如下：

第一步：准备使用的原料，具体见表6-1。

表6-1 戚风蛋糕配料表参考值

用料	数量
鸡蛋	5个
玉米油或葵花籽油	50g
牛奶	50g
砂糖	80g
低筋面粉	90g
白醋	少许

第二步：将鸡蛋的蛋清、蛋黄进行分离，分别放入无油无水的两个器皿中备用。建议多使用冰箱里冷藏的鸡蛋，更有利于后期的打发。

第三步：在蛋黄中加入30g砂糖，并手动搅拌均匀备用。

第四步：在蛋黄中分别加入玉米油50g、牛奶50g并手动搅拌均匀，后再用面粉筛网筛入面粉90g，采用上下翻转的手法搅拌均匀备用。

第五步：在蛋白中滴入几滴白醋或者柠檬汁，可以让蛋白更稳定，把剩余的50g砂糖分三次加入，用打蛋器将蛋白打发至硬性发泡。硬性发泡的状态基本是当打发完毕后，提起打蛋器，上面会存有短小的尖头，并且当倒扣盆时，短时内不会发生散落的状况。

第六步：将刚刚硬性打发好的蛋白糊分三次加入到蛋黄糊中，需要使用在面糊里画十字再上下翻转搅拌的手法，将两种糊进行均匀搅拌，切记搅拌动作需轻柔且迅速，不得进行打转搅拌和过分搅拌，以保证蛋白不会过度消泡，避免戚风蛋糕产生塌陷的现象。搅拌完成的蛋糕糊状态是蓬松且轻盈的，搅拌均匀后纹路不会马上消失，因为蛋白打发到位，所以有足够的力量支撑面粉。同时，也要防止蛋白被过度打发，过度打发就容易导致蛋糕出现开裂的现象。此外，需要注意每次搅拌均匀后，再开始下一次蛋白糊的添加。

第七步：在八寸蛋糕模具里面刷上一层薄薄的玉米油，方便后期脱模，再将面糊倒入至模具中，微微震动模具，使面糊中的较大气泡被震出，以保证成品中无空洞出现，搅拌好后请及时放入烤箱。

第八步：将烤箱设置到150℃，进行预热。蛋糕放至于烤箱的中层，先将烤箱转到130°烤40min，再将烤箱转到150℃烤20~30min。因为每个烤箱的性能和大小稍有不同，所以适合蛋糕烘烤的温度和时间也不同，各民宿需要根据自己使用的烤箱状态对具体温度和烘烤时间进行调整。检查蛋糕内部是否烤熟的方法很简单，用一根牙签从蛋糕的中部扎下去再拔出来，看牙签上是否有黏连的蛋糕液，如果有黏连，说明蛋糕内部还没有熟，需要继续烘烤。

第九步：等蛋糕烤完后，取出蛋糕模具，从高处震动一下，迅速倒扣于悬空的架子上。等待冷却后，用小刀贴紧模具划一圈再脱模，底部采用同样的方法划开。制作完毕的戚风蛋糕可以直接食用，也可以选择放入冰箱冷藏至少4h后再食用，也可以选择使用奶油、水果等装饰后再食用。

制作六寸戚风蛋糕的用料是：鸡蛋3个，葵花籽油或玉米油30g，牛奶35g，砂糖35g，低筋面粉55g，白醋少许。中层130℃烤35min，转150℃15~20min。

八寸戚风蛋糕的原料也可用来制作两个六寸的戚风蛋糕。

【拓展阅读】

以茶文化为主题的特色民宿

（1）民宿名称：谁家院。

（2）民宿地点：中国福建省南平市。

（3）文化依托：茶文化。

福建是六大茶类之一乌龙的故乡，有一千多年的茶文化历史，是茶文化的发祥地，武夷岩茶是乌龙茶的代表。武夷岩茶是中国传统名茶，是具有岩骨花香品质特征的乌龙茶，产于福建武夷山一带，茶树生长在岩缝之中。武夷岩茶具有绿茶之清香，红茶之甘醇，是中国乌龙茶中之极品，最著名的武夷岩茶是大红袍茶。

茶文化意为饮茶活动过程中形成的文化特征，包括茶道、茶德、茶艺、茶精神、茶具、茶学等内容。茶文化的内涵其实就是中国文化内涵的一种具体表现形式，茶文化是中国具有代表性的传统文化之一。中国素有礼仪之邦的称谓，茶文化的精神内涵即通过沏茶、赏茶、闻茶、饮茶、品茶等习惯与中国的文化内涵和礼仪相结合形成的一种具有鲜明中国文化特征的现象，也可以说是一种礼节现象。

（4）突出特色。

"谁家院"是武夷茶文化研究院、问道茶文化体验基地的配套设施之一，是南来北往的茶文化爱好者的下榻之地，前身是《问道·武夷茶》茶专业杂志社。图6-10为"谁家院"民宿门庭。这里有不定期的茶文化讲座、岩茶研修班、传统文化讲座、茶会、诗会等文化活动，把茶煮成诗，亦把生活谱成诗。客栈的主人，长年致力于茶文化传播事业。

"谁家院"的命名来自汤显祖《牡丹亭》中著名的诗句——良辰美景奈何天，赏心乐事谁家院，源于此，却不止于此。"谁家院"的命名还有另外两层深刻的含义。①表达了一种不确定性，不确定谁会来，因此也就不知道是谁家院。佛家有一个理念，即"空性"，一个杯子，装什么就是什么，用来装茶，便是茶杯。用来装水，就是水杯。如果把一个杯子定义为茶杯，那么它就只能装茶了。"谁家院"就如同广义上的杯子，因为有不确定性，就有各种可能。②突出了"院"的概念。"院"是中国式休闲的载体，三五好友，同在院子里聊天、喝茶、赏月。"谁家院"希望营造出的是一种惬意、温馨的休闲氛围。

民宿一楼的茶室和每间客房都设有独立的泡茶空间，并且免费为客人提供产自"谁家院"生态茶园的有机岩茶，一同来品味武夷岩茶的真味。客栈还有泡茶专用装置，让您随时随地，好茶在手，图6-11为"谁家院"民宿茶空间。

图6-10 "谁家院"民宿门庭

图6-11 "谁家院"民宿茶空间

【拓展阅读】

江苏省住宿业清洗消毒卫生规范（DB32_ T 3550—2019）

1 范围

本标准规定了住宿业清洗消毒的总体要求、清洗消毒设施设备、清洗消毒剂配制、客房清洗消毒、卫生间清洗消毒、其他用品用具清洗消毒等要求。

本标准适用于以经营为目的的住宿场所清洗和消毒。

2 规范性引用文件

下列文件对于本文件的应用是必不可少的。凡是注日期的引用文件，仅所注日期的版本适用于本文件。凡是不注日期的引用文件，其最新版本（包括所有的修改单）适用于本文件。

GB 9663 旅店业卫生标准

GB 14930.2 食品安全国家标准 消毒剂

GB 14934—2016 食品安全国家标准消毒餐（饮）具

GB 27952 普通物体表面消毒剂的卫生要求

WS394 公共场所集中空调通风系统卫生规范

WS/T 396 公共场所集中空调通风系统清洗消毒规范

3 术语和定义

下列术语和定义适用于本文件。

3.1 清洗消毒间（clean and disinfection room）

用于提供给顾客可重复使用的各类饮具、拖鞋等公共物品清洗、消毒、保洁的功能间。

3.2 工作间（workshop）

用于存放清洁工具、工作车，以及配比清洁剂及清洗清洁工具的功能间。

3.3 布草（linen）

提供给顾客使用并与皮肤接触的各种纺织用品及其代用品。

3.4 公共用品用具（public supplies utensil）

提供给顾客使用的各种用品、用具、设备和设施总称，包括床上用品、盥洗物品、饮具、清洁工具、拖鞋等，也包括客用化妆品、消毒剂、清洁剂等与顾客密切接触的产品。

3.5 清洁工具（cleaning tool）

用于客房及卫生间去污、清洁的物品，包括清洁刷、冲洗设施、拖把、吸尘器等，以及用于抹灰、去除水迹的抹布。

4 总体要求

4.1 管理职责

4.1.1 住宿场所的法定代表人或者负责人对经营场所卫生安全负主体责任。经营者应指定专（兼）职卫生管理人员具体负责清洗消毒的卫生管理工作。

4.1.2 经营者应建立健全卫生管理制度和卫生管理档案，制定并细化公共用品用具采购、储藏、清洗消毒、设备设施维护等操作规程。操作规程应具体规定工作程序。

4.1.3 经营者应组织从业人员学习国家卫生法律法规、公共场所卫生知识及清洗消毒操作规程。

4.1.4 经营者应根据经营规模、项目设置清洗、消毒、保洁等设施设备。

4.1.5 经营者应做好清洗消毒记录工作，记录内容包括日期、时间、物品种类、数量、操作人签名等。

4.2 人员管理

4.2.1 住宿场所从业人员应每年体检并取得有效健康合格证明，保持良好的个人卫生，操作时应穿戴清洁的工作服，洗净双手，不得留长指甲、涂指甲油及佩戴饰物。

4.2.2 从业人员上岗前应经过卫生法律知识和公共场所卫生知识培训并考核合格，熟悉本岗位工作职责和操作规程，并能按规程熟练操作。

5 清洗消毒设施设备

5.1 场所与设施

5.1.1 清洗消毒间

5.1.1.1 住宿场所应设置独立的清洗消毒间（以下简称"洗消间"）。洗消间应设置在室内并为独立隔间，有明显标志，面积大小应能满足物品清洗、消毒、保洁的需要，使用面积应$\geq 4m^2$，每层楼或每20间客房宜设置一个洗消间。

5.1.1.2 洗消间墙裙应$\geq 2m$，墙裙及地面应使用防水防霉耐磨抗腐蚀的材料铺设；应安装机械通风设施和足够的照明设备，并有完善的上下水设施；洗消间内应设有饮具专用清洗池，饮具采用化学消毒的应设有面积$\geq (60\times 40)cm^2$的饮具专用清洗池3个，即去污池、消毒池、清洗池。

5.1.1.3 洗消间内应配备适宜的清洗消毒保洁设施，如：远红外电子消毒柜、自动洗杯机、密闭的保洁柜等；配备专用杯刷和杯布等清洁工具；采用化学消毒的应配备消毒剂、配比容器等；清洗消毒设施应有明显标识，宜固定位置存放；洗消间不应存放与清洗消毒无关的物品。

5.1.1.4 配有非一次性拖鞋、脸盆、脚盆的住宿场所，宜设拖鞋、脸盆、脚盆清洗消毒间；清消间应有完善的上下水设施；对拖鞋、脸盆、脚盆应设置清洗消毒水池，水池容积大小应满足最大清洗消毒量；应备有橡胶手套、消毒剂、专用配比容器等，设消毒后的拖鞋、脸盆、脚盆存放专区；如拖鞋、脸盆、脚盆、饮具的洗消间共用，其面积应$\geq 6m$，拖鞋、脸盆、脚盆清洗消毒区与饮具清洗消毒区应有明确区分标志，宜相对隔离，避免交叉污染。

5.1.2 工作间

5.1.2.1 客房每层楼宜设置一个工作间，面积应满足清洁工具存放和清洗的需要。

5.1.2.2 工作间应有完善的上下水和通风设施，设人员洗手、清洁工具清洗、干净抹布、清洗消毒剂及配比容器存放等设施，各类物品应在固定位置整齐存放。

5.1.2.3 客房及卫生间抹布自行清洗的，应有机械清洗及烘干、消毒设备。

5.1.3 储藏间

5.1.3.1 住宿场所应设专门的储藏间，用于备用物品（一次性用品、包装食品等）及干净布草的储藏，储藏间应设数量足够的物品存放柜或货架、密闭布草储存柜。不同物品应分类存放，物品距墙壁、地面均应$\geq 10cm$，布草宜存放于储藏柜中。

5.1.3.2 储藏间应有良好的通风、照明、防潮、防鼠、防蚊蝇、防蟑螂等设施。

5.1.3.3 储藏间的面积应满足物品存放和服务工作的需要，每一层楼或每20间客房宜设置一个储藏间。

5.1.4 布草间

5.1.4.1 星级或相当星级的住宿场所除设置储藏间外，应另设专用布草间，用于干净布草的存放。布草间应配备密闭的保洁设施，不得存放脏布草、清扫工具、工作车及其他无关物品。

5.1.4.2 布草间应有良好的通风、照明、防潮、防鼠、防蚊蝇、防蟑螂等设施。

5.1.4.3 布草间的面积应满足工作的需要，每一层楼或每20间客房宜设置一个布草间。

5.1.5 工作车

住宿场所应配备工作车，其数量应能满足操作需要；工作车应有足够空间按种类分别存放布草、一次性用品及清洁工具并有明显标识；工作车悬挂的垃圾袋应与干净布草、一次性用品及清洁工具分开。

5.1.6 布草回收间（区）

住宿场所宜设有布草回收间或脏布草专用存放区，每层客房宜设置一个；布草回收间（区）面积大小应能满足脏布草容器存放及分类回收的需要；布草回收间（区）内应设数量满足需要的脏布草存放容器，容器须带盖并有标识。高层建筑宜设置专用布草回收管井。

5.1.7 周转设施

住宿场所应配备满足需要的周转设施，如杯具车、杯筐、保洁桶、布草车等，用于客房饮具、布草等公共物品更换的需要；存放已消毒和未消毒物品的设施应分别设置或隔离，并有明显标识。

5.2 清洁工具

5.2.1 抹布

5.2.1.1 抹布应使用吸水性好、易清洁、不易掉色的材质，尺寸大小应能满足卫生操作需要。客房和卫生间使用的抹布应分设，颜色有明显区分，操作中不得混用。

5.2.1.2 客房抹布用于清洁，用以抹家具、电器、镜面等表面灰尘、污迹等，可根据情况至少配备干、湿抹布各一块。

5.2.1.3 卫生间抹布用于收干已清洁物体表面的水迹，不得用于清洁去污。应根据收干部位配备不同的专用抹布。用于面盆、浴缸表面水迹收干的专用抹布应按面盆、水龙头、镜面、台面、浴缸、淋浴房的顺序操作；用于坐便器水迹收干的专用抹布应按坐便器垫圈、盖、水箱、底座的顺序操作；用于墙壁和地面水迹收干的专用抹布应按由上到下的顺序操作。不同用途的抹布应用不同标记进行区别。

5.2.1.4 所备抹布总数应满足需要，卫生间使用的抹布应一间一换。

5.2.1.5 备用的干净抹布和已用抹布应使用不同标识的存放设施分别放置，避免交叉污染。

5.2.2 其他清洁工具

5.2.2.1 卫生间用于面盆、浴缸、淋浴房、坐便器垫圈、坐便器内壁（便池）和地面的清洁去污工具，如长短柄刷、地刷、喷壶、玻璃刮等，应按不同清洁对象分别配备，并有明显标识。

5.2.2.2 清洁去污工具存放应在分隔桶格档内定位存放，并在分隔桶上有明显标识，便池清洁刷宜设置单独的存放容器。

5.2.2.3 应配备喷壶等冲洗设备，用于去除清洗剂及消毒剂的残留；宜配备吸水性强的胶棉拖把，用于去除卫生间地面积水。

5.3 公共用品用具

5.3.1 公共用品用具应保证卫生安全，客用化妆品、消毒剂、一次性纸巾等公共用品等应中文标识齐全规范，并按规定向经销商索取产品质量检验合格证明和其他相关资料；普通物体表面消毒剂应符合 GB 27952 的要求；客用饮具用化学消毒剂应符合 GB 14930.2 的要求，确保安全有效。

5.3.2 客用饮具、拖鞋及布草类等公共用品配备数量应满足清洗、消毒周转需要，各类物品配置数量的基本要求应不低于床位数的 2 倍。

5.3.3 消毒剂、杀虫剂等物品应有专间或专柜存放，上锁、专人管理，并有物品使用登记。

6 清洗消毒剂配制

6.1 配制消毒剂应使用专用配比容器，如自动分配器、量筒、量杯等，在工作间由专人按产品说明书使用说明进行配制。

6.2 配好的清洗、消毒剂应使用有明显标识的专用容器盛装，不得直接倒在分隔桶内。

6.3 配好的消毒剂宜当班次用完，定时更换，一般每 4h 更换一次。

7 客房清洗消毒

7.1 空气消毒

7.1.1 一般采用自然通风或机械通风，有条件的可使用空气消毒器进行消毒。

7.1.2 使用空调时应做好空调与通风设施的定期清洁和消毒；集中空调通风系统的清洗消毒管理要求参照 WS394 和 WS/T 396 执行。

7.1.3 客房空气中的细菌总数应符合 GB 9663 的相关要求。

7.2 物体表面清洗消毒

7.2.1 客房的地面、墙壁及经常使用或触摸的物体表面，如门、窗把手、台面、柜面、桌椅、扶手等部位，应使用清水或清洁剂湿式清洁，并保持这些部位或物体表面的清洁干燥。

7.2.2 必要时可使用表 6-2 所列化学消毒剂定期对物体表面进行擦拭或喷洒消毒，消毒完成后应使用清水去除物体表面上的消毒剂残留。

8 卫生间清洗消毒

8.1 卫生间内面盆、浴缸、淋浴房、坐便器、水龙头等应一客一消毒，应先清洁后消毒。

8.2 面盆、浴缸、淋浴房、坐便器、水龙头等应使用消毒湿巾、清洗消毒剂或用附录表 6-3 所列化学消毒剂进行喷洒、擦拭消毒。消毒完成后应使用清水冲去消毒剂残留，并分别用不同抹布按序将各类物件表面水迹擦干，积水明显的地面可用专用拖把吸水，用过的抹布回收待洗。

8.3 清洗消毒后的面盆、浴缸、淋浴房、坐便器、水龙头等应做到光洁、无污迹、无异味、无毛发。

8.4 垃圾桶内垃圾要及时清运，垃圾桶内外表面应定期使用表 6-2 所列化学消毒剂进行喷洒消毒。

9 其他用品用具清洗消毒

9.1 布草清洗消毒

9.1.1 床单、被套、枕套等卧具及毛巾、浴衣应一客一换，长住顾客的床上卧具至少一周一换，清洗后消毒。客用毛毯、棉（羽绒）被、枕芯、床垫等应保持清洁、不得有异味，有污迹时应及时更换，清洗消毒周期宜为 3 个月，最长不得超过一年。

9.1.2 布草应送专用洗衣房或采用社会化洗涤消毒，布草的更换、运送过程应避免交叉污染；脏布草和干净布草在更换过程中不得同时在客房内；所有操作流程中，干净布草和脏布草均不得落地。布草清洗消毒前后应分设存放容器。客用布草、客人送洗衣物、清洁用抹布应分类清洗。清洗消毒后的布草使用专用运输工具及时运送至储藏间保存。

9.1.3 布草消毒首选物理消毒方法，耐热耐湿的可用流通蒸汽 100℃作用 20～30min，或煮沸消毒作用 15～30min，或在阳光下暴晒 4h 以上，或用 75℃以上水温洗涤 30min 以上（80℃水温可缩短至 10min，90℃水温可缩短至 1min 以上）。不耐热的布草可用化学消毒，清洗晾干后备用。

9.1.4 布草采用社会化洗涤消毒的，应选择清洗消毒条件合格的承洗单位，做好物品送洗与接收记录，并索要承洗单位物品清洗消毒记录。

9.1.5 清洗消毒后的布草应符合 GB 9663 的相关要求。

9.2 饮具清洗消毒

9.2.1 客房使用的饮具应一客一换，清洗后消毒。在洗消间由专人负责清洗消毒，并使用专用周转容器送至客房，不得在客房内清洗消毒。补充洁净饮具时应注意手部卫生，拿取杯具时应避免接触杯口以防污染。

9.2.2 饮具消毒首选物理消毒，可采用流通蒸汽 100℃作用 20min、煮沸消毒作用 15～30min 或消毒碗柜消毒。其次选用化学消毒，可使用表 6-4 所列化学消毒剂进行浸泡消毒，清洗后晾干备用。

9.2.3 清洗消毒后的饮具应表面光洁，无附着物，无油渍、无泡沫、无异味，符合 GB 14934—2016 的相关要求。

9.3 拖鞋清洗消毒

9.3.1 住宿场所提供的非一次性拖鞋应一客一换，清洗后消毒。

9.3.2 非一次性耐热拖鞋可经流通蒸汽 100℃作用 20～30min 或经煮沸作用 15～30min；

非一次性不耐热拖鞋可使用表6-5所列化学消毒剂进行浸泡消毒或用消毒洗衣粉进行浸泡、洗涤、消毒，清洗晾干后备用。

9.3.3 清洗消毒后的拖鞋应符合 GB 9663 的相关要求。

9.4 脸盆、脚盆清洗消毒

9.4.1 住宿场所提供的脸盆、脚盆应一客一换，清洗后消毒。在洗消间由专人负责清洗消毒，不得在客房内清洗消毒。

9.4.2 拖鞋、脸盆、脚盆消毒可使用表6-5所列化学消毒剂进行浸泡消毒。

9.4.3 清洗消毒后的脸盆、脚盆应符合 GB 9663 的相关要求。

10 清洁工具清洗消毒

10.1 客房抹布用后应清洗干净，卫生间抹布用后应清洗消毒。抹布应晾干或使用机器烘干，备用抹布应保持干爽、无污迹、无异味。

10.2 抹布应在工作间或专门场所使用洗衣机洗净后，用流通蒸汽100℃作用20~30min，或煮沸消毒作用20~30min，或在阳光下暴晒4h以上，或使用表6-6所列化学消毒剂进行浸泡、消毒或用清洗消毒剂、消毒洗衣粉进行浸泡、洗涤、消毒。抹布也可外送有资质的专业清洗机构清洗消毒。

10.3 其他清洁去污工具，如长短柄刷、地刷、拖把等在工作结束后应在工作间清洗干净，定期使用表6-6所列的化学消毒剂进行浸泡、消毒或用清洗消毒剂、消毒洗衣粉进行浸泡、洗涤、消毒，或在阳光下暴晒4h以上，洗净后在工作间悬挂晾干。

10.4 清洗水池、容器及保洁柜应保持清洁。

11 从业人员手消毒

11.1 从业人员应经常用流动水清洁手部，可用肥皂或洗手液洗手。

11.2 从业人员手需要消毒时可使用表6-7所列化学消毒剂进行擦拭消毒，消毒完成后使用清水去除手上的消毒剂残留。

12 从业人员消毒操作个人防护

12.1 接触高温消毒物品和设备时，应使用防烫的棉手套等物品。

12.2 采用化学消毒的，应防止过敏及对皮肤、黏膜的污染和损伤。

表6-2 物体表面常用化学消毒剂剂量

消毒剂	作用浓度	作用时间(min)
含氯消毒剂	100~250mg/L	30
二氧化氯	50~100mg/L	10~15
季铵盐	200~1000mg/L	1~10
对氯间二甲苯酚	1.0%~2.0%	5~10
复方消毒剂	按照产品使用说明书	按照产品使用说明书

表 6-3 面盆、浴缸、坐便器等表面常用化学消毒剂剂量

消毒剂	作用浓度	作用时间(min)
含氯消毒剂	500~1000mg/L	15~30
二氧化氯	250~500mg/L	15~30
季铵盐	1000~2000mg/L	10~30
对氯间二甲苯酚	2.0%~3.0%	15~30
复方消毒剂	按照产品使用说明书	按照产品使用说明书

表 6-4 饮具常用化学消毒剂剂量

消毒剂	作用浓度	作用时间(min)
二氧化氯	100~150mg/L	10~20
含氯消毒剂	100~250mg/L	30

表 6-5 拖鞋、脸盆、脚盆常用化学消毒剂剂量

消毒剂	作用浓度	作用时间(min)
含氯消毒剂	250~500mg/L	15~30
二氧化氯	250~500mg/L	15~30
季铵盐	400~1200mg/L	5~20
对氯间二甲苯酚	2.0%~3.0%	15~30
复方消毒剂	按照产品使用说明书	按照产品使用说明书

表 6-6 清洁工具常用化学消毒剂剂量

消毒剂	作用浓度	作用时间(min)
含氯消毒剂	250~500mg/L	30
季铵盐	600~1600mg/L	5~30
复方消毒剂	按照产品使用说明书	按照产品使用说明书

表 6-7 从业人员手常用化学消毒剂剂量

消毒剂	作用浓度	作用时间(min)
季铵盐	400~2000mg/L	1
胍类消毒剂	2~45g/L	1
乙醇	70%~80%	1
复方手消毒剂	按照产品使用说明书	按照产品使用说明书

(资料来源：江苏省市场监督管理局。)

【复习思考题】

1. 民宿前台服务管理、餐饮服务管理客房服务管理的要点各是什么？
2. 民宿经营者维护同宾客的关系应该注意哪些方面？
3. 结合你之前规划设计的家乡民宿，给出这个民宿的增值服务内容。
4. 阅读本章案例，分析这些民宿服务有哪些特色。它们受欢迎的原因是什么？

第七章　民宿营销管理

【本章导读】

住宿业产品营销的方式和渠道多种多样，得益于互联网时代的发展，民宿的销售方式具有下沉式、在线化特征。一般来说，民宿多建在风景秀丽的山区、乡村，受限于区域地理位置。在互联网媒体和平台经济快速发展的今天，很多民宿的销售几乎完全依赖于在线销售。客人成为品牌营销代言人的最根本原因是对产品和服务的满意、对民宿价值的认可，所以民宿经营者要做好从预订到售后的每一个服务环节，在日常经营中务求顾客满意。在做好产品和服务的同时，还要有意识地推动客人的传播行为，鼓励客人在互联网销售平台做出良好的评价，写出产品体验。移动互联网时代，几乎每个客人都有自己的社交圈，客人在社交媒体上的记录和展示都会给民宿品牌累积不少名气。做好品牌营销，不断丰满品牌价值，是民宿品牌推广的有效路径。

第一节　民宿服务设计营销

一、服务设计的含义和意义

服务设计是有效的计划和组织一项服务中所涉及的人、基础设施、通信交流以及物料等相关因素，从而提高用户体验和服务质量的设计活动。服务设计以为客户设计策划一系列易用、满意、信赖、有效地服务为目标，广泛地运用于各项服务业。服务设计既可以是有形的，也可以是无形的；服务设计将人与其他诸如沟通、环境、行为、物料等相互融合，并将以人为本的理念贯穿于始终。

民宿服务设计在民宿硬件实体创建之初就着手进行了，它可能是民宿经营者最初的愿望，设计一个什么样的民宿，不仅是硬件的美学，也包含软体服务的美学。为此，在运营之初，经营者应该用心地考量服务设计。同时，服务设计也是民宿运营中最让顾客欣喜的方面。

在服务领域，应用设计的技术是十分必要的。这样可以有效地提高品牌和民宿的整体形象，使消费者对服务产生更大的满意度。通过品牌知名度和整体品牌形象的提升，更多的商业机遇和投资合作也会随之而来。

另外，服务设计能够帮助民宿提高服务效率从而节约成本。从生态学的角度来说，服务设计对问题的服务化解决方案减少了有形产品在生产过程中对资源和能源的过度使用。民宿经营者能够更好地控制服务所提供的内容，并从中获得更多的回报。

二、民宿线上—线下服务设计

民宿服务设计可以从高效率平台、民宿核心价值观、差异化竞争、多渠道管理、忠诚顾客、评价管理等几个方面展开。首要思考的是民宿想要向客人传达什么，再围绕这个主题去设计具体的服务行为。到店前，对客人了解得越多，就越能设计出合其心意的服务。添加客人微信、发送短信等方式都可以与客人提前搭建联系，以便了解客人的需求喜好，为之后的服务做准备。

（一）线上服务设计

短信提醒可增加客人好感，提升民宿服务质量。优质的模板可进一步帮助民宿经营者拉近与客人的距离，为客人留下贴心、周到的印象。

1. 预订之后

客人预订成功之后，需要详细了解民宿情况，尤其是交通方式。可详述几种到达民宿的路线，既方便了客人，又营造了贴心的形象，如图7-1所示。

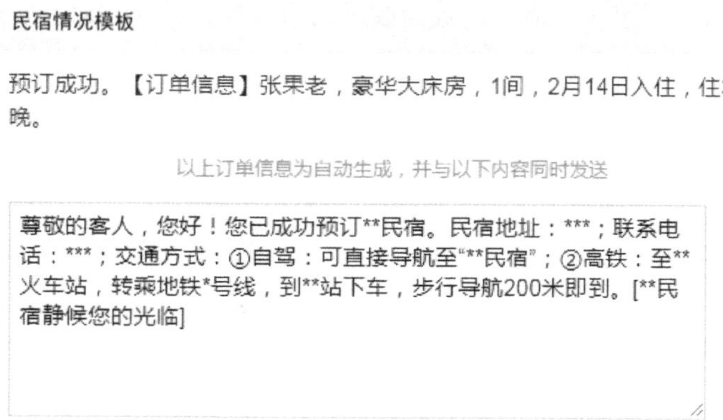

民宿情况模板

预订成功。【订单信息】张果老，豪华大床房，1间，2月14日入住，住3晚。

以上订单信息为自动生成，并与以下内容同时发送

尊敬的客人，您好！您已成功预订**民宿。民宿地址：***；联系电话：***；交通方式：①自驾：可直接导航至"**民宿"；②高铁：至**火车站，转乘地铁*号线，到**站下车，步行导航200米即到。[**民宿静候您的光临]

图7-1 民宿情况模板

2. 入住之前

客人入住前，民宿经营者可通过短信为客人做入住指导。可分为两条短信。第一条在入

住之前，介绍当地天气温度、交通情况等，让客人提前做好准备，如图 7-2 所示。

模板名称：	入住指导模板
模板内容：	[丽江天气]2月14日多云，气温3~16℃，西南风2级。请带好防寒衣物，注意保暖。 由于昨天下过雨，路面湿滑，请您小心慢行。 如有任何需求，请致电：***。 [**民宿等候您的到来]

图 7-2　入住指导模板

3. 入住之后

第二条在入住之后，介绍民宿设施、告知 WiFi 账号密码、房间名称与密码、其他欢迎准备等，给客人一种备受期待之感，如图 7-3 所示。

入住通知模板

尊敬的客人，您好！欢迎入住**民宿！
　　本店wifi账号：***；密码：***。您入住的房间为**，密码是**，房内地暖已打开。
　　前厅已为您准备好免费咖啡与读物，稍作休息，缓解旅途疲惫。如有任何需求，请致电前台：***。

图 7-3　入住通知模板

4. 退房之后

在客人离店后，可发短信对客人进行回访，引导客人输出高质量的评价。通过退房后的短信回访，一方面可以了解客人需求，继而改进民宿服务；另一方面引导客人输出好评，可提升网站评分。图 7-4 为离店问候模板。

离店问候模板

尊敬的客人，感谢您选择**民宿！
　　若入住较为满意，还请您写一个5星好评哦~将好评截图发我，以后住店给您打八八折哈。
　　若有任何不满之处，还请告知，我们深表歉意，定会积极解决。祝您生活愉快，欢迎下次光临**民宿！

图 7-4　离店问候模板

5. 维系顾客关系（健全的 CRM 顾客关系）

维系顾客关系可以有多种方式，比如每逢节假日的时候发一条问候短信，既表达了节日祝福，又刷足了民宿的存在感，如图7-5所示。祝福短信可让客人瞬间回忆起在民宿里度过的愉快时光，甚至开始计划下一次的出行，轻松提高客人复购率。若民宿策划了促销活动，可发短信通知客人，刺激其进行复购。

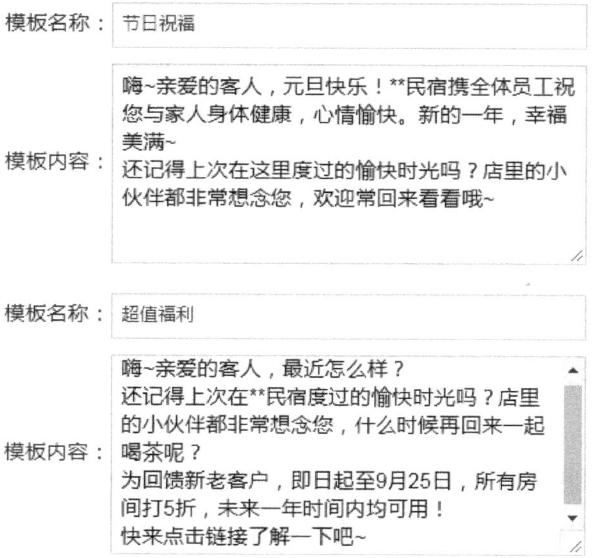

图 7-5　维系顾客关系

（二）线下服务设计

客人在店的体验，是民宿服务设计的重点。想给客人留下深刻又美好的印象，不仅需要细致、愉悦的体验服务，还应加强客人的参与感。

1. 接客到店

在接客到店时，可为每位负责接待的管家配备一个百宝袋，里面装上平底鞋、矿泉水、遮阳伞等物品，让客人第一时间就能感受民宿的热情周到。

2. 办理入住

办理入住往往是一个枯燥的过程，对此可设计一个小环节缓解。例如，让客人在办理入住的时候挑选心仪的香薰，既能满足客人个性化的喜好，又能增加一个服务触点，如图7-6所示。

3. 进房——欢迎物品

当客人进入房间时，如果一眼就能看到民宿精心准备的欢迎物品会感到非常惊喜。

图 7-6　让客人倍感温馨的香薰服务

欢迎物品可以选用当地的应季水果或是传统手工的糕点，而最值得注意的则是送的时间点。

4. 在店体验——体验活动

民宿不应只是睡觉的地方，我们更需要设计一些趣味活动来提高客人的参与感。设置网红打卡点，引导客人拍照分享朋友圈；举办有仪式感的特色店内体验活动，如扎染、手工烘焙等；挖掘一些周边体验活动，如应季采摘水果、茶叶等。

民宿都希望客人来了之后再来，甚至介绍朋友来。那在客人离店时，就可以花点"小心思"让客人产生留恋感。

5. 离店时——离别赠品

离店时，赠送一些店内具有纪念意义的特色伴手礼，或为远途的客人准备自制的小食等，礼物虽小却能传达"家"的温暖。店内还可准备一个拍立得，帮客人记录美好的瞬间，在其离店时赠送给他，用照片定格住在民宿的美好时光。

6. 离店后——客户维护

客人离店后，依然需要维系感情。邀请客人进粉丝群，常在群里分享店内的新变化、活动推荐、粉丝特别福利等都是很好的维系客户关系的方式。重要的客人，也可定期寄送一些当地特产，让他们回想起在店里度过的美好时光。

提醒客人写评价，不管是差评还是好评，民宿经营者都要予以重视，尽量第一时间回复。回复好评时，先真诚地感谢客人的认可，再突出宣传一下本店的优势，不仅妥帖，还可以达到二次宣传的效果，如图7-7所示。

回复模板一：
　　很开心能受到您的认可，非常感谢您的留言。咱们店位于XX，离XXX等景区都只有X分钟的步行距离，出行十分方便。虽地处繁华地区，却没有一丝喧闹声，可谓是"曲径通幽处，泊心花木深"。店里所有主卧均采用慕思床垫、高档全棉六件套，只为给您一夜好眠。此外，我们还贴心地准备了木梳、亚麻拖鞋、纯棉毛巾，让您体验到家的温馨、亲切、舒适。

回复模板二：
　　真的非常感谢您能给我们如此高的评价，很高兴我们能给您的XX之行带来如此美好的体验。咱家庭院和客房都由设计师精心设计的，每一处都凝聚着我们的用心，将自然美景揽入民宿内。我们的小管家们都经过专业的服务培训，不仅专业还热心真诚，对待客人如同好友一般亲切体贴。XX（管家名）看到您的鼓励，非常激动，叮嘱您在旅行的路上一定要照顾好自己哦！XX永远为您留一盏灯，等您归家！

图7-7　客户评价回复模板

优质的民宿服务需要精心设计，好的口碑依靠长期的服务运营，每个民宿经营者都可以结合自身的特色，找到合适自己的服务模式。

三、民宿客户关系维护

客户关系是企业的一种核心能力。民宿会面临着越来越复杂的、艰苦的市场环境,每年的销售额增长对每个民宿经营者都有很大的压力。从长远来看,民宿如何能够活得更好,更长久,需要经营者不断地去构建新的能力,比竞争对手更强的能力,客户关系维护就是其一。民宿在做好硬件的同时,也要维护好客户关系,灵魂是民宿经营者的温度,是主人怎样用自己的温度让客人们感到如沐春风,留住客人的心,留住老客户及将已有客户转为忠实客户。

(一)如何维护客户关系

一段好的主客关系会是民宿运行的润滑剂,人与人的相处复杂多样,如何维护与客人的关系也是一门技巧,主要分为入住前、入住中、入住后三个时间段。

1. 入住前

客人经历:今年元旦和闺蜜一起去苏州游玩,在爱彼迎(Airbnb)上订好房子后,房东会很热心地告诉我们从车站到住址的路线,并且给我们拍了路线的实物图,当时一下子就充满了好感,特别是对我这种方向感不太好的人。去的路上也一直关心着我们,路上是否遇到什么问题,并且告诉我们家里放着牛奶和零食。路途的奔波和寒冷的气温并没有让我们感到疲惫,反而因为房东的体贴心里暖暖的,所以入住前"妈妈般"的叮咛真的很重要。

Tips:

(1)提前一天电话告知客人当地的天气,防止出行不便。

(2)打电话的时间也要把握好,不能过早也不能过晚,午休的时候最好也能岔开。打电话时要注意收听客人是否方便接听,如果在开车或者工作,可以随后短信告知。

(3)在客人即将到达之前,在桌上准备一些时令水果,让客人感觉就是去老友家叙叙旧。

2. 入住中

民宿经营者自述:会提供自己做的甜品,如果是晚上会提供接送服务,再烧一碗暖身夜宵小馄饨或者水饺,陪他们聊天,推荐当地美食和旅游攻略。还会举办有意思的活动大家一起参加,来自五湖四海的朋友围在一起天南海北地聊天,诉说着独一无二的故事。

Tips:

(1)可以当向导带领客人简单游玩。

(2)在家里准备一些明信片和信封,上面可以印上自己民宿独特的标志或者符号,顺便准备一些邮票供客人邮寄,宾客也可以走之前将其放在桌上由民宿经营者代寄。不仅可以更好地推广民宿,也能满足客人到此一游留作纪念的心理需求。

3. 入住后

民宿经营者自述:民宿有自己的公众号,客人可以在上面发布自己的入住感想。每个房间都放着留言簿，客人可以把一些建议写在上面，对客人们进行满意度调查，了解客人们的真实需求。

Tips：

（1）可以在客人走之前送一些自己做的小手工，希望客人评价的时候能带图评价，方便新客人筛选。

（2）在客人生日的时候可以发条祝福短信，会让客人觉得自己一直被惦记着。

（二）如何恢复客户关系

在客户关系破裂的情况下，应该如何恢复客户关系，如何挽回已流失的客户？这也是民宿经营者关注的话题，做民宿不像淘宝购物，给了差评还可以通过售后协商更改。无论什么营销策略都会有一些缺陷，所以在维护客户关系中要注意这些事项，做好弥补措施。

1. 第一时间主动承认错误

首先要正视差评，如果真的是服务环节出现了问题，就要第一时间主动承担责任，化解危机。也许承认自身短处对很多民宿经营者是一件非常困难的事，但是在有个性化的非标住宿领域中，合理的认错和道歉是很有必要的。

2. 安抚客人波动的情绪

遇到突发事件的时候人的本能就会慌张，在这个时候就要及时安抚客人的情绪，进行心理和情感的疏导，及时沟通、交流。当客人提出不满意的时候要注意耐心倾听，等客人问题阐述完之后再发表自己的看法。

3. 客观分析提出解决办法

遇到危机事件发生时，最重要的是提出切实可行的解决方案，做出行动及时避免类似的事情发生。让客人觉得心里有依靠，一切问题都是可以被化解的。

4. 面对恶意差评要坚决否认

面多恶意抹黑的评价要坚决否认，并且收集证据反映出来，不能让恶意得逞、黑白颠倒。爱彼迎（Airbnb）创始人之一的 Brian chesky 曾说过：如果可以重来，他会更早忘记名利，和用户成为朋友，专注地做出用户深爱的产品。他会问自己：我要解决什么问题？我的用户是谁？我在哪里可以见到他们？然后，他会从为一个用户设计最完美的体验开始入手，弄清楚这个体验的细枝末节，然后倒推。最需要专注和用户成为朋友，他们的体验才是最重要的。用户唯一关心的事情是：你做出他们真心喜爱的产品。（The only thing customers care about is you make something they LOVE.）

第二节 民宿 PMS 系统应用

PMS（Property Management System）直译为物业管理系统，对于住宿业来讲，就是能够协助酒店和民宿进行业务管理及控制的计算机管理系统。云掌柜是民宿行业移动互联网方向的探索者，致力于通过移动互联网，帮助民宿提高专业化运营水平的 PMS，提升民宿综合收益，构建民宿全方位生态系统。云掌柜 PMS 生态系统如图 7-8 所示。本节内容将结合云掌柜 PMS 介绍民宿运营信息管理的具体应用。

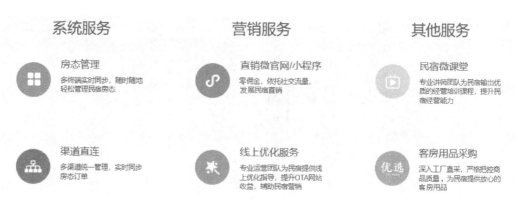

图 7-8　云掌柜 PMS 生态系统

一、房态管理

房态管理是 PMS 最基本的也是最重要的功能。例如，"单日房态"以日为单位，集中展示所有客房状态。房态页底栏新增"单日房态""多日房态"切换按钮，民宿经营者可点击此处查看单日房态，如图 7-9 所示。

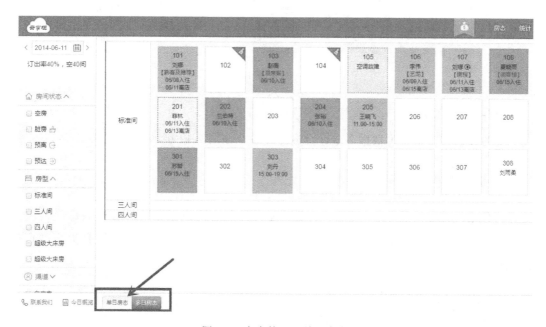

图 7-9　房态管理—单日房态

单日房态可展示以下信息：

1. 根据是否入住，展示房间状态

未入住，展示预定入住时间；已入住，展示入住及退房时间；已退房，则不在页面上展示。具体如图 7-10 所示。

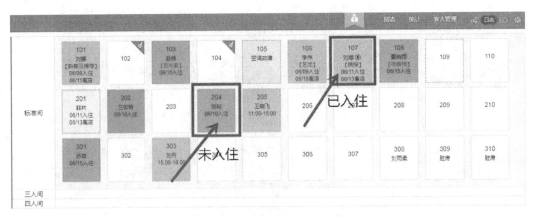

图 7-10　入住—非入住房间状态展示

2. 展示脏房信息

开启脏房管理插件后，退房后客房上会出现"脏房标志"，可点击"置净"进行处理，如图 7-11 所示。

图 7-11　脏房标记

3. 房间查询筛选

左侧为筛选区，掌柜可根据需求进行选择查看，如图 7-12 所示。

二、统计分析

经营数据统计分析是 PMS 的又一重要功能，经营者可以根据统计分析做出经营决策。其中，"常用订单"可查看今日预订、今日到店、今日退房、明日到店、明日退房的订单；"房费日报"可查看某时段内的订单总额，如图 7-13 所示。

三、运营指标分析

PMS 的强大信息管理功能还在于它的运营指标分析，同时这也是行业大数据的相关来源。

图 7-12 房间查询筛选

图 7-13 常用订单与房费日报功能

通过运营指标分析，民宿经营者可以轻松地管理自己的民宿经营状态，并实时了解自己的民宿运营状态。

（1）"订单""入住率""平均房价"三大指标，更直观地展示民宿运营状况，如图 7-14 所示。

（2）"客房运营"栏下方是关于其他消费总金额及链接，点击链接可直接跳转查看其他消费明细，如图 7-15 所示。

图 7-14 营业收入运营指标

图 7-15 客房运营明细查询

(3)"房费营收明细"栏下方"当日住当日退明细",民宿经营者可在此查看钟点房营收状况,如图 7-16 所示。

(4)在原日期筛选维度上,民宿经营者可直接查看年度、季度运营状况,如图 7-17 所示。

(5)营业收入以"月"为单位的趋势展示,当选择时间跨度大于一个月时,可进行切换,如图 7-18 所示。

(6)数据对比功能。可选择某两个时间段,分析对比各自房间数、房费总金额、综合入住率、平均房价等运营数据。其中

$$变化率 = (对比数据 - 基线数据) / 基线数据$$

民宿经营者可直观看出运营状况的变化情况以及变化幅度,如图 7-19 所示。

图 7-16　客房运营当日住当日退明细查询

图 7-17　运营状态统计

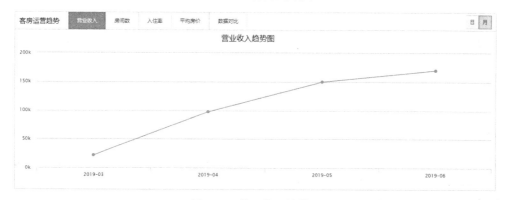

图 7-18　营业收入趋势图

图 7-19 数据对比功能

四、渠道直连

云掌柜推出的 OTA⊖ 直连服务，为民宿经营者提供了效率化、自动化的技术支持，提升民宿的运营效率。使用该服务后，民宿经营者缩短了订单确认时间，节省了大量的人力成本，如图 7-20 所示。

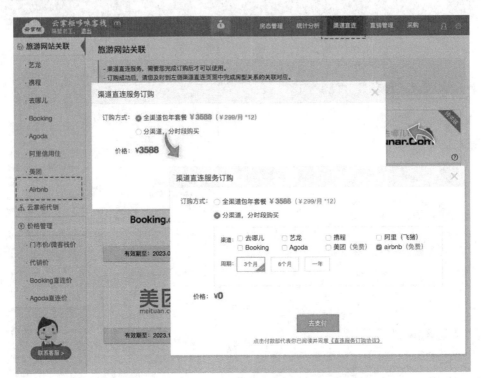

图 7-20 OTA 直连服务

五、其他应用

推广大使是云掌柜在淡季即将来临之际，重磅推出的"大杀器"。它是一个帮助客栈增

⊖ OTA，Online Travel Agent，在线旅游代理商。

加更多曝光展示机会、开拓更多推广渠道的营销工具。民宿的员工、客人、亲人或者是朋友，都可以成为民宿的推广大使，帮助推广民宿的微客栈。

登录云掌柜后台，进入直销管理。选择"推广大使"，点击"添加推广大使"，如图7-21所示。完善帮助推广客栈的人员信息，点击"保存"。

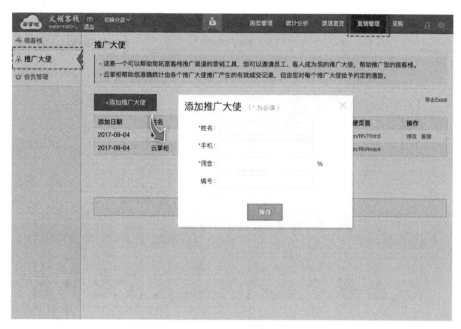

图 7-21　推广大使设置

保存成功后，被添加的每一位推广大使，都将获得自己的专属二维码，用于传播推广民宿的微客栈。在推广大使页面，点击"推广业绩"，即可查看民宿主添加的每一位推广大使带来的订单。

【拓展阅读】

云掌柜《2019民宿年度数据报告》

2019年年末以来的这场新冠肺炎疫情，所有人的生活节奏被打乱，民宿行业更是被按下"暂停键"。如今，各行各业都在重整，云掌柜隆重发布"2019民宿年度数据报告"。数据样本取自云掌柜系统上的民宿门店，数据真实、有效。本次行业报告从多个维度分析了全国民宿经营状况，并对每项数据进行了详细的解读。

民宿经营者可将自家民宿数据与全国数据进行对比，判断自身的优势与不足，把握民宿行业发展现状，分析未来趋势。如图7-22~图7-30为2019年民宿年度数据报告。

图7-22和图7-23数据解读：7月和8月为一年中的超级旺季，这和暑假有直接关系。1月和12月为全年的超级淡季，建议进行长租。全年平均入住率为39.1%，民宿投资者在进

行投资前,在财务测算时,务必参考民宿区域的入住率数据。

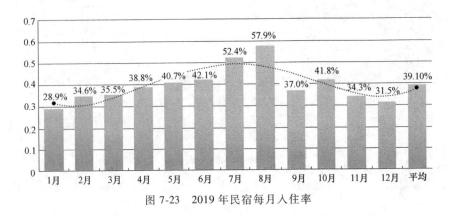

图 7-22　2019 年民宿平均客房收益

图 7-23　2019 年民宿每月入住率

图 7-24 数据解读:50 分线表示中间水平;80 分线表示头部 20% 的良好水平。2019 年有 50% 的民宿入住率低于 35.0%,头部 20% 的民宿入住率在 54.8%。

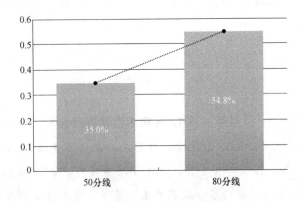

图 7-24　50 分线/80 分线入住率

图 7-25 数据解读:春节、国庆、暑假直接将 2 月、8 月、10 月三个月的 ADR[一] 拉到全年 TOP3,最高月份与最低月份的差异可达 1.5 倍。需要注意的是,2 月、10 月的假期只有

[一] ADR,已售客房平均房价。

七天时间,也就意味着假期期间的加价率更高,全年平均房价348元/间,高于2018年。平均房价的逐年走高,和新进入民宿行业者偏向于投资高品质、高房价产品有关。

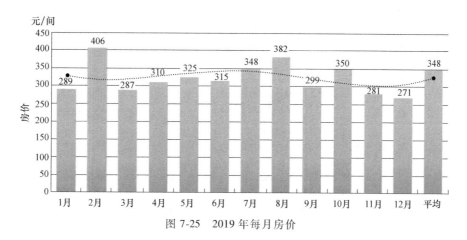

图 7-25　2019 年每月房价

图 7-26 数据解读:全国出行游客中,北上广深四城占据近 20%,一线城市的消费力远胜其他城市,旅游需求和收入呈正相关关系。

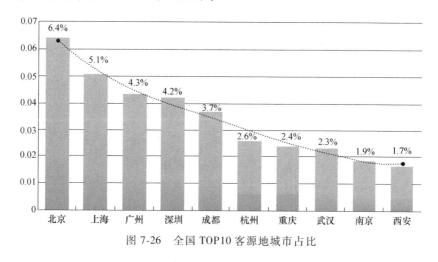

图 7-26　全国 TOP10 客源地城市占比

图 7-27 数据解读:在出行目的选择上,国人更偏向厦门、丽江、大理、杭州等地,这和当地的自然景观和舒适的气候密不可分。

图 7-28 数据解读:OTA 间夜[一]占比 57.6%,所有分销渠道中,携程和美团牢牢占据前两把交椅,分别为 19.9% 和 18.2%。度假旅游地携程占比大,二线旅游城市美团占比高,城市市场中爱彼迎、途家、小猪、美团民宿四家发展快。

图 7-29 数据解读:在 ADR 方面,Booking、爱彼迎、途家、小猪、美团和携程领跑所有网站,高价民宿比较适合采用这些网站;对于低价民宿,美团是首选。

[一] 间夜也叫间夜数,是酒店在某个时间段内,房间出租率的计算单位。例如,20 间房入住 2 晚,那么就是 40 间夜数。

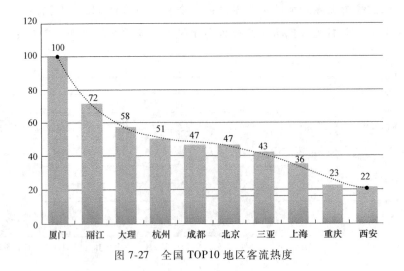

图 7-27 全国 TOP10 地区客流热度

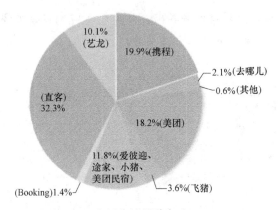

图 7-28 全国分销渠道占比

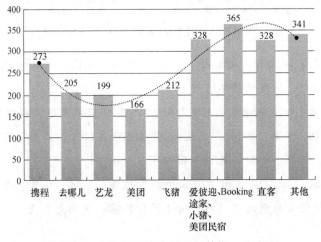

图 7-29 全国分销渠道 ADR（单位：元/间）

图 7-30 数据解读:"90 后""95 后"担起了民宿消费的主力军,客群的年轻化对民宿既是机遇又是挑战,如何设计适合年轻人的服务和入住体验是未来民宿发展的一大课题。

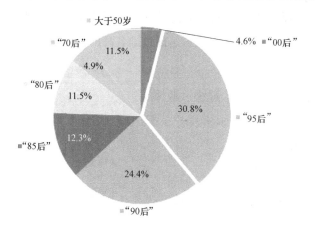

图 7-30 全国客源年龄分布占比

(资料来源:云掌柜。)

第三节 民宿 OTA 运营策略

OTA(Online Travel Agent)是指在线旅游代理商。据统计,国内综合旅游 App 下载排名前三的是携程网、去哪儿网、飞猪旅行网,它们都是综合旅游出行的服务商,能提供包括酒店、民宿、机票、租车、景区门票、私人订制等一系列旅游相关的服务。一般来说,民宿经营者在拿到营业执照后,就可以在 OTA 渠道登记销售了。

一个区域内往往有几百几千家民宿,从客人的预订习惯来看,多数人是没有耐心将页面从头翻到尾。能够被预订到的店,基本都是排名靠前的店,或者是通过条件搜索出来的店,所以排名对一家店的重要性不言而喻。一家民宿排名越靠前,就意味着曝光量越多,能够被更多客人看到,从而产生的收益越高。二八定律对于平台预订同样适用,大约 80% 的客人预订了平台 20% 的店,那么这 20% 的店都是排名靠前的店。

一、民宿 OTA 排序类型

一家民宿在 OTA 平台上的排序有三种类型,即搜索排序、智能排序、付费排序。其中搜索排序包括自然默认排序、条件搜索排序。

1. 搜索排序

(1) 自然默认搜索下的排序,即搜索某一地区,平台根据规则算法,为用户推荐出来的民宿。

（2）条件搜索下的排序，用户通过设置某些条件、关键词搜索出来的民宿排序，比如通过价格、好评优先、距离优先，人气优先、有无早餐等条件进行筛选。越符合用户搜索条件的民宿出现的概率越高。在同等条件下，自然排名高的民宿排名优先。

2. 智能排序

平台根据用户对一家店浏览、点击、收藏、消费等行为，将这些民宿优先展示给用户。智能排序设置如图7-31所示。

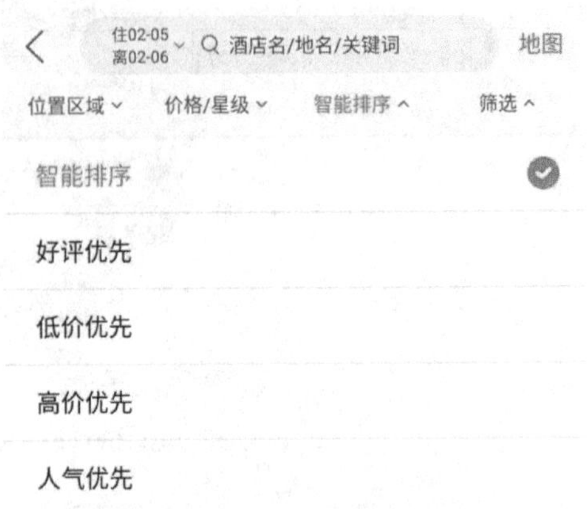

3. 付费排序

民宿可以通过付费购买排名曝光工具来提升排名。各个平台几乎都有自己的排名工具，如美团的"推广通"工具、携程的"直通车""金字塔"广告位等，去哪儿的"直升机""竞价排名""流量充电站"等。

图 7-31　智能排序设置

二、影响自然搜索排序的因素

影响自然排序的因素有很多，每个平台都有自己的一套排序算法。在一段时间内，对影响民宿排序的因素进行加权计算。每个平台的算法大致相同，但是因为平台的差异性，有些因素是不一样的。在诸多因素中，每个因素的权重并不相同，从而对排名的影响产生一定差异，图7-32为影响自然搜索排序的因素。

1. 收益水平

这里讲的收益水平包含两方面。一方面是酒店的收益。民宿收益就是民宿在一段时间内的产出，简单说就是在一段时间内卖出了多少间客房，总营业收入多少。另一方面是平台通过民宿获取的收益。其计算公式为

平台收益＝订单总量×佣金值＋广告营销和付费工具收入

二者的关系是，在佣金值不变的情况下（各平台默认8%～15%），民宿收益越多，能够贡献给平台的收益就越多。同时佣金值的变动也影响着平台收益，平台收益越多，自然让民宿排名靠前。

民宿收益＝订单总量×订单价－订单取消量×订单价

从上面的公式看，影响民宿收益的主要因素是订单量、房型价格、订单取消量。其中影响订单量的一个重要因素就是房量库存（可以预订、售卖房间的数量）。跟体量小价格低的店比起来，体量大价格高的民宿店，无疑在排名方面占据着很大的优势。

民宿贡献给平台的收益越多，就意味着其利润越少，尤其通过提升佣金值换取排名的

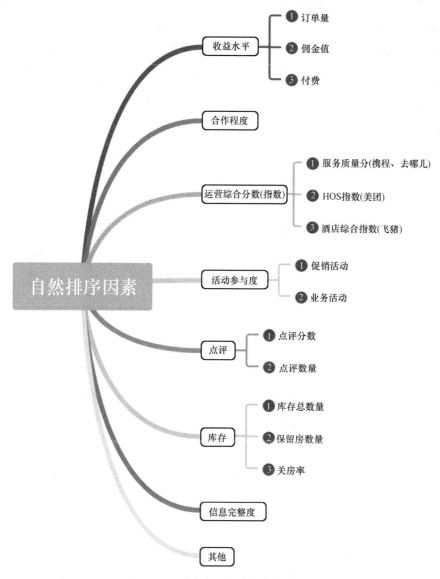

图 7-32 影响自然搜索排序的因素

店。在运营的时候,一定要平衡好二者关系。

注意: 在美团上,房惠订单也算入总销量中,1 个房惠订单算作一个,1 天最多 10 个。

2. 合作关系

一家民宿和某个平台合作关系越紧密,越有利于其排名的提升。一般情况下,合作关系包括独家合作、买断房包房政策、战略投资合作、品牌合作、挂牌合作等形式,下面以挂牌合作为例进行介绍。

挂牌合作是指民宿与平台除去正常的合作外,签订合作伙伴备忘录,在一些方面达成共识,深度合作的关系。

例如,携程挂牌合作分为两种方式,一种是酒店挂牌,另一种是旅行社代理挂牌。

携程和酒店挂牌合作有三种类型,分别为特牌、金牌、银牌合作,每种牌子类型对应的合作内容及合作深度不同。特牌对应的是优选合作关系,在合作内容上具体表现为渠道排他性,酒店要给予携程全渠道独家合作政策。利用渠道排他,获取流量倾斜。除此之外,还有一种蓝牌合作,在排名上没有任何优势,是一种将要淘汰的合作模式。

3. 运营综合分数(指数)

运营分数是平台在一段时间内(通常以一个月计算),利用不同的测评维度,对民宿进行的综合测评,所得分数分别对应着不同的权益。

权益一般分为几类。一类是基础权益,是最基本的合作,包括正常推荐售卖。另一类是营销权益,民宿在分数达到一个数值时,有营销推广的权益。还有一类是免费广告权益,这是比较高的权益,要求民宿达到的分数也很高,平台会给予免费的广告位,让店家获取更多的曝光。

【拓展阅读】

携程服务质量等级

服务质量等级是携程在一定时间(前30天的时间),店家在接单过程中的质量评分,如得分项中包括及时确认率、保留房订单数值、无缺陷订单数,根据规则进行评估、计算。携程服务质量分高、则在携程排序规则中能够获得更多的排序分。

(1)及时确认率。及时确认率是指酒店在5min内确认回传给携程的订单比例。其计算公式为

及时确认率=30天内5min酒店回复订单÷总提交订单数

订单确认回复时间越快,及时确认率越高。酒店一定要提升及时确认率,相比较其他加分项目,及时确认率是酒店最容易实现的。及时确认率除了影响酒店服务质量分,也会影响预订满意度。

订单确认时间=酒店提交订单时间(确认、拒绝)-客人下单时间

(2)保留房订单值。保留房订单是指一段时间内,保留房订单或者Freesale订单㊀在总订单中的占比。关于这项项目优化,首先,酒店要提升订单数量。其次,如果房量充足的情况,多设置一些合同保留房。最后,每天根据房态多添加一些临时保留房。临时添加保留房订单也算保留房订单。

(3)无缺陷率。无缺陷率的携程官方定义是每一百张订单服务无缺陷。

㊀ Freesale 订单是指保留房范围内,不需要经过酒店确认,携程直接向客人确认的订单。

无缺陷订单有两个维度。第一，从订单特征来讲，我们要清楚，订单缺陷包含哪几种情况。订单确认时间太长、确认后满房、确认后涨价、到店无房、到店无预定、确认后拒单等这些都属于订单缺陷。差评订单不属于缺陷订单。那么无缺陷订单，就是不存在以上说的几种情况的订单。第二，从时间维度来讲，无缺陷订单是指已经离店的订单。

4. 活动参与度

活动参与度是店家积极参与平台推出各种活动的活跃度。活动参与度越高，越有利于排名提升。各个 OTA 平台会不定期推出各种促销营销活动，店家要根据自己的情况积极选择参与。携程民宿活动参与示意图如图 7-33 所示。

图 7-33　携程民宿活动参与示意图

5. 点评

点评主要包括点评数量、点评分数、点评质量、点评回复率四个部分。点评数量越多、分数越高、优质点评越多，点评回复率越高，那么越有利于排名的上升。

6. 库存

库存表示民宿可以正常售卖房间的数量，包括两个维度——数量和质量。

从数量角度而言，主要是可售卖房量的库存。可售卖房量库存由民宿总体房量库存及已关房库存决定。总体房量越多，关房频率越低，越有利于排名的上升。

从质量角度而言，主要是保留房（预留房）库存。保留房库存是民宿提供给平台，由平台自由售卖的房间。产生保留房订单后，平台能够即时确认给客人，能够提升客人预订满意度。未来一段时间内，保留房数量越多，关房越少，越有利于排名靠前。如某天满房后零库存，排名自然在商圈就降落。

保留房有两种形式——合同签约保留房和临时添加保留房。合同签约保留房即在和网站签约上线时签约的库存数量。另外，还可以在后台的房态板块添加临时保留房。保留房（预留房）库存数量越多，越有利于网站排名的上升。民宿可以根据具体情况，增加一些保留房库存。

携程：携程的活动有直通车、闪住闪结、砖石展位、定向优惠券、在线选房项目，以及各类营销促销活动。

去哪儿：Easy 住（酒店 VR 展示、在线选房、自助前台、闪住、智能客控、预约发票、行李寄送）、午夜甩房等促销活动。

飞猪：PMS（房态管理系统）直联、线下扫码活动以及推出的其他一些促销营销活动。

7. 信息完整度

信息完整度也是影响民宿排名的一个因素。内容信息越完整，民宿信息评分越高，越有利于其排名上升。

内容信息包括以下方面。

（1）基本信息：名字信息（中英文）、区域位置信息、地址信息、简介信息、所属品牌信息、星级信息、开业信息、客房数量信息、联系信息、民宿老板信息等。

（2）房型信息：房型名称（中英文）、入住人数（成人数、儿童数）、基本信息（房间数、面积、楼层、床型等）、房间描述等。

（3）设施信息：根据自己目前所拥有的来勾选。如果有新增设施，提供相应照片并联系业务经理。

（4）图片信息：外观、大堂、公共空间、客房、周边、餐厅、会议室、远景等。

（5）政策信息：入离时间、儿童政策、膳食政策、宠物政策、支付政策等。

（6）证件信息：营业执照、税务登记证、特种行业许可证/经验担保书、各部门联系信息（销售部、预订部、财务部等）。

关于证件信息，有些平台需要联系其业务人员上传，有些是可以自己上传。目前携程需要联系其业务人员上传，途牛可以自己上传。对于大部分的民宿，营业执照和税务登记证相对比较好办理，但是特种行业许可证就很难办理。

综上所述，收益水平、合作程度、运营综合分数（指数）、活动参与度、点评、库存、信息完整度等都是影响一家民宿排名的因素，但是这些因素权重不一，其中收益水平、合作程度、运营综合分数（指数）三项所占权重比较大。想要提升排名，就从这三个影响因素着手做优化。

【拓展阅读】

短租平台的崛起

在消费升级的背景下，共享民宿、短租住宿逐步成为新的消费增长点，携程、美团等传统 OTA 平台仅有的酒店住宿类产品已无法满足用户的全部需求。

民宿的出现顺应了市场差异化多元化的消费需求，而其在流量需求和运营模式上和酒店产品有着很大的差异。酒店的三大网络预订平台是携程、美团和飞猪，而国内短租平台当属爱彼迎（Airbnb）、途家、小猪和榛果民宿，如图 7-34 所示。

与传统 OTA 平台相比，短租平台有着诸多顺应民宿特点的优势。

图 7-34　热门短租平台

1. 客源年轻化

民宿住宿人群的显著特征为中产化和年轻化，年轻人更愿意接受新鲜事物，对互联网更有信赖感，更愿意选择区别于标准化酒店服务和传统旅游模式的新住宿方式。

短租渠道用户也以年轻群体为主，例如，榛果民宿中"千禧一代"用户占比为85%，小猪用户25~35岁的用户占比超过60%。

2. 在线 IM 及时沟通

短租平台特有的 IM 聊天系统可以帮助民宿经营者在客人订房前和客人进行直接沟通，了解客人的情况和需求的同时，也可以更好地介绍民宿的特点。

同时，IM 系统也有利于民宿经营者和客人之间进行双向选择，民宿经营者可以根据自身民宿的定位和特点选择接待适合自己的客人。

3. 房源维度上线，与 OTA 挂牌不冲突

许多民宿在 OTA 渠道运营上会倾向于通过挂牌或独家等形式与某家 OTA 进行深度合作，而这种合作方式往往会损失上线其他 OTA 渠道的机会；短租平台按房源发布民宿产品的方式则避免了这种冲突，与 OTA 进行挂牌合作的同时也可上线此类平台。

除此之外，短租平台房东主人形象展示、个性化标签等特点，都与如今民宿的运营模式相匹配，也更利于展示民宿的特色、卖点。

（资料来源：云掌柜。）

第四节　民宿 IP 建设与传播

一、何谓 IP

IP 英文为"Intellectual Property"，其原意为知识（财产）所有权。从商业和资本的角度，其内涵已经有了无限延伸，IP 被引申为"可供多维度开发的文化产业"。IP 是将最具代表性、可塑性、互动性的人事物作为企业（机构）的品牌核心进行持续的放大、推广和展示，制造广泛的关注和影响力，再进行商业价值的转换，核心是让市场注意力聚焦到人、事、物的一个点上。

民宿 IP，狭义理解即民宿主情怀因素下所打造出的民宿主题、环境、独特性与不可超越性，是个性化的体现。民宿 IP 可以是一个故事，一种形象，一件艺术品，一种流行文化，甚至一种服务。民宿作为一种个性化的产品，独特的山水人文都具有打造 IP 的天然优势，如果加以发挥，必然可以快速地形成一个民宿 IP，从而提升民宿的知名度和竞争力。

二、民宿 IP 类型

1. 以人为支撑的民宿 IP

在农村有条件做民宿的人也是有一定经历和才华的，即使一直在农村，将其 IP 化是完全可以的。或者会才艺的员工、可爱的小孩也能成为民宿的 IP 标签，那么客人就可能会冲着这个 IP 来体验民宿。

2. 以房屋为支撑的民宿 IP

对于以特色房屋作为民宿支撑的，将房屋的历史、故事、风水进行重点展示，凸显特别价值和稀缺感，或者对特色房屋进行二次行为艺术创作包装也是可以的。比如西江苗寨、陕北窑洞、福建土家碉楼、重庆吊脚楼均是打造民宿的范例。民宿的房屋有特色，也可以以此打造 IP。

3. 以环境为支撑的民宿 IP

如果我们的民宿处在一个很有特色的环境，一样会吸引众多的游客前来体验。比如山东著名的建在海边悬崖的民宿，国外建在石崖下的民宿等，都因独特的房屋环境而闻名遐迩，让游客趋之若鹜。

4. 以特色人文为支撑的民宿 IP

感受一种独特的生活方式是民宿的特点之一。我国是一个多民族国家，每个民族都有着传承已久的特色习俗。比如黔东南的斗牛节、长桌宴等特色生活方式，都是打造民宿 IP 的重要切入点。

三、民宿 IP 的塑造

从本质上讲，民宿重在特色空间打造、优质服务、当地自然资源以及由此形成的特定场景体验，并在此基础上对原有情怀和品牌故事进行延伸，让场景体验得以凸显，并最终形成民宿的独特优势，甚至形成一个强势的消费者流量，带动、促进当地经济发展的过程。

（一）民宿 IP 的切入点

从建筑的空间风格、装饰物品的印迹、周边环境的利用，到主人的生活品味、配套服务的特色，再到文化载体产品甚至其宣传推广、人格故事魅力，乃至引领一种时尚文化，全方位的个性塑造,都能成就民宿的独特 IP,如图 7-35 所示。

(二) 民宿 IP 的打造途径

首先,塑造民宿 IP 应该通过找到标签,然后做减法;然后利用靶心理论寻找民宿 IP;进而通过主 IP 衍生,实现主 IP 落地;再通过代入感的设计和消费场景展现进入 IP 营销轮盘;最终打造符合时下消费群体喜爱的成功民宿。

图 7-35 民宿 IP 的塑造切入点

1. 找到 IP,然后做减法

通过标签凝练和重组,形成民宿主 IP。一个民宿的 IP 可以有很多,在设计和构想的初期,一定要放开思路,可以使用头脑风暴法。在此之后筛选出主 IP,这是一个做减法的过程,IP 是民宿品牌的基石。

2. 主 IP 衍生

主 IP 衍生通过对民宿所在的自然环境和氛围的感知,寻找主 IP。例如,围绕过云山居民宿所能看到云的多种姿态提出 IP 衍生的想法,如瀑布云、平头云、博尔特云、闪电云、鱼鳞云等。

3. 主 IP 落地

主 IP 落地就是把主 IP 分解并落地到空间设计、餐饮造型、文创手信各个层面,通过装饰设计、视觉传达让用户能够时刻感受到民宿的核心吸引点。例如,宛若故里第二家店双廊云墅,建在半山之上的静谧之所,洱海最美 270°镜面天台"云境"IP 一出,让无数人为之惊艳。

4. 代入感和消费场景

第一,制造出民宿 IP 与民宿客人之间的消费场景,这对于民宿与客人之间情感的建立是十分必要的,第二,消费场景需走心、有代入感。例如,宛若故里的"食物背后,万千故乡"IP 代入感和消费场景,"宛若故里·除夕·丽江腊排骨"由此在移动互联网上火爆。

5. IP 转化率

入住民宿的旅客朋友圈营销是民宿 IP 转化率最高的渠道。民宿 IP 落地时,在顶层设计阶段就要为住客设计好拍照的九个画框和应用场景,九张图应涵盖民宿地理位置、民宿特色空间、服务场景、餐饮展示、景观展现、温度传递、体验产品、拍照打卡点、迎宾礼品等并且注重区别。

用横向模式拍照。16∶9 的比例适合风光和景物拍摄,也可以让图片看起来更有故事性,当然,也是目前各类预订网站上显示图片效果最好的比例。拍摄一些和生活相关的场景,或者人在空间里活动的场景,这会让照片看上去更生动。尽可能多地拍摄,拍摄图片越多,越能挑选出优质的图片,同样地,在网络上民宿上传越多照片,就有越多人浏览这些照片。同时,请考虑上传一些房源外部环境的照片,如风光或小区环境。让色调稍微偏黄,可以让房间看起来偏暖,更有家的感觉。打开百叶窗或窗帘让自然光进入房子。光线不足时,请调亮室内灯光,明亮的照片给人的感觉更好。

6. IP 营销轮盘

IP 营销轮盘是借助营销传播途径的方法,首先看重初轮种子用户的反应。种子用户是民宿的高黏性用户,每个种子用户都是民宿的记者和编辑,通过他们的首轮传播,相当于种下 IP 营销的种子,所以种子用户的朋友圈推送是 IP 初轮营销的重中之重。回头客也是民宿营销关键因素。因为获得流量都有成本,回头客已经有过住宿体验,更容易维护。

7. IP 的媒体力

优化后的民宿 IP 更容易被传媒与网络媒体抓取,因为媒体关注的焦点是民宿 IP 的辨识度和差异度。在新媒体时代,IP 的作用和价值会越来越突出,是民宿与游客之间的黏合剂。打造民宿自己的 IP 可以提升行业的竞争力,也是未来共享住宿业发展的新趋势。

第五节　民宿品牌化营销

民宿不单是一栋或几栋好看的建筑,它更关注的是一个集群,而这个集群里面关注的则是人的尺度。同时,民宿不是简单的酒店,很多时候一家民宿就是一趟旅行的目的地,如果民宿是一个产品,那它的内容就是生活本身。

民宿是个性化的消费产物,可以规模化,但不能复制。每一间民宿都应该结合地区特色做内容上的创新,与乡村特色文化、产品等切入,为用户提供同一品牌下不同的民宿体验。

在今天的民宿市场,我们拥有很大的机会,成就我们的民宿品牌。

一、如何实现品牌化

品牌代表着在用户/消费者心中的综合形象,也就是定义所阐述的价值、文化和个性。

民宿品牌的个性应该是体现在个性化硬件设施和特质化软性服务两方面,所以民宿个性化特征的硬件设施应与当地历史背景、人文风情结合更紧密,凸显地域文化特征,如陕西窑洞、山东枣庄石屋、福建土楼、浙皖土屋、徽派建筑等。这些形态各异的建筑风格让民宿变得有个性,也颇具当地风情。

当然除建筑外观外,室内的装饰设计也应当具有个性化风格,如海水蓝天的亲子房间、可移动全景观星房、特色海景/湖景房、日式榻榻米、欧式壁炉等。

随着出行人数的增多,人们对民宿的需求越来越多样化。有人希望到旅游目的地融入当地生活,体验他们的民俗文化,此时民宿经营者的"本地通"服务就显得重要了。

有人第一次来，不识路，需要管家的接引服务；有人家庭聚会，需要有烧烤、厨具等配套设施。这些需求与个性化的软性服务相辅相成。根据顾客需求提供服务，以此拉近民宿与客人之间的距离，民宿"有温度"，建立民宿良好的品牌。

民宿只有真正地结合当地特色，才能具备品牌个性化特质，才能够增强竞争力和影响力。

二、打造品牌文化

品牌文化是品牌在经营中逐渐形成的文化积淀，代表着一种价值观、一种品位、一种格调、一种时尚、一种生活方式。民宿要求与当地的文化人文、民俗风情相契合，一个没有故事、没有人文的民宿，是没有生命力的。民宿品牌需要编剧，但"剧情"不能夸张，也不需要刻意去编造，主要是把现有的自然环境、人文历史，结合民宿的建筑设计风格以"故事"的方式呈现给大家，让已经疏离自然的城里人有一个很好的心灵充电场所。

永墟里民宿创始人小熊就认为："民宿不是新的房子，而是一种新的生活形态。民宿运营意味着乡村生活运营。"首先，墟里是一个乡村生活美学品牌，它具备一个媒体传播的属性，所以不必急于去开分店或者拓展自己的房间数。其次，以墟里民宿作为一个基站或入口，根据用户导向型的设计和产品思维，墟里逐步把客人需要的，乡村可以提供的业态植入到民宿中来。最终，墟里要做的本身是一个乡村产品，乡村本身就是墟里要打造的目的地。

三、提升产品价值属性

民宿产品价值就是周围地理环境、民宿的建筑设计品位、房间硬件设施的档次、消防安全及卫生清洁状况、服务流程等综合因素之和。这些因素中，有一部分是可以直观判断的，如周边环境是否优美，民宿的建筑设计品位是否有档次，房间硬件设施是否齐全、是否舒适。但是有一部分却很难立刻知晓，如房屋的消防安全及服务流程。

如果民宿定位高端，那么在服务、消防安全等标准建设上，就应该参照同价位高星级酒店标准。

民宿无论是讲究个性化、文化内涵的，还是精品文化艺术酒店，都应该建立起商业化品牌。

四、民宿品牌形象设计

（一）体验设计与民宿品牌形象

体验设计是一种设计思维方式，属于心理学、社会学、营销学、商业研究等多个学科的交叉研究领域，在实践层面，设计已经从开发的末端工作、市场美化工作变成了前端工作、全程参与的战略性工作。

体验设计以消费者情感需求或者潜在需求为出发点，强调目标与消费群体的情感互动，关注点集中在消费者的认知、行为、情感等方面，侧重于站在消费者的角度思考问题，本质在于消费者对于品牌传递给他们的对于品牌体验价值的认知和感受。

（二）民宿业态的发展对体验设计的新需求

民宿现有的大多数品牌都只是一个单一的品牌标志，没有对品牌进行系统化、整体性的梳理和考虑，但是民宿发展成为品牌需要从整体性、全局化进行思考，需要注意到的是消费者的感受和认知是产生于体验消费过程中的每一个环节，从预订民宿到入住民宿的每个阶段的体会总和。体验设计，就是强调设计面对的是一个完整、统一的系统，将体验的全过程连贯起来，直接指向核心理念，综合考虑具体的品牌形象、民宿环境、服务等给消费者体验的每个细节。

民宿现在大多依赖于第三方运营的 App 来进行预订，自媒体宣传和与顾客沟通从而传递品牌的价值和理念上是有缺失的，民宿需要进行广告宣传和推广，需要强调民宿自身的文化和当地的文化属性。运用体验设计具有这三个功能性意义。

（1）塑造良好的品牌形象。

（2）塑造差异化的品牌形象。

（3）引导消费，满足消费者物质、精神等方面的需求。

为了应对激烈的市场竞争，民宿品牌需要合理地开发和利用，增加竞争力、扩大消费市场。通过体验设计的原则和方法，可以提高品牌形象设计与其他品牌的差异化，寻找品牌独特的体验并推动品牌的创新，挖掘民宿的文化性和差异性，给民宿的经营者带来更高的利润空间。

（三）体验设计在民宿品牌化中的应用

体验设计能够帮助民宿从众多竞争者中脱颖而出，民宿品牌构建可以吸引更多的客人，从而获得更多的商业价值，而客人也能获得更好的体验，从以下三个方面可以体现。

1. 增强消费者品牌认同

体验设计要求设计能满足个性化和消费者心理上的需求。通过发现和探索消费者的个性化需求，在民宿的品牌形象设计中体现，突出民宿的特点，整合民宿所在地与民宿理念相关的资源，为消费者提供更好的服务。例如，台湾的"花自在"民宿，取名为"花自在食宿馆"，民宿最特别的地方就是民宿经营者的创意料理，台湾当地人会驾车几个小时前来吃料理。在品牌的网站上还整合了周围的景点，并开发了创意商品供不同的客人选择，如提供自行车出租等服务，满足和照顾不同客人的需求，网站的建设比较完善。

2. 丰富品牌形象表现

民宿的品牌视觉识别系统包括品牌的标志组合、色彩组合、广告设计等。以体验设计为切入点，考虑民宿的自身属性，寻找适合民宿品牌形象设计的表现方式，达到吸引消费者的作用，不仅是视觉层面上的表现，还利用人的多种感官带给消费者愉悦的体验。马来西亚民宿品牌"The Happy 8"是一所结合马式南洋文化与艺术的连锁民宿品牌，使用当地鲜艳的色彩体系，神秘的民族符号以独特的方式进行民族文化的重新演绎，结合各地民宿的魅力和优势，在系统性的品牌形象设计中塑造丰富多彩的变化。富有民族特色的色彩组合应用在民宿的抱枕上，不仅是视觉上的刺激也有触觉上的感受，多种感官的刺激加深了客人对品牌的印象。

3. 强化对品牌个性的记忆

在关键接触点上的独特体验设计，可以营造独特的体验，从而强化客人对品牌个性化特质的体验与记忆。这种独特而美好的体验与记忆，有利于促成客人的分享和再次消费。2012年首家原舍在莫干山开启，如今已小有名气。截至2018年，原舍在南京、周庄、锦溪、云南、松阳、苏州等地都相继建设了原舍民宿，原舍在品牌接触点上以原舍的树山民宿为例，入住民宿时赠送原舍的杨梅酿，离开民宿时会有小玩偶作为纪念品，这些接触点加强客人对民宿品牌的记忆。

五、民宿品牌化营销策略

据《2019年中国消费市场发展报告》显示，对品牌品质的关心消费者多达56.40%，以追求低价著称的消费特性发生变化，消费者步入品质消费的行列，追求品质品牌的群体越来越大，现已成为消费的主力军。

面对越来越挑剔的客人、越来越复杂的市场环境，民宿的市场营销也面临新的挑战：面对千变万化的消费心理，民宿营销要用什么样的市场营销方式才能行之有效呢？

（一）个性化——区域联动式营销

如今渴望释压、追求品质生活的中产阶级已经成为中高端民宿的主力客群，民宿供给品质升级、价格攀升vs不低的入住率，反映出中产阶层的旺盛需求。同时，经济发展导致住房的增多，村里人外出就业涌现的空心村，这两点原因致使住房空置及剩余。

有体验，就要有生活。没有生活的民宿，卖的只有住宿，注定会惨淡经营。在很多业内人士看来，民宿的营销推广，除了那些常规的推广方式，比如通过建立预订网页及豆瓣、微博、微信、网页等网络渠道展示推广民宿的网络营销；联合组建民宿协会，整合资源，整体打包营销的整体营销；通过集体举办节庆活动来提高人气的节庆营销；与游客建立良好的客户关系，通过温馨的服务，打响自身品牌的口碑营销，等。其中最重要的就是——个性化的营销推广。

民宿个性化营销推广策划的重点是当地的特色文化。挖掘每一家店的当地特色文化，不仅让民宿的营销推广手段变得更加丰富，还有别于一些标准化的营销手段。此外，加强不同区域的店与店之间的联动营销，也是民宿个性化营销推广的手段之一。也就是说，民宿的个性化营销推广，不仅会有单店式的，还会有点一线结合式的、区域性的等不同维度的营销方案。

（二）收益最大化——价格的调控

民宿在大理、丽江、香格里拉、腾冲、西双版纳等云南热门旅游目的地随处可见，已然成为当地一张靓丽的特色名片。然而，民宿产业蓬勃发展的背后，是民宿经营者水平参差不齐、偶有经营不善的情况。

管理民宿房间的库存、入住率和规范化价格运营，从而实现开源节支，有效控制成本，保证营业收入与开支的持平，已经成为很多民宿经营者最为关心的问题。那么，游多多这个连锁品牌是如何做好每家加盟店的管控和收益等方面的工作呢？

游多多自行研发了一个包含了订单管理、财务管理以及各个渠道与 OTA 的对接等功能的客栈民宿 PMS 管理系统。通过这个系统，确保了各个加盟店的房价和库存的准确性。从提升入住率和营收来看，不同的渠道营销面对的客源和客户群体是不同的。游多多会根据客栈的实际情况采取相应的销售渠道，如有些加盟店会通过爱彼迎（Airbnb）的渠道去销售。

此外，实现收益最大化很大程度上就是调控价格。目前，游多多会定时监测某一区域范围内客栈的价格波动和入住率，并做反向推算，从而确定未来 3 周内这些客栈的产品价格。未来，民宿通过大数据，全智能化地分析这个区域内和这个价位段的客栈数据，再结合自身的客栈在未来 2~3 周内的预订率，对客栈的产品价格做出动态调整。

好的连锁品牌运营肯定会时刻关注市场变化，以期能立刻做出正确的调整，这样才能使品牌立于不败之地。

（三）连锁品牌——保留个性+提炼共性

在民宿这个以小众、独特、精致著称的非标准化住宿领域，单门独户仍然是主流。不过，随着民宿投资的快速升温，这一领域已然激发了资本的兴趣，民宿的规模化、品牌化、连锁化运营成为新趋向。

然而，民宿的个性化、人格化特质，与品牌规模复制所要求的标准化，却存在着内在的紧张关系。到底是拒是迎，民宿经营者们莫衷一是，理解并不统一。民宿规模化之后是否会离本源渐行渐远，也让一些民宿经营者忧虑。

民宿的灵魂核心是个性化的和丰富多彩的体验。因此，在连锁经营的过程中，要在保留个性的基础上提炼共性。如果把民宿的连锁经营发展成为经济型连锁酒店的模式，就直接抹杀了民宿的灵魂。

目前游多多的连锁经营主要以加盟为主，以直营为辅。其运营理念是"游多多客栈，在路上的家"。在这种加盟模式下，品牌方事实上采用一种轻资产方式实现了规模扩张。有线下的民宿经营者表示,他们在与游多多的合作中,对方主要负责远程协同信息平台的搭建、品牌整体的宣传推广,基本不干涉民宿装修、人员聘用等细节。"单独做品牌推广的话精力有限、资源不足,选择加盟之后,可以专注做好民宿的服务和体验。"

就行业本身而言,连锁化经营不仅是必要的,还是一个趋势。与酒店行业拥有五星、四星和三星级等连锁品牌不同,民宿行业比较散碎:体量小,分布广,没有具体的服务标准,协会也难管理。通过高性价比的产品和有保障的服务,可以让消费者多体验一些快乐,少承担一些风险。

【拓展阅读】

莫干山裸心谷

莫干山裸心谷位于浙江省莫干山,距离上海2.5h车程,距离杭州0.5h车程,是一个有水库、翠竹、茶林及数个村庄环绕的豪华度假民宿,如图7-36所示。

裸心第一个项目是在莫干山地区开发的民宿,叫作裸心乡,占地150亩,于2007年开业。好产品自己会说话,裸心乡自营业起,八栋农舍改建而成的度假屋,客人就络绎不绝。

公司创始人在裸心乡运营的时候,特别留意每个客人的预订,从这些客户的消费习惯里寻找到他们的需求,从而进行下一步的产品升级。因此,作为裸心谷的DEMO版,

图7-36 莫干山裸心谷

裸心乡的运营为裸心谷的孕育提供了很好的经验。

直到2011年,裸心的第二个项目——裸心谷开业,很快以其独特的定位和高品质的产品打响名号,这才算是引爆了整个莫干山地区的休闲度假市场,成为整个德清莫干山地区的头牌产品。这个占地360亩总投资2.5亿元的项目,是一个拥有数十栋树顶别墅及圆形夯土小屋的度假村,以可持续发展模式建立了野奢的品牌特色。

如今,裸心谷是德清莫干山地区纳税第一名,并且该项目巨大的营业收入来自度假,而不是房屋销售。

1. 独特的品牌名称

初识裸心,一般都会被其独特的品牌名字所吸引。裸心,意为在简单的快乐中重寻纯朴、热情的初心,回归大自然并享受友情和亲情。

为了使主题保持一致,裸心谷所有的房间根据所处的位置使用动物的名字命名,比如河马房在湖边,猴子房、熊猫房、野猪房在树林中间,还有别墅区的天鹅房、猫头鹰房、喜鹊

房等。

2. 品牌定位清晰

裸心谷的品牌定位，可从品牌名"裸心"二字一窥端倪，把非洲的粗犷热情天衣无缝地融合在亚洲的土地上。裸心谷的产品客户群体从一开始就瞄准高端会议旅游、接待旅游、员工拓展旅游和公司发布会等市场需求聚集地。企业需要在以上活动中体现良好、高端的企业形象，而裸心谷周边优美的自然风景和高品质的服务及室内装修正符合这一点。

3. 选址得当

裸心根据自身的项目气质归纳了三条选址原则：

（1）"Nobody can ruin my resort（没有人能破坏我的度假村）"。这是他们的首要原则。

（2）第二个原则是"要安静"，即旁边不能有公路等噪声源。

（3）离重要城市不超过2.5h的车程。

裸心谷选址在富饶的浙江莫干山地区，这里处在华东地区最富庶的沪宁杭"金三角"的中心部位，也是中国四大避暑胜地之一。在近代，莫干山一直是外籍人士度假的首选场所，在民国时期，莫干山是官员贵客们的重要避暑胜地。莫干山从近代以来，一直拥有了国际化氛围，这也为其未来的升级发展做了铺垫。

4. 丰富的活动项目

据公开资料显示，在工作日的周一到周四，有很多世界500强企业来此开会，耐克、可口可乐等都是其客户。在其客户构成中，有20%的客户是外国人。裸心的"会议度假"，区别于需要逗留四五天在周边游玩的度假模式，裸心的客人在店内的逗留时间少于两天。除了散客，还有大量公司花一两天前来做团队建设和开会，然后返回上海。这就要求度假村必须要有丰富的活动项目。

从产品结构上看，裸心谷由30栋树顶别墅、40栋夯土小屋、跑马场马厩、3个游泳池、3个餐厅、1个会议中心、一个SPA康体中心、一个有机农场和活动中心构成。夯土小屋绝对是裸心另一标志性的产品形象。其综合了孔明藏卧于南阳的隐居、山间田野的亲近自然和现代工艺与设计的安全舒适，夯土小屋成为裸心谷最主要的住宿产品，夯土小屋每间房间的面积达到$54\sim64m^2$。度假酒店的核心是住宿，住宿的核心是独特的景观体验。而裸心谷在产品营造之时，就极尽工匠之能事，将居住体验放在了首位。

除了餐饮住宿外，内设活动还包括了骑马、游泳、采摘、垂钓、体育运动等多种方式。不同于所有的度假酒店，一进入大门，裸心谷映入眼帘的是长长的步道和洋派的跑马场。

5. 情怀故事戳中文艺青年软肋

南非小伙高天成2005年来到中国后，看遍了上海的灯红酒绿与城市的喧嚣和欲望，无时不怀念南非美丽的自然山水和健康精彩的生活，在莫干山的骑行中偶遇一见钟情的小村庄，便和太太用了5年，在那儿建起了一个小小度假村，取名"裸心乡"。

那个时候，民宿才刚刚在中国兴起，如今处处可见的情怀故事当时可不多见。所以当我们看到"南非小伙""厌倦喧嚣""重寻初心""5 年""与太太一起建造度假村"，每一个点都契合了那个时候都市文艺青年的软肋，有这样一个情怀故事，便不难吸引消费者前往裸心谷。

6. 国际化视野的营销管理团队

在民宿行业还是一片蓝海的时候，裸心谷就引进了大批人才。除了老板高天成本身是南非人外，首席运营官林纲洋曾任澳大利亚普华永道会计师事务所经理，负责上海 W 酒店开发；裸心谷常务董事卢加宝是中国澳门人，负责高端活动和公共事务管理；销售总监韩天宁是荷兰人，为裸心谷带来大量国际大客户，包括联合利华和可口可乐；裸心谷总经理 Kurt Berman 来自南非，曾在马尔代夫索尼沃吉利第六感担任驻店经理。在这样的团队构成下，裸心谷主要是采用国际化营销方式。

7. 不要只在单一渠道做营销

裸心谷的营销方式主要有三种：①依靠知名驴友的微博及各大微信公众号扩大信息传播的有效范围；②针对青年人追求高档消费的心理，在国内大型社交网站上建立裸心谷免费主页，扩大其在青年群体中的影响范围；③在去哪儿、携程等大型专业旅游网站上发布信息，提高其在全国的知名度。

实际上裸心谷走的是非洲野奢路线，且主要目标客户是企业团体用户。但是因为其并没有提取符合定位的简洁精练的广告语，导致普通消费者并不明确它的特性，也未彻底将裸心谷与莫干山其他民宿有效区别开来。

8. 绿色生态的工程设计理念

在裸心谷规划设计之初，就以美国绿色建筑协会的 LEED 标准去设计项目，后来获得该认证。LEED 标准是从场地规划、保护和节约水资源、高效的能源利用和可更新能源的利用、材料和资源使用、室内环境质量等多个方面全面评估一个建筑体的环境质量。

如今，建成后的裸心谷把建筑工艺做一个完整的展示，反映出对产品的工匠精神。这些特色小屋外形有非洲的粗犷气息，除屋顶就地取材，以竹叶搭建，还运用具有可持续建筑技术的夯土墙构建，这种夯土墙身混合水泥、钢筋、混凝土及隔热物料制成，不但色彩浓烈，还具备保温、节能等效用。

树顶别墅的方位、朝向，公司创始人还用 GPS 去测量。为了尽可能不在山谷上施工，树顶别墅都采用保温隔热的拼接式材料，运至山顶后像组装宜家家具那样，把别墅搭建起来，方便拆除或重新利用。

9. 投资模式——一半自持经营，一半销售

对于所有的项目投资方而言，商业模式和财务模型是决定投资的关键。我们来看一下裸心谷的操作模式。

裸心谷的销售和运营相结合的运营模式，是房地产界最感兴趣的。裸心谷的所有树屋别

墅都是可售的，夯土小屋是最终持有的，通过树屋别墅的销售来回现，再通过夯土小屋来沉淀资产。具体来说，每套双房间别墅售价600万元左右，三房间别墅售价900万元，四房间别墅售价1200万元，30套全部出售完，总回款大概2.4亿元，而裸心谷的建造成本是1.5亿元，已经回收了成本还有盈余，同时还沉淀了40套夯土小屋的固定资产。

中国无数的旅游地产商看到这个令人艳美的财务数据都会眼前一亮。其实，裸心谷的商业模式没有超出普通旅游项目的范畴，其最大的秘密还是在于卓越的产品力。当产品不行，不能产生良好的出租率和运营现金流的时候，再好的商业模式也是一纸空文，只是停留在概念层面而已。

在中国大力推进供给侧改革的当下，放眼望去，同质化的酒店成片，同质化的民宿成堆，要想成为这个行业的先驱，就必须要有清晰的品牌概念及在此基础上的圈层链接和底层运营。不然即使情怀、资金、环境都到位，民宿之路也不能走远，走上新台阶。

（资料来源：作者根据相关资料整理。）

六、民宿产品营销

在民宿中，可以销售的产品不仅局限于传统的客房、餐饮产品内容，还可以包含其他类型的产品。一方面，民宿可以通过经营更多的产品内容，从而获得更多的利润；另一方面，民宿可以通过经营更多的产品内容，为旅游者们提供更多的便利。民宿中常见的其他产品，主要包含常规旅游景点和旅游线路、非常规旅游景点和旅游线路、手工艺产品、农产品、地方特产、文创产品等几种类型。精挑细选的旅游产品的简单介绍，可以制作成台牌或者宣传单页，放置于前台和房间内供客人选择。

1. 常规旅游景点和旅游线路

客人在某民宿住宿的同时，大多数人也需要到周边旅游景点和旅游线路进行旅行。因此，民宿可以和周边旅游景点、旅游线路开展合作，可以为客人代理预订旅游景点和旅游线路的门票，尽可能获得优惠的折扣提供给住店客人们。同时，民宿经营者也可以为客人提供相关旅游景点和旅游线路的真实旅游建议和意见，方便客人的出行。例如，云南大理的部分民宿会提供大理三塔、蝴蝶泉等周边旅游景点的门票和丽江两日游、洱海环湖游等旅游线路的产品。

2. 非常规旅游景点和旅游线路

在旅游中，不少旅游者会青睐于非常规旅游景点和旅游线路，不再局限于常规旅游景点和旅游线路，这就要求民宿能够为其提供相应的产品及其交通等配套服务。现今，有不少的非常规旅游景点和旅游线路都已经成为"网红打卡地"，受到了旅游者们的追捧，民宿经营者应重视此类产品的开发和运营，以此来满足更多旅游者的需求。例如，云南丽江的部分民宿会提供向日葵花海观赏、夜间观星、民族打跳晚会等非常规旅游景点和旅游线路，图7-37

为丽江见微民宿的茶马古道旅游线路。

3. 手工艺产品

手工艺产品是旅游纪念商品的重要组成部分,而现在手工艺品存在同质化现象严重的问题,因此,在民宿的手工艺产品中要打造出自己的特色。民宿的手工艺产品可以结合自身和当地的特色,挖掘出具有当地民族、宗教、历史等文化特色的手工艺产品,产品类型和样式不求多,而求精,要做出自己民宿手工艺产品的特色,把它打造成自己

图 7-37　丽江见微民宿的茶马古道旅游线路

的一张名片。手工艺产品的制作过程中,如果有客人可以参与的内容,可以邀请客人共同参与制作,比如银器的敲打、瓷器的塑形、手链的编织、扎染的上色等内容,以此来加深手工艺产品对于客人的特殊意义。

4. 农产品

民宿可以经营的农产品种类丰富,可以是自家种植的有机蔬菜和水果、自家饲养的散养土鸡和土鸡蛋、周边农户腌制的传统火腿、用自家果实酿造的各式泡酒、本地当季水果、自制茶叶、天然蜂蜜、自然生长和人工培植的食用菌以及山间野菜等产品。民宿经营的农产品,要注意保持安全、绿色、有机的特征。同时,在农产品销售中,可以加入客人的参与部分,如果实采摘、压制茶饼、蜂蜜采集等内容,来丰富客人的体验。

5. 地方特产

地方特产是指具有相关地域特色或某一地方特有的产品。旅游者们来到一处旅行,除了在当地民宿进行住宿外,很多旅游者会购买地方特产。一方面,旅游者们选择地方特产可以作为自己的旅游纪念品;另一方面,还可以作为伴手礼送给家人及朋友们。地方特产的范围很广泛,包括各地的农副业产品、手工业产品等,如河北沧州的金丝小枣、云南昆明的鲜花饼、广西桂林的米粉、江苏苏州的刺绣、江西景德镇的瓷器、天津的泥人张彩塑、甘肃兰州的百合等。民宿售卖的地方特产要注重产品质量,要选择品牌产品进行销售。

6. 文创产品

当民宿达到一定的知名度或形成连锁品牌时,可以开发自己的系列文创产品。民宿设计出自己的 IP 形象,开发出具备内涵、功能、审美三大特点的文创产品。优秀的文创产品,不应该是新奇、点缀,而是能够进入旅游者们的日常生活。民宿结合自身的特点,可以开发纪念品、办公用品、家居日用品、工艺品等文创产品。书法、国画和油画等有着其自身的艺术价值,当然也属于民宿文创产品。民宿文创产品还包括手工类产品,如编织、刺绣、软陶、雕塑、黏土、布艺、陶艺等。

7. 主题活动

好的民宿是有个性和故事的，它像一本书，可以让住在民宿的客人细细品味。民宿的主题有几种表达方式。①民宿经营者的爱好和特长。民宿经营者可能会在茶艺等方面有特长，可以以此相结合，开展相关的系列主题活动。②特定人群主题。当寒暑假到来之时，会有很多孩子来到民宿，民宿应该针对不同的人群，开展不同主题的活动。③价值导向型主题。此类主题设计形成于该民宿本身的价值界定，通常在连锁品牌民宿上比较常见。比如西坡系列、原舍系列、久栖系列等，其主题风格具有地域文化及民宿本身传达的价值意义。④节日主题。民宿经营者在儿童节、端午节、情人节、中秋节、火把节、父亲节等节日期间，组织相关的主题活动，让客人在民宿中感受节日的气氛，留下关于节日的美好记忆。⑤网红主题。民宿结合最近的网红元素，展开主题活动，让客人能够结合热点。

每一个旅游城市都有自己的"标签"，这些标签是旅游者们提及该城市最初的印象，民宿主可以不断地深化印象，制造主题。例如，厦门的文艺小清新、丽江的休闲、大理的自在、莫干山的修身养性、杭州的烟雨江南等，找到与民宿自身最契合的主题是活动成功的基础。一场别样的主题活动，不仅能够增加旅游者们的参与感及好感，还有可能吸引更多的旅游者们慕名而来。在活动中，民宿经营者应该注重设置参与性强的环节，让旅游者们能够参与主题活动，在体验中收获快乐，图 7-38 为丽江见微民宿火把节体验活动。

图 7-38　丽江见微民宿火把节体验活动

【拓展阅读】

依托"茶文化"的牧童蝉苑民宿

（1）民宿名称：牧童蝉苑。

（2）民宿地点：云南省西双版纳州。

(3) 文化依托：茶文化。

云南得天独厚的地理环境，孕育出浓厚的茶文化。云南拥有世界三大茶树王和万亩生态古树茶林及闻名世界的普洱茶。云南勐海县巴达发现野生型茶树王，树龄1700年。云南澜沧县富东乡邦崴村的过渡型茶树王，树龄千年左右。勐海县南糯山发现栽培型茶树王，树龄800年。巴达茶树王、邦崴茶树王、南糯山茶树王并列三大古树茶王，亦即"三大茶树王"。它们的存在，充分证明了云南在茶叶界的重要地位。

(4) 突出特色。

牧童蝉苑位于西双版纳州景洪市大渡岗乡。大渡岗乡是云南省种植绿茶面积最大的乡镇之一，是茶叶之乡，2011年被评为"国家级生态乡镇"，2013年被评为"全国'一村一品'示范乡镇"，2013年被评为"中国美丽田园·十大最美茶园景观"，获得"2016森林中国·森林文化小镇入围奖"，2018年大渡岗乡昆罕大寨村获全国首个"中国森林生态旅游示范村"称号。牧童蝉苑地处西双版纳州和普洱市之间，距离两地里程各有60多公里；距离野象谷热带雨林景区30多公里，仅需0.5h车程。小房依山傍水，清幽静谧，是一处适合慢呼吸的隐市茶源。

为避免旅游产品同质化，牧童蝉苑所推出的文化旅游项目是以世界最大连片茶园——大渡岗万亩茶园的优势资源为依托，以大渡岗军垦文化、青垦文化、农耕文化、茶马古道文化为底蕴，以传播、传承中国传统茶文化为目标。牧童蝉苑秉承"绿色、有机、康养、体验"的宗旨，打造净、静、敬、竞的茶山游项目。

在这里，简单的生活不再是奢望，远离拥挤的闹市，静享安逸的山林生活，亦别有一番味道。牧童蝉苑视野开阔，推开房门，偌大的落地窗外，层层叠叠的茶树映入眼帘，目之所及皆为碧绿，缓缓行至窗前，窗外的丝丝甜气扣人心弦。闭上眼睛深吸一口清新的空气，即刻便沉浸在一片绿色中，身心舒缓。室内室外相得益彰，构成了一首田园生活诗，向往的生活便从这里开始，如图7-39所示。

图7-39 牧童蝉苑的田园景观

(5) 行程安排。

第一天：入住民宿→上午采茶→下午制茶（晒青）→傍晚垂钓→晚上烤茶烧烤。

第二天：上午制茶（红茶）→穿越原始森林→领略茶山小瀑布→静夜茶会。

第三天：游览万亩茶山拍照→茶叶审评交流→下山。

具体行程为：

1）采茶体验。

换上一套少数民族服饰，头戴一顶斗笠，肩挎采茶篓，沉浸式深入体验采茶农事活动，感悟茶树的生命力，感触茶农烈日下的艰辛，感恩自然馈赠的那一抹茶香，如图7-40所示。

图7-40 牧童蝉苑采茶体验

待采满背篓，成就感油然而生，捧一把茶叶轻嗅，那原始的香甜沁人心脾。同时，旅游者们会发现这背篓里的每一片叶子都是如此弥足珍贵，因为只有切身体验参与其中，才能感受到采茶是如此艰辛，第一站的体验感即让旅游者们惊喜满满。

2）制茶体验（晒青）。

上午旅游者们采回茶鲜叶，午休后茶叶经短时脱水，下午开始进行晒青茶加工制作，这个环节你会接触到高温的炒锅和蒸汽，这道工序称之为杀青。旅游者们杀青炒制茶叶时，茶气腾腾，人茶合一，不停地翻炒，从中感受茶叶的变化。下一步工序是揉捻，经炒制的茶叶黏性强，规律揉捻便能使叶面粘成条索，若是揉捻成团，轻轻抖散，理条即可。揉捻主要是为了破坏茶叶的细胞壁，让更多的茶汁分解出来，同时让它形成条索，让茶干外观更为好看。茶叶通过规律地揉捻会形成团块，为抑制茶叶的发酵，同时提升茶叶的品质，对揉捻好的茶叶进行理条，让茶的条索更加赏心悦目。这是一次趣味十足的人茶交流体验，道道工艺，片刻不能马虎，如图7-41所示。

图7-41 制茶体验（晒青）

初次接触制茶的旅游者也不用担心，因为民宿会安排专业的老师为旅游者们进行锅温、翻炒等的一一示范解说。同时，通过制茶体验，也让旅游者们从中更加理解含水量、失水率等制茶术语，明白如何操作，才能保障茶叶色、香、味俱全。

3）垂钓。

一整天的辛劳过后，可以进行茶园垂钓体验。以地里挖出的蚯蚓作为鱼饵，也可以用酒糟或鱼食，是趣味也是挑战。鱼群喂养以周边栽植草料为主，因不予投料，故垂钓难度系数大，只有真正静下心感受鱼线拉力，才能获得鱼儿。鱼塘下方是一处荷花池，在傍晚柔光的映衬下变得格外温暖，散步、赏景，都是不错的选择。

4）烤茶烧烤。

古法吃茶，传统烹饪，共同来感谢大自然的恩赐和馈赠。民宿的夜间没有灯红酒绿，没有纷纷攘攘，有的只是一处火塘。与旅游者们之前所使用的盖碗、紫砂、玻璃茶具冲泡茶汤不同，民宿使用带有明火的火塘进行烤茶，有烤米茶、烤鲜叶、烤晒青、煮白茶。烤茶一般以未经发酵和未经高温干燥的晒青茶为主，通过高温萃取，激发茶叶内含物质，让茶香更为浓郁。待砂罐煨热后，放入茶叶，迅速抖动簸荡煨烤。待茶叶烤至微黄色，飘逸出清幽的茶香时，冲入一勺开水。这时，只听"佣"的一声，被冲起来的茶水泡沫也升至罐口，有如绣球花状，一股诱人的茶香四散开来。这一冲茶之声，又响又脆，因而又称烤茶为"雷响茶"，也有人称为"百抖茶"。再烤上些原生态的鱼、五花肉等，大碗喝茶，大口吃肉，原生态食材加上传统烹饪方法，在炊烟袅袅的亭子里感受人间烟火气，一天的疲劳感顿时尽散，如图 7-42 所示。

图 7-42　烤茶与原生态烧烤

5）制茶体验（红茶）。

第一天采摘的茶鲜叶通过一整晚的自然脱水，茶鲜叶已局部柔软，叶面不易破碎，茶梗不易断裂，是加工红茶的绝佳时机。红茶加工不需高温杀青，萎凋好即可如加工晒青一样进行揉捻工序，也是为了破坏茶叶细胞壁、分解茶汁。揉捻成条的茶叶进行箩筐离地发酵，是为了促使茶叶在氧化酶的作用下变成红色氧化物，成为红茶。亲自参与制茶，让每位旅游者都深刻了解了一杯清茗背后所付出的辛劳，往后便会更珍惜每一片茶叶，可谓是收获颇丰，如图7-43所示。

图7-43　制茶体验（红茶）

6）穿越原始森林。

大渡岗森林覆盖率高达93%，万亩茶园置身原始森林中央，茶园被自然保护区所环绕，有着茂密的原始森林景观和丰富的动植物资源，其部分区域仍属亚洲象迁徙活动线路。徒步万亩茶园、穿越原始森林，亲近大自然，感悟大自然，畅享天然的大氧吧，在运动中获得快乐，放空心灵的每一处，简单而知足。

7）探秘茶山小瀑布。

穿越原始森林，顺着山谷远远就能听到落水声。由于交通条件不便，至今仍保留着人迹罕至的茶山小瀑布。茶山小瀑布被森林保护着，在远处是看不见的，只能闻其声而不见其真容。走近瀑布，水声和鸟叫声在耳边荡漾，旅游者们无不被这大自然的鬼斧神工所震撼，此时的喜悦漫不经心地流露出来，所有疲惫也都在大自然的怀抱里宣泄开来，如图7-44所示。

8）夜间茶会。

夜晚的牧童蝉苑是寂静的，静得可以安心喝茶。民宿的茶艺师会一招一式分解冲泡流程，分享茶艺技巧，旅游者们可从中细品茶类有何不同，茶性因何不同，以此来获取更多的茶艺知识。在喝茶的同时，旅游者们可以在一起交流饮茶心得、生活感悟等，实现以茶会友的美好愿景，如图7-45所示。

图 7-44　探秘茶山小瀑布

图 7-45　夜间茶会

9）游览万亩茶园拍照。

牧童蝉苑位于美丽的西双版纳，坐落在被誉为"中国美丽田园"的大渡岗乡，全世界最大连片茶园——大渡岗万亩茶园，这里平均海拔 1300 多米，年平均气温 28℃，有着茂密的原始森林景观和丰富的动植物资源。这里的茶树一排排整齐得像梯田一样，又如银丝带般在山岗上延绵。

清晨，茶园烟雾缭绕，颇有禅意，茶叶经过露水的洗礼后，闪现着晶莹剔透的亮光。远处天空和茶园各成一色,美不胜收,旅游者们可以在此处合照留影,游览万亩茶园如图7-46所示。

10) 自加工茶叶审评。

茶叶审评是用感官鉴别茶叶的过程,即旅游者们运用嗅觉、味觉、视觉、触觉等感觉器官,对自加工茶叶产品的形状、色泽、汤色、香气、滋味及叶底等品质因子进行审评,从而达到鉴定茶叶品质的目的。茶叶审评有别于日常的冲泡品饮,根据茶类的不同,有严格的重量和时间规定,因为茶叶需要经过高温焖泡,才能把茶叶内含物质激发出来,如图7-47所示。

图7-46 游览万亩茶园

图7-47 自加工茶叶审评

牧童蝉苑主要是组织旅游者们对于前两天的自加工茶进行评审,对于茶的内质和外形进行审评。通过茶叶评审的分析,来获取关于茶叶品质和制茶技巧的进一步认知。在综合评审对比的过程中,发现各自茶品的优缺点,便于以后的进步。

爱茶的旅游者们还可以亲手制作一饼属于自己的普洱茶。旅游者们经过称茶、蒸茶、装布袋揉碾、石磨压饼等环节,制作一饼属于自己的普洱茶。牧童蝉苑还为旅游者们准备了笔墨纸砚,待旅游者们亲手压制的茶饼焙干,即可自书自画普洱茶饼的包装,留下最珍贵的自制普洱茶饼,如图7-48所示。

图7-48 自制作普洱茶饼

牧童蝉苑希望能够通过打造净、静、敬、竞的茶山游系列项目，延伸茶旅文创产品，丰富茶旅体验项目，在大健康时代背景下传授给旅游者们制茶、品茗等相关知识。同时，希望通过文化旅游项目的开发，吸引旅游者们来到牧童蝉苑。

（资料来源：作者根据相关资料整理。）

【复习思考题】

1. 云掌柜 PMS 的特点是什么？它帮助民宿经营者解决了哪些难题？
2. 运用你的手机，整理目前民宿 OTA 平台。其中排名靠前的民宿有何特色？
3. 运用本章所学，结合所在城市或你自己的特点和爱好，打造一个的民宿 IP 并在课上展示。
4. 互联网思维下，民宿品牌化经营的策略有哪些？如何把它们发挥到极致？

第八章 民宿后勤管理

【本章导读】

民宿后勤运营管理包括诸多内容。据研究调查，安全问题是民宿客人最关心的问题，所以说安全是民宿的生命线，一点也不为过。如果人身安全没做好，不仅影响民宿的口碑，还会造成客人的流失。此外，民宿的物资与采购直接关系到民宿的成本控制。财务管理作为民宿管理的关键环节，是民宿提高行业竞争力的核心所在。

第一节 民宿安全管理

民宿运营的首要标准便是安全管理，包含社会治安、消防安全、突发状况应急方案等。一直以来，关于民宿的安全问题深受人们的关注，无论是对于民宿经营者还是客人来说，只有在保障了基本安全的前提下才有可能考虑其他方面的运行发展。

一、民宿安全管理的领域

（一）消防安全

在民宿中，除了按照标准在房间内放置灭火器、图示逃生通道、放置防毒面罩等必备品外，还需要向每位客人普及他们的用处及摆放位置，确保危险发生时能够给到入住的客人实际的帮助。另外，还要对这些消防设施进行定期的常规性检查，确保其能够正常使用，将使用说明纳入"民宿安全手册"并发放给客人。厨房使用尽量避免明火，室内禁止吸烟，房间内的家具及布艺用品尽量使用非易燃材质，保障民宿消防安全。

（二）水电安全

对于民宿而言，用水用电安全也需要经营者及时做好相应的防范。

（1）水。民宿用水一般分为两种：生活用水和饮用水。需要注意生活用水的水质安全，以及卫生间地表的防漏、防滑设施及对客人使用的贴心提醒，这些都是非常有必要的安全措施。

（2）电。除了专业的安装和配置以外，最好使用一些电压相对较小的电器，电线等设施定期检修，各类电器定期保养，严格按照标准设置电路，不可私拉电线。

（三）饮食安全

民宿内的餐厅要严格按照卫生安全标准；客人使用的厨房也要时刻保持清洁，方便客人安心使用。

客人入住民宿之后，民宿经营者可提醒客人进餐时注意卫生安全，尽量不摄入不卫生的食品。民宿也可以预备一些常规药品以备不时之需。

（四）人身安全

民宿的公共区域应安装摄像头，并主动告知客人摄像头存在的区域，尽量做到公共区域全覆盖。

客房内有专业的反锁设置，保证客人入睡安全；设置贵重物品保险柜及专业的保管服务，并提醒房客自行归置好贵重物品，避免丢失；发放"民宿安全手册"，保证客人合理使用民宿内设施，注重自身安全。

二、民宿安全管理对策

（一）加强对员工的安全培训

1. 严格挑选员工

民宿招聘员工时应严格把关，防止一些不良分子混入酒店员工队伍，对招聘的员工要进行培训教育，提高员工的素质，培养员工遵纪守法的自觉性。

2. 建立一套完善的培训制度

（1）新员工入职培训时，要求他们掌握基本的安全防范知识，发现异常情况时懂得如何处理，发现火情会报警、会灭火、会正确疏散客人等。

（2）加强员工岗位培训，提高员工识别犯罪分子的能力。

（3）对员工进行职业道德教育。

（4）针对社会上的一些典型案例和惨重的火灾，强化员工安全意识，建立安全考核制度。

（二）严抓内部安全管理

很多发生在民宿的案件表明，犯罪分子之所有得逞，与民宿内部安全管理人员麻痹大意、安全意识不强有密切关系。民宿应在以下几个方面加强管理工作。

（1）根据民宿的实际情况，安全部门应配合各部门制定一套切实有效的安全防范工作程序、应急预案和管理规章制度，根据不同时期的工作重点做好应对各种突发事件的准备工作。

（2）建立健全安全管理规章制度和检查制度，实行岗位责任制。安全部门要加强对民宿有关场所的巡查，及时发现并排除各种不安全因素。

（3）任何员工在民宿范围内发现形迹可疑的人员或非住客在楼层徘徊，都要主动上前询问，在询问时要注意语言的表达技巧。

（4）实行三级负责制，店长、管家、一线员工逐级委任防火责任人，对在民宿内发生的一切安全事故，实行"谁主管谁负责"的原则。

（5）实行治安消防安全达标考评制度，将岗位或个人的安全工作直接与员工的经济利益挂钩。

（三）配备安全防范设备设施

1. 电视监控系统

电视监控系统主要由摄像机、录像机、手动图像切换、电视屏幕等组成，一般安装在民宿出入口、客房走道及其他敏感部位，用于发现可疑人员或不正常现象，以便及时采取措施，对犯罪分子也可造成心理威慑，给民宿的安全带来保证。

2. 安全报警系统

在民宿的消防通道、前台财务等重要位置必须安装安全报警系统，以防止盗窃、抢劫、爆炸等事故的发生。

3. 自动灭火系统

自动灭火系统由多种火灾报警器、灭火器、防火门、消防泵、正风送风机等组成，是民宿安全必备的设施。

4. 通信联络系统

通信联络系统是指以安全监控中心为指挥枢纽、通过呼唤无线电话通信器材而形成的联络网络，使民宿的安全工作具有快速的反应能力。

5. 电子门锁系统

电子门锁系统对民宿的安全管理能起到很好的作用，为加强对盗窃团伙的防范，目前的电子门锁系统已得到进一步改进，即在电子锁上安装自动破坏解码器的装置，当犯罪分子将解码器插入电子锁时，该装置就能将解码器毁坏并自动报警。

随着高科技的发展，将会有更多的高科技成果应用在民宿的安全管理上，只有人防和技防相结合,软件和硬件同时抓,才能构筑安全屏障。

【拓展阅读】

危机与挑战

2011年,在爱彼迎平台上,有一位房东的家被房客"洗劫一空",令爱彼迎迅速站在了舆论的聚光灯下。联合创始人兼首席战略官柏思齐在回忆起这次事件时曾说:"坦白说,我们当时处理的并不好。后来我们意识到,虽然这是一场危机,但我们不应该只是控制局面,或者让事情过去,而是应该从根本上做一些改变,比如承担责任,防止未来发生类似的事。"

然后,他们就把全公司的员工,甚至保安和清洁工,都叫在了一起,群策群力。所有人停下手上的工作,在接下来的两周里,每个人都提出了对信任和安全功能的建议。

后来,这一百多个人推出了四十项新功能。很快,爱彼迎开始验证身份,设立全天候客服,成立了信任和安全团队,还建立了房东保障金和相应的保险制度。

基于这些制度,爱彼迎为每一位房东和每一处房源提供高达100万美元的保障保险,以应对房东、房客及第三方就人身伤害或财产损失提出索赔的情况,并且不用额外支付费用。

"我们没有把这一事件作为一次危机来做公关,而是对公司的运营方式做了结构性的改变。"联合创始人柏思齐提到。

面对危机,爱彼迎的坦诚回应和迅速出台的措施,一定程度上为其赢回了信任,从而"转危为机"。

这套房东房客的保障体系一直沿用至今,也成为爱彼迎在该赛道玩家纷争之时的优势所在。爱彼迎杭州的房东宁轶回想起曾经的一位房客对房间内的贵重桌子的损坏事件,最终通过平台的判定,房客赔偿给了她相应的维修费用。"平台的保障制度,其实在一定程度上让房东们更愿意对房客抱以信任。"

而此次,在平台发生的摄像头事件当中,爱彼迎沿袭了它一贯的快速回应,并出台了详细措施。

在事件发生后,爱彼迎发布了《爱彼迎中国安全管理委员会致社区的一封公开信》,在此公开信中,爱彼迎提到正式成立"爱彼迎中国安全管理委员会",由爱彼迎中国总裁彭韬直接领导,核心成员包括各业务部门负责人及相关人员,加强内部监管机制,拥有处理安全事件和紧急事件的最高决策权。

其中,重要的改进优化内容包括将指派安全团队对房源进行检查和抽查,并拟创建"黑名单体系",与行业互联互通相关不良房东的信息等。

同时,爱彼迎总部宣布任命Sean Joyce出任全球首席安全官一职,全面统筹信任与安全方面的工作。据了解,Joyce之前曾担任普华永道美国和拉美地区的网络安全及隐私业务负责人，在信任安全及隐私保障领域有着数十年的从业经历。

爱彼迎出台的一系列详细措施，其对安全监管的决心可见一斑。但它所面临的安全问题，却不只是爱彼迎的问题，也是整个行业正在面临的难题。

虽然根据相关法律法规，针孔摄像头属于窃视专业器材，未经国家有关部门特许而擅自生产、销售属于非法行为，但是在电商平台上，很容易购买到针孔摄像头，价格从几十元至上百元不等。违法成本较低，也为不法分子提供了可乘之机。

有专家建议，应当加大针对非法生产、销售窃听、窃照等专用器材活动的打击力度，依法追缴、查封生产场所。同时有律师建议，在加强房东身份的审查方面，平台应从严格程序方面入手。

"安全问题的完善对于整个行业的发展来说是举足轻重的，所以这就是为什么我们会投入这么大的精力和内部的资源去做这样的事情。对于共享经济来说，安全肯定是基础，安全之上才是房源质量、价格、营销等其他的一些因素。"爱彼迎的负责人说。

（资料来源：作者根据相关资料整理。）

第二节 民宿财务管理

现实的民宿日常运营并非易事，而是充满了各种挑战。高昂的房租、不断上涨的人工费、奇葩的客人、让人头疼的工程问题等；民宿与地方等部门的关系、频繁的员工流失等，都在不断考验着一个民宿经营者的耐心和综合运营能力。

一、运营成本

民宿作为新兴酒店行业非标住宿的典型，其核算主体还是类似单体酒店，其核算的主要模块就是成本费用和收入，但是麻雀虽小、五脏俱全，需要付出的精力一点不比大型企业少。

二、不可变动成本

不可变动成本主要是房租和装修成本，这两项成本直接决定了房间的质量和房价的区间，越是房租贵、装修投入多的民宿，其定价也必定高，后期运营和营销的难度也越大。

三、变动成本

变动成本主要分为物资采购成本、客房成本、餐饮成本、能源成本、人工成本及营销成本等。以采购成本为例，民宿采购通常是大批量、持续性的，当民宿尤其是走连锁品牌化路线的民宿具有了和供应商砍价还价的能力，就可以影响采购货物的价格。

民宿日常经营中所需的种类繁多的原材料，如肉、蛋、奶、蔬菜等食品原料，以及各种饮料酒水甚至客房使用的棉织品等，由于体量相对标准酒店较小，很难定制统一的采购标准，这就要求根据自身情况进行调整。比如蔬菜供应商最好能送货上门，这样可以节约人力、节省时间成本，这个时候价格就成了次要影响因素；比如布草供应商最好能货比三家，询问一下周边同行哪家洗得好、工人靠谱，对于很多按照五星级标准采购布草的民宿来说，尽可能延长布草使用寿命更加经济实惠，每天能按时送洗、遇到节假日不断档也是重要的参考因素；其他零星采购电商平台即可解决，方便、快捷、省钱是原则。同时易耗品的采购要参考民宿自身库房的容积大小，民宿的面积普遍比较小、空间有限，不能有过多库存，必须根据每月甚至每周的使用量合理控制采购批量和存货周转率。

四、财务监督

民宿在日常运营中肯定会产生很多林林总总的费用，包括电话费、邮寄费、垃圾清运费、餐费、差旅费、零星维修费等。不少民宿由于财务人员不专业、财务流程不正规导致费用失控。这就需要财务监督。

财务监督的主体是民宿的经营活动，最直接的工作就是监督费用报销是否真实、单据发票是否完整、月末盘点是否准确、财务流程是否合规。店内员工尤其是前台的工作质量是一大重点，客人的房费是否真实以及有无少收或者多收情况和OTA网站的对账及佣金结算、应收账款的催收回款核销等，都需要财务监督。

五、财务管理

支付宝、微信的结算量经常超过传统的现金和银行卡结算量，如何在纷繁复杂的日常运营中保证资金流的安全、准确，也是考验会计人员的标准。账簿及时准确登记、现金及时存入银行、银行流水及时对账，是否有正常的资金流等都是民宿能否存活下去的关键，而资金流、财务报表各项数据是否准确考验的却是管理运营能力。

六、民宿盈利

工作中的会计不是加减，而是借贷；运营中的财务不止收付，还有分析；民宿中的财务人员不是全职，而是兼职，还可能是前台人员、厨师、司机、导游等。如果对所有岗位不熟悉，盲目进入民宿业势必要失败或者付出极大的成长代价。

做民宿尤其是做持续盈利的民宿就是一个打怪升级的过程，要面对综合素质和团队运营能力的层层考验。总之，对于千千万个抱着梦想和热情想要开民宿的人来说，与其埋头拉车，倒不如先去一家运营成功的民宿中积攒经验。

第三节 民宿物资管理

民宿物资的选择决定着民宿的整体风格、定位和档次。民宿的物资管理关系到民宿运营过程客人的感受,选择合适民宿物资的同时也涉及成本管理,所以民宿经营者应重视物资管理的各个方面。

一、民宿物资分类

民宿物资具体包括客房内物资、功能区设备物资和主题类物资。

(一) 客房内物资

1. 布草类物资

布草类物资主要包括床单、枕套、浴巾、面巾、浴袍、羽绒被、毛巾被、羽绒枕头等。

注意:每房备三套,布草尽量避免五颜六色,按照酒店标准的色系即可,质量可靠。网上也有专门做布草供应的,包括销售或租赁等形式。

2. 耗品类物资

耗品类物资主要包括牙具、梳子、浴帽、剃须刀、洗发液、护发素、沐浴液、润肤露、卷纸(厕纸)、面巾纸(抽纸)、垃圾袋、拖鞋、矿泉水、欢迎礼物等。

注意:易耗品尽量选择一次性的小瓶装,欢迎礼品尽可能提供,这是输出民宿文化的关键步骤,而且客人印象会非常深刻。

3. 设施设备类物资

设施设备类物资主要包括地秤、衣架、冰箱、电热水壶、水杯、茶杯、电视遥控器、手电筒、吹风机、空调面板、垃圾桶等。

(二) 功能区设备物资

民宿功能区大致分为公共休闲区、餐厅、厨房和户外花园区等。

1. 公共休闲区物资

每家民宿的实际情况不同,公共休闲区的功能也会有所不同。以休息聊天为主的空间,可以放置大一点的桌子和舒适的椅子,便于更多的人交流;以安静休闲为主的空间,可以放置书架和茶台,供客人们阅读和品茶休闲;以项目玩乐为主的空间,可以放置与民宿客源群体相关的娱乐设备,如桌球、飞镖盘等。公共休闲区物资需要与民宿整体主题搭配。

2. 餐厅物资

餐厅是满足客人就餐和共享厨房的场所。民宿的餐厅可能还需要承担其他的功能,如承担非就餐时段的公共休闲功能，因此在餐厅的空间布局和餐桌的采购上需要综合考虑。比如，10间客房的民宿，采购餐厅时，是采购大长桌还是小方桌呢？

3. 厨房物资

厨房是否开放给客人使用？是中西餐结合还是中餐？器物不同，对储物区域和人员也会提出不同要求。一般情况下，如果不是定位特别高端的，客房量也没有在30间以上的民宿，建议厨房定位只选择中餐或西餐的一种。

4. 户外花园区物资

户外花园区主要是以园林景观设置和休闲玩乐项目为主，物资选择具体看场地大小。如果场地小，做园林景观辅之以休闲桌椅摆放为主；如果场地大，可以再设置一些亲子类项目，如玩沙区、泳池等。

（三）主题类物资

根据每个民宿的主题定位而采购提升定位的物资，比如民宿主题是亲子的，需要采购一些小朋友玩乐和亲子活动类的玩具、设施和软饰；民宿主题是禅修的，需要采购一些参禅、打坐、焚香类的器物、设施和软饰。

采购主题类物资，目的在于整体提升民宿对于主题的打造，同时也承担一部分休闲功能。这里需要注意的是，尽量选择质量好的物资，因为主题类物料的使用率相对比较高。

二、民宿物资采购管理

民宿的物资管理主要包括对食品原料、物料用品、布件、工程维修材料及在库低值易耗品等的管理。做好物资分类是民宿实施有效物资管理的基础。加强物资采购管理是降低经营成本、提高民宿经济效益的重要途径。规范物资日常管理包括：建立物资账卡；定期检查盘点，做好统计分析；推行"4R"做法，降低消耗。

（一）做好物资分类

（1）从时间顺序上，物资主要分为筹建物资和运营物资。

（2）从物品特性上，物资主要分为设备类和用品类。

（3）可根据个人管理偏好和民宿经营特点分类，比如有的民宿经营者将物资分为四类①经营性物品类。餐饮物料、客房物料、燃料等。②设施、设备类。洁具、墙纸、地毯、门锁、家具、空调机、电视机、各类清洁器械、工程维修设备等。③外派（包）服务类。保安服务、设备保养服务、植物租摆/鲜花等。④其他类。汽车管理系统、电脑及设备、工程维修配件、员工制服、办公设备及用品布草洗涤用品等。

(二)加强物资采购管理

1. 明确购物渠道和供应商

(1)学习商品知识,了解民宿所需各类物资的特性和分类方法。

(2)调查了解市场行情,货比三家,根据采购的质量、数量、时间等要求选择供货渠道和供货单位。

(3)对采购量大的物资,尽可能向生产单位直接采购,争取最优惠价格。

(4)对于季节性强的物资,如蔬菜、水果、鱼类等,需摸清生产周期,掌握采购最佳周期。

(5)对于尚未明确供应商的物资,可以通过网络采购。

2. 明确采购周期

(1)运营物资一般按月采购,每月统一下单,根据现有库存量和下一个月的计划开业项目确定采购数量。

(2)补仓采购根据"库存物资计划储备数量及采购期限表"最低库存量,由仓库下单采购。

(3)供货时间按类别区分:日常餐料食品下单后第二天供货;烟酒、饮料、日常用品、厨具下单后3天内到货;布草、客房一次性用品、印刷品、贵重餐料下单后半个月至3个月内到货。

(4)对于应急采购物资,如因设备损坏严重影响营业要立即修理的零配件、营业急需的餐料和物品等,应与供货商协商,争取最快供货。

(三)规范物资日常管理

1. 建立物资账卡

物资购进后,要严格查验,建立物资登记档案,按照进货时的发票编号分类、注册,记录品种、规格、型号、数量、价值、使用区域等,见表8-1的设备账本表。

表8-1 设备账本表

名称	编号	规格	数量	领出	结存	建账时间	经手人

(1)所有物资均需分类,分类要细致。

(2)每个种类物资建立一页。通常有多少种物资就建立多少页,每一页登记品种、规格、数量等项目。

（3）每个设备类物资都要编号。可采用三节编码法，第一节表示设备种类，第二节表明使用区域，第三节表示设备编号。如客房的床垫可写成"C3-6-5"，其中，C——家具类，3——客房区域，6——床垫，5——床垫的编号。

（4）建立相应的档案卡。

应做到"账卡相符"，设备在使用过程中发生的维修、变动、损坏等情况，都应在档案卡及账册上做好登记，设备使用情况也要做好记录。（见表 8-2 的设备档案卡）

表 8-2　设备档案卡

名称	购买日期	供应商	价格
型　　号 出外维修		编号	
日期	价格	维修项目	修理方式

2. 定期检查盘点，做好统计分析

（1）对民宿各类设备制定定期检查制度，发现问题及时处理。

（2）很多客用物品尤其是客用消耗品都有一定的保质期，要根据市场货源供需关系确定库存数量，定期盘点，避免积压损耗。

（3）对于顾客造成的物资破损，做好实时登记报备和补充。

（4）对每天的用品消耗进行统计，对每周、每月、每季度、每年度的客用物品消耗量进行汇总，结合盘点，了解用品实际消耗情况。将实际消耗与定额标准进行对比分析。

（5）结合统计分析，根据实际入住情况以及顾客体验对易耗品消耗进行优化和控制。

3. 推行"4R"做法，降低消耗

（1）减少（Reduce）。减少使用或不使用对环境有污染和破坏作用的材料或用品。减少能源和物资的消耗。减少包装，如尽量采取能够重新灌装的容器。减少客用物品的配置和更换。在客房设置环保卡，倡议客人减少床上用品、毛巾等的换洗。

（2）再利用（Reuse）。注意回收那些已经用过但仍有再利用价值的物品。比如，肥皂头、牙刷、牙膏、洗发水等可以用于清洁保养。报纸、纸盒可以卖给废品回收站。报废毛巾可以用作抹布。

（3）循环（Recycle）。在材料和设计上做调整，倡导循环再利用。比如，塑料礼品袋改用布袋或环保纸袋。

（4）替代（Replace）。尽可能使用有利于环境保护和可再生的产品，代替一些传统产品。如纸包装代替塑料包装。

第四节　民宿成本控制

民宿成本控制不是简单的缩减，而是在保证质量并且能够提高质量的情况下，对人力、物力使用进行科学梳理调整，提高综合利用率。民宿利润的公式为

民宿利润=收入（客房收入、餐饮收入、其他收入）-成本（租金、日常客房费用、人员工资、税费等）

从这个公式看，在收入稳定或者提升空间较小的情况下，通过成本控制，降低成本支出，能够达到利润最大化。从宏观方面来讲，民宿成本包括可控成本和不可控成本。如房租属于不可控成本，在房租合同签订以后，这个成本就固定了，不会再浮动。在成本控制中，主要从可控成本着手，通过分析数据，制定合理流程制度，实现可控成本的控制。民宿的可控成本主要集中在以下几个方面。

一、人力成本控制

民宿人力成本包括人员薪酬成本、人员生活成本（吃住、日常生活用品购买等）、人员福利成本（缴纳五险一金、过节福利等）。

（一）存在的问题

存在的问题：人员数量冗余、能力差；淡旺季员工人数无差别；财务监管体系弱等。人员数量冗余体现在人员岗位重叠，人浮于事。

人员能力差，如前台只会做一些简单接待工作，而不会做其他事务性工作。民宿不同于酒店，往往一人多职，这就需要民宿的工作人员有较高的工作能力。

淡旺季客人数量会发生明显变化。旺季可能每天有90%甚至100%的入住率，到了淡季可能一下跌到40%、50%。因此淡旺季对员工数量的需求也不一致。

（二）解决方法

（1）优化人员架构体系，精简人员。通过对岗位、工作量、淡旺季进行分析，在保证服务和工作质量不变的情况下，优化人员架构体系，精简现有人员，从而减少薪酬支出，实现人员成本控制。

（2）提高员工综合素质，加强员工培训，提高员工工作能力。把每一位员工都打造成能接待客人、能网络推广、能维修设施、会打扫卫生的全能角色。

（3）制定合理的薪酬方案。很多民宿采取传统的单一的固定工资薪酬体系。这种体系的弊端明显，旺季时民宿盈利较多，员工付出多但工资没变，这会打击员工的积极性。淡季时民宿挣得少，员工付出相对较少但工资依然不变，这会影响民宿利润。民宿可以采用

"基本工资+绩效工资+福利"这种灵活的薪酬体系，实现多劳多得，激发员工的积极性，从而提高员工的工作效率，创造出更多利润。

（4）淡旺季人员合理安排，减少人员成本支出。由于淡旺季客流量有别，所以要灵活安排人员。

（5）建立健全财务监管体系，防止出现财务漏洞。

二、物耗成本控制

物耗成本涉及范围较广，如果进行合理有效的控制，能够最大限度地提高利润。

（一）存在的问题

（1）采购制度及方法不完善。

（2）使用制度及方法不合理，浪费现象较为严重。

（3）缺少对物耗成本的统计分析，对耗品价格及使用数量不敏感。

（4）设备、设施陈旧落后。

（5）缺乏有效的执行力。

（6）节约意识薄弱，节约理念宣传力度不够。

（二）解决方法

建立采购、使用制度，加强耗品数据统计分析，提高相关人员的节约意识。

1. 客房耗品

（1）在不影响入住体验感的情况下，根据价格、淡旺季情况搭配不同耗品（数量、质量）。如在房价较高的情况下，房间易耗品可以选择小瓶装，如英国品牌 SEVEN PLUS。在淡季房价较低时，可以换成大瓶装。

（2）根据民宿的文化理念及其所处地理位置选择易耗品。

2. 餐饮材料

民宿收入构成中，餐饮收入占比很大。餐饮成本的控制直接影响餐饮的利润，进而影响民宿的整体收入。

3. 采购

制定合理的采购标准，采购人员应熟悉食材及周边市场的动态变化。食材最好就地选购，减少运输成本。如果采购量大，挑选合适的供应商，建立长期合作关系。保证食材供应稳定及食材价格低于市场价格。做好库存管理，库存不当，则会引起食物变质等情况。在每天需求量少的情况下，减少库存数量，做到当天定量采购。

很多民宿提供免费早餐，在这个环节中，由于没有合理预估，容易造成食物浪费。下面有几种解决方法供参考。

（1）制定早餐时间表确定早餐种类。早餐提供的种类要灵活多变，在保证食物质量的前提下，根据季节及食物价格灵活更新早餐种类。

（2）量化食物，做到食物提供量与客人数量对应。如为每位客人提供一杯牛奶或两个鸡蛋。在准备的时候，也可以稍微多准备一些，防止出现客人不够吃的情况。

（3）在餐桌上张贴"节约食物""爱惜粮食""杜绝浪费"等宣传标语，提醒客人们不要浪费粮食。

（4）根据每天客人的剩余食物量做数据统计分析，更换食物种类及数量。例如，规定每天每人两个鸡蛋，几个月的数据表明80%的客人只吃了一个鸡蛋，那么接下来就可以更换鸡蛋的供应量，控制成本，同时也更好地满足了客人的需求。

三、能源成本控制

水、电、气费用支出会占到民宿支出的很大部分，通过合理、节约使用，从而降低成本支出，实现成本控制。

（一）存在的问题

（1）浪费严重。

（2）使用没有规章制度。

（3）由于设备因素，造成能耗大。

（二）解决方法

总体上制定合理规划的水电使用规则，杜绝浪费水电，提高客人和员工节约使用水电的意识。

（1）根据季节、天日长短调整晚上亮灯时间、亮灯位置。如夏季19点、冬季18点打开走廊灯、大厅灯、招牌灯。23点熄灭公共空间部分灯，24点熄灭除走廊以外的所有灯，早上7点熄灭走廊灯。

（2）在客房内和公共空间，放置节约用水用电的标牌，提醒客人合理使用。

（3）根据情况更换大功率的用水用电等设备。

（4）水尽量做到一水多用，如清洁客房的水可以用来浇花浇草等。

四、销售成本控制

（一）存在的问题

民宿销售渠道狭窄，过度依赖OTA平台，OTA平台15%左右的佣金对于体量小的民宿是不小的负担。

（二）解决方法

（1）拓宽销售渠道，减少对 OTA 平台的依赖，降低佣金成本。例如，通过提升服务从而提高客人入住体验，通过客人的口碑宣传增加客源。

（2）根据淡旺季客人流量，适当性地进行房态操作。如春节期间，由于线上线下客人流量巨大，那么可以拿一部分在 OTA 上销售，另一部分选择在线下销售。

（3）加强网络营销推广，加大直销平台客源。

五、维修成本控制

设备维修更换也是一笔不小的支出，并且是一种必要支出，设施受损或者陈旧都会影响民宿的正常运营。可以通过提高设施设备使用寿命，从而减少专业维修费用，实现成本有效控制。

（一）存在的问题

（1）设施出现状况，需要请专业人员修理，则会产生一笔较高的修理费支出。

（2）没有形成设备设施保养习惯，加大了故障出现概率，缩短了使用寿命。

（二）解决方法

（1）爱惜、爱护设施设备，加强设施设备保养。

（2）卫生间放置提醒牌，如"请勿向便池内投扔杂物"。

（3）备好维修工具及一些替换品。

（4）加强工作人员技能培训，使其能够胜任一些简单维修工作等。

（5）书面记录设施设备状况及解决方法。

六、其他成本控制

除去以上成本，民宿还有产生一些其他成本支出，如布草洗涤费用、营销推广费用等。

布草洗涤要根据民宿的具体情况处理，体量小的民宿可以自己清洗布草。体量大的民宿可以选择专业的洗涤公司清洗布草。

营销推广费用也是一笔必不可少的支出。民宿的营销推广可以自己做，也可以交给专业机构。无论选择哪一种，民宿想要长久发展，就要提高员工的营销推广能力，组建一支自己的营销推广队伍。不仅可以帮助自己的民宿，将来也可以帮助其他民宿进行推广，实现利润来源多样化。由于所处地域不同，当地政府对待民宿政策也不同，要熟悉当地政策，在政策允许范围内经营，避免承担不必要的罚款风险。

【复习思考题】

1. 民宿的安全问题主要体现在哪些方面?
2. 民宿的物资管理主要涉及哪些内容和方法?
3. 结合你熟悉的民宿,谈谈民宿的成本控制还有哪些方法?
4. 你还发现了哪些民宿运营过程中的安全隐患?提出来跟大家讨论一下应对的措施?

第九章 民宿的发展趋势

【本章导读】

未来的民宿生态是多样化,是多种形式的互相冲击、学习、演化、迭代,各有各的创意,但一切创意都要基于行业核心准则,如住宿条件水准,服务水准等。

民宿业态的多样化发展,提醒行业人不同民宿要追求不同的"趋势点",这家民宿是这样的生活,那家民宿又是那样的品位,而不仅是设计风格的不同。

第一节 民宿的成长之道

一、民宿精神美学

新生活美学的核心是创新,但这里的创新,并不是做别人没有做过的事情,而是回到原点,重拾初心。通过硬件设施、软件服务、感染力等创造生机勃勃的生活美。

民宿作为后住宿时代的新产物,精神美学做得好的却寥寥无几。大部分人对美学的理解依然停留在比较肤浅的层面。

从静态美欣赏到美的能量传递,恰好表达了人们对生活美学的表面认知,大众对美学的理解,都只停留在静态美的范围。民宿经营者也是,他们大多将自己所有的情怀倾注于静态美的展现,却忽略了动态美的传达、精神文化的传递,然而这才是未来民宿业的核心竞争力,因为动态美的传递千人千面,难以模仿,而静态美只需要交给专业的设计团队去操作就可以实现。

二、和谐环境共生

民宿业有一条独有的"护城河",是一种基于情怀、基于生活的"环境生态",也是精神美学的传递网络,这种网络或大或小,千奇百态,不容复制,即使复制了也是貌合神离。资本可以打造出一座轰动全国的奢华酒店,并且有条不紊地投入运营,但却拿一间小小的民宿束手无策。因为酒店是服务场、享乐场,其核心是身心愉悦。而民宿是生活场,其核心是价值观输出,重点是在人。

那么光靠资本很难触及、光靠模仿很难抵达的"环境共生"是什么呢?是这个空间体系中一切以人为本的、合理设计和设置的文化美学的综合,是一种意义。

杭州西溪的民宿十里芳菲坐落在一个活色生香、真情实理的水边村落。柿子屋、今样小酒馆、木头马尾、瞬间演播室、猫·爷茶等均是村里的小项目,而每一个环节均是历经思想的碰撞与沉淀的产物,不为存在而存在,是鲜活的环节,是促进空间流质循环的媒介。空间是有意义的空间,人是流动的人,活动做成"连载",村落是有生活的村落,这就是"环境共生"。它讲的是一个"生"字,即鲜活,而鲜活从没有固定的模式。

三、爱的能量传递

民宿不是一个单一的住宿空间,是实现一种生活方式的场所,生活的体验和享受的体验是两码事。享乐还是容易的,设施一流、服务到位,以"顾客永远是对的"的迎合态度,消费者总能获得身心愉快的住宿体验。"生活方式"四个字却是难事。首先,民宿到底有没有自己所倡导的生活方式?其次,民宿经营者如何传达这种生活方式?

当今的民宿都知美学的重要性,资本倾注下的设计,美感、设置样样具备,但是始终"活不起来",因为缺乏生活,生活方式都浓墨重彩地写在文案里了,而没有在空间中演绎。

行业还没有很好地将生活方式诠释、传达,生活方式无法像自助餐那样归类摆放,客户自取,它存在于人的活动当中,是一个"动态的视频",而非"一幅图像"。让交流进行起来,让人动起来,生活才得以发生,生活方式才得以传递。民宿经营者需要引导大家动起来(生活的互动或者精神的互动),空间里其他的静态展现,是氛围、是辅助,不是核心。人,才是核心。

杭州西溪的民宿十里芳菲有一个"十二月花事"的系列主题活动,花朝节、柿集等十二场小型活动贯穿全年;莫干山郡安里有一场始于2015年,叫作"最后8小时"的马拉松赛事,以此作为运动精神的传递及健康生活的表达;莫干山云起琚民宿则培育了一群"夜间精灵"(萤火虫),展开了一场探索生命的活动……民宿人所做的一切,就是一种传递方式,也只有这样动静结合的方式,才能真正地将一种生活方式、一种价值观、一种能量传递出去。

四、完善契约精神

单体民宿空间形式多样,优秀的空间可以精致,也可以粗粝。粗粝不是粗糙,粗粝是接地气。这一类民宿最容易成为"大众日常生活的榜样",也可以说是未来生活的"样板房",是一种未来设想的真实体验,意义重大。所以,民宿始终带有一种责任,一种精神,要帮助人们精准找到内心那个"样板间"的实体参考,并附上一种未来生活的模拟。它绝不是完全的、纯粹的享乐,是带着魂魄行动的地方,客人结束一次旅途时会有非常复合的收获。

有这样认知的民宿经营恐怕难得,但这一定是大趋势。

一个有气场的空间生态,能发生化学反应,生发自觉意识,共同形成民宿空间的契约精神,走进这个地方的人,默认尊重这里的一切守则。

【拓展阅读】

我国品牌民宿的发展之路

一、花筑

花筑,是旅悦集团旗下的民宿酒店品牌。作为旅悦集团旗下的主打品牌,截至2020年,花筑民宿已开业1200多家、签约2600多家。花筑曾获得"2019中国十大新锐民宿品牌""MBI2019年度客栈民宿影响力品牌金航奖"等荣誉称号。花筑的品牌口号是"景区旅行,就住花筑"。花筑的品牌初创理念是"一花一世界,一筑一生活"。花筑通过视觉、听觉、味觉、触觉、嗅觉、参与感及回忆感的"七感服务"为特征,让旅游者们在店内能体验到当地文化。2020年9月份,中国饭店协会文旅(民宿)专业委员会主席、旅悦集团CEO张强从行业的角度出发诠释和定义了花筑作为民宿酒店的意义,"民宿酒店是特色民宿和标准酒店相结合的产物,最大特点就是既保留了民宿类产品融合当地自然美学和人文风情的风格,保证一店一设计,同时,也拥有高端品质酒店的硬件设施和宾至如归、安心服务的理念。具备风景之美、人文之美、体验之美、安心之美的民宿酒店如今已经获得了越来越多投资者及消费者的关注与青睐。"同时,花筑在空间设计方面注重与当地文化的结合,在硬件上提供现代化设施,在运营管理上使用集团自主研发的PMS系统。

二、西坡

西坡是一家根植于乡村,集设计、软装、运营为一体的民宿度假品牌,始于2009年莫干山。"西",代表开放的,包容的;"坡"是当地的。西坡选择拥有独特自然风光和历史人文价值的乡村,让民宿与自然共生,激发传统乡村的活力,为客人打造无国界的乡村度假体验。走过山林、湖泊、沙漠、大海,未来西坡将与你一起探索更多秘境目的地。

西坡的使命是"让今天的中国乡村可以不落后于时代又记得住乡愁"。西坡的愿景是"做一家活一百年、有人情味、有归属感、有获得感的酒店"。西坡的价值观是"客人第一、奋斗者第二、业主第三,尊重自然"。

现在,西坡莫干山、西坡千岛湖、西坡中卫、西坡江山等已经在营业中,2021年西坡婺源、西坡柞水、西坡渭源、西坡崇左、西坡草原等即将面世。

三、原舍

原舍，成立于2011年，是目前全国知名的精品民宿品牌，现在拥有分布在莫干山、苏州、昆山、南京、衢州、建水、元阳等地区总计十多家门店。原舍所提倡的"原舍乡土，原本生活"的理念，传递出了中国乡村固有的美感，以及人们对远方及原乡的向往。原舍希望通过自己的努力给乡村带来活力，也为那些在城市快节奏下的人提供追求"本心"的一个心灵之所。

原舍从设计到运营的每一个细节都坚持原色、本土、自然的理念。原舍的每一家店，都是尊重自然和当地文化，都在努力探索和巧妙利用当地文化元素，努力让旅游者们置身于真实的乡野体验和质朴的当地文化中。原舍用符合自然生态的营造手法创造一个舒适的室内和室外环境，让细节之处也尽显设计之美。在每一家原舍，如同原舍的设计一样，让服务成为一件不需要太多技巧但是拥有温度和人情的东西，既不过分热情，也不会冷漠。

目前原舍旗下共有三个品牌：原舍系列、树蛙系列、圃舍系列。原舍系列以亲切又富地域特色，以让旅游者体验到似曾相识的原乡归家之感为特色。树蛙系列则是择选优质的自然肌理条件，在秘境中寻得浑然天成之野奢部落。圃舍系列是以田为圃，以圃为家，将耕耘花草蔬果的乡野生活真实还原，富有蓬勃活力与朝气。

四、有家民宿（有家美宿）

有家民宿，是蚂蚁短租推出的民宿连锁品牌，在2018年2月创立，由携程、途家、58产业基金数千万美元战略投资。到2018年年底，有家民宿覆盖多个城市，设立200多家虚拟店，在行业内保持领先地位。2019年1月10日，有家宣布启用全新升级的品牌名称：有家美宿。"有家美宿"蕴含了"美好生活，从有家美宿开始"的理念，希望让旅游者们能够随时随地"享受美好生活的住宿方式"。携程联合创始人兼董事会主席梁建章担任有家美宿董事长，民宿短租平台蚂蚁短租CEO申志强为有家美宿创始人兼CEO。有家民宿曾荣获"民宿精品类"最佳创新奖等荣誉。

有家民宿在经营模式上进行创新，提出的"合伙经营、全程托管"模式，采取了代运营模式，此模式为业主、民宿投资人等负责提供闲置房产，由有家民宿负责进行统一的托管。在户型上，以2~4居户型的分散式普通民居住宅为主，房间内拥有完备的大小家电等居家设施，具备主次卧、客厅、厨房、洗浴间等全套空间。在功能上，有家民宿的房间内能洗衣、做饭、娱乐、聚会等，为旅游者们的出行提供更多的便利。有家民宿实行"五星级民宿服务标准"，智能门锁"扫脸入住"。在传统品牌连锁运营模式的基础上，结合行业自身特点，有家民宿有所创新，提出"虚拟店+服务中心"的运营模式，即100间房为1家虚拟店，1个服务中心会覆盖3km以内的虚拟店，提供专业的保洁团队、统一的布草洗涤及寄存接待中心。同时还会为每套房源配备专业的线上和线下的管家，管家做到"随传随到"的24h服务。

有家民宿精准定位用户族群，提供"有家亲子民宿""有家商旅民宿"等系列主题民宿。"有家亲子民宿"有儿童房，配置亲子活动区，并提供玩具、绘本、儿童车等亲子所需要的物品。"有家商旅民宿"为商业人士们准备了复印机、打印机、扫描仪等常用商务办公所需要的设备，最大程度上为用户提供便利。

五、久栖

久栖，是一家新型连锁客栈和民宿品牌，于2015年正式成立，创立"久栖"这个品牌，取义于"登途已久，择此而栖"的理念。久栖的总部位于国家5A级旅游古镇——西塘。久栖已经在西塘、乌镇、杭州、厦门、宏村等地拥有十余家店，加盟、并购、重装、新型的客栈模式一路顺畅。久栖客栈希望构建以度假村的周边环境为选址标准、以高星级酒店的住宿体验为客房标准、以丰厚的主人文化为体验标准这三点为核心的民宿品牌。

2016年9月，久栖获得携程网战略投资。在这一战略中，久栖可以依托于携程的海量用户资源、大数据分析能力、市场运作能力等方面，来获得更多的帮助和经验支持，从而获得更加成熟的加盟方案和更多用户信息等。

六、东方客栈

东方客栈，是一家以弘扬东方文化思想为核心的文化主题连锁客栈品牌。东方客栈以"儒·道·释"为核心思想，以琴棋书画、诗香花茶等东方文化元素为基础要素，结合地方文化特性和分店文化特色，打造"神聚形散"的文化主题连锁客栈品牌。东方客栈成立于2013年1月，现已经在华南、西南、华东、华北等区域范围内的城市发展了50余家客栈，初步形成景区型、城市型、度假型相结合的分店布局。未来东方客栈将借助资本市场的力量，通过并购重组迅速扩张，计划将分店数量发展到1000家左右，遍布全国所有热门景点，更好地服务于旅游者们。

第二节 民宿的未来趋势

一、安全和标准化规范提升

2020年新冠肺炎疫情期间，包括食品卫生隐患的消除、口罩有效性的识别、酒精消毒的安全注意事项等在内的自我安全意识得到了一次全方位的普及，这些影响都会在各地即将出炉的行业政策中得以体现，甚至会对已有政策条例进行修订，进而提高民宿行业整体的安全和标准化规范。

2019年12月，北京市文化和旅游局发布《关于促进乡村民宿发展的指导意见》和《京郊精品酒店建设试点工作推进方案》，明确规定乡村民宿经营者需依法办理"一照、两证、一系统"，即持有营业执照、公共场所卫生许可证、食品经营许可证（如经营餐饮），安装使用公安机关的信息采集系统。既解决了以往民宿游走于"灰色地带"的身份问题，又明确了乡村民宿的经营主体、生态环境、公共安全、从业人员、规范经营等有关事项，促进民宿业向标准化配套发展。

从长期来看，其他省市势必会陆续推出类似的指导政策用以规范和指引当地民宿行业的发展，在保留民宿个性化特色的基础上，规范行业标准，完善民宿的基础属性。这种做法也部分参考了行业头部企业的自律行为规范。2017年，木鸟民宿率先提出四木房源的概念，从房间软硬件设施到房东服务均对标四星级酒店，随后爱彼迎和途家民宿分别推出了自身平台的优选房源，为用户提供更高标准的民宿服务。这就使得民宿行业的进入门槛进一步提升，酒店业的安全/卫生标准和民宿业的个性化推荐相结合，未来将成为民宿业的通用做法。

二、线下房产运营更加规范化

在房源供给端，除了个人或机构房东之外，还有一部分平台自运营或代运营的房源，统称为线下房产运营。针对部分民宿经营者对行业不熟悉、时间精力受限、管理能力缺失等问题，线下房产运营提供系统性的服务支持，包括但不限于布草、房源维护/保洁、渠道管理、服务优化等内容。

三、智能加码、科技向上

现阶段，可以远程操控、管理民宿的智能设备起到了积极的作用，既有效避免了人员交叉感染的风险，又方便了民宿经营者的管理。刷脸开门、智能调节房间温度、远程控制家电等智能家居的概念并不新鲜，阿里、华为、小米、苹果等互联网企业早在2014年就有所涉猎。Strategy Analytics研究报告预计，到2023年智能家居市场将增长至1570亿美元，相当于一个万亿元级人民币的广阔市场。

但其真正得以落地、大规模推广的契机得益于AI的不断完善和民宿的大范围兴起。AI的不断完善带来了智能家居"大脑"的升级，使得其反应速度更快、应答更人性化。而民宿的大范围兴起，则为智能家居的落地提供了足够量的"样板间"和"反馈数据"。目前来看，消费者智能门锁、智能音箱、投影仪、远程智能控制是民宿行业需求最旺盛的几个关键节点，而AR、VR等设备也表现出了快速增长的势头，并不断有新的"黑科技"参与进来。

2019年12月，木鸟民宿宣布和京东小白信用租赁平台京小租展开战略合作。一方面，为客人和民宿经营者双方提供住宿信用支持；另一方面，将区块链技术应用到民宿场景中，用户与商家之间的租赁协议、订单数据、租赁流程数据都将实现"上链"，确保及时解决租赁过程出现的纠纷问题。未来随着AI技术的进一步成熟，智能家居成本将持续下降，或将成为民宿行业的"标配"。

【拓展阅读】

民宿 3.0 时代

很多人说,民宿 3.0 时代的标志之一是智能化的普及。2019 年 10 月,国内首个智能民宿 AI 解决方案供应商智宿家在"借宿"开启了"0 元全屋智能改造计划"征集活动,引发民宿、酒店、旅游综合体纷纷参与。

智宿家与 BroadLink 是智慧酒店战略联盟的亲密伙伴,随着智宿家开启与 BroadLink 的战略合作,智宿家充分利用 BroadLink 作为全球最大的物联网 PaaS 平台之一的优势,以及在 AI 结合 IOT 落地领域的全球领先地位,赋能民宿经营者,给客人带来极致居住体验。

装好后一周内,电动窗帘是目前客人使用率最高的产品。

本身我们全景落地窗很大幅,之前很多客人反应,拉窗帘很吃力。现在只需要说一声"开窗",窗帘就能自助服务,很棒。

——飞茑集

安装前:

智能音箱点歌?这么鸡肋的产品会有人用吗?

语音控制灯光?床头我们明明设置有开关可以一键关灯啊?

安装后:

真行。客人退房时 120%夸了音箱,还有被安利下单的。说得我都有点心动了。

——山舍

智能管家系统很好用,有任何问题都会 24h 在线回答,也不会觉得自己打扰了管家什么的,非常适合当代年轻人的社恐(社交恐惧症)。

——住店客人 Maggie

(资料来源:作者根据相关资料整理。)

四、海外房源占比提升

随着生活水平的提高,人们的消费水平和消费意愿都出现了明显增强,海外旅游占比不断增加,对民宿的住宿需求也更加迫切。国家外汇管理局的数据显示,仅 2019 年上半年,中国境外旅行支出就达到 1275 亿美元,超五成旅行支出发生在亚洲地区。

同时海外支出的消费结构,已经从前几年一家独大的"购物",转变为"购物""留学""医疗""住宿""餐饮"等更加多元化的局面。包括途家、木鸟等在内的国内民宿预订平台,均有意对海外房源市场打造新的扩张计划,一方面满足国内民宿用户的海外住宿需求,另一方面可以借此优化自身房源种类的构成比例,巩固自身特色优势。

五、冰雪季主题集中发力

受益于2022冬奥会申办的成功，北京、河北、黑龙江等多地推出了产业联合、重点推广、政策扶持等多重利好消息。张家口编制了《张家口市空气质量提升规划实施方案（蓝天行动计划2016-2022）》，提前两年达到2022年冬奥会空气质量改善目标。黑龙江大力支持哈尔滨、齐齐哈尔冰雪产业园区建设，重点打造以运动休闲特色小镇、体育综合体为代表的冰雪产业。

多方发力之下，相关区域的冰雪主题活动明显增多，同时也促进了冰雪季主题民宿的大范围扩张和建设，2022年前后民宿行业迎来了冰雪季主题的大爆发。

六、主题房推陈出新

对民宿行业来说，无论是"采菊东篱下、悠然见南山"的小资情怀，还是带有圆梦、亲子情节的个性化主题房，民宿天然自带"主角光环"，和各行各业的联合推广契合度都很高。由此衍生出了数量众多、类型丰富的主题房，如艺术之旅主题房、网红主题房、游戏主题房、企业合作主题房等。

对于客人来说，形式多样的主题房增加了出游住宿期间的新鲜感和惊喜感；对于民宿经营者来说，形式新颖、装修出彩的主题房收益更高，还可以有效地控制淡季的空房率；对品牌来说，密闭空间的品牌曝光效果更直接，且天然具有排他性；对于民宿预订平台来说，更优质的主题房可以吸引更多的年轻用户，增加自身的市场话语权。木鸟民宿预订平台上的"90后"年轻用户占比已经达到了48%，"00后"占比超过20%，这个比例还在不断攀升。

预计未来几年，类似的主题房还将不断推陈出新，对各方来说均是一个利好消息，这是一个多方共赢的局面。

七、与新媒体运营联系更加紧密

当下年轻用户对于短视频、直播等视频形式的热爱有增无减。电商直播大咖纷纷出圈，消费者无论是否接触过电商直播，都或多或少听到过他们的名字。小红书等种草平台也纷纷加入直播、短视频领域。

个性化的民宿或是因为颜值出众，或是因为民宿经营者热情好客，或是因为上山挖笋、下海捕鱼的独特体验，和短视频结合之后，衍生出了试睡、探店、打卡等多种合作形式，既满足了年轻用户的新鲜感和猎奇属性，又埋下了刺激消费的种子，建立了"种草—拔草"的良性循环机制。

尤其是新冠肺炎疫情期间，线上交流增多，短视频、会议直播等新媒体形式在民宿、教育等多个领域都得到了普及，进一步拓展了受众基数，也让更多的潜在用户了解、接受并开始尝试短视频等形式,这对民宿业来说也是个利好消息。

行业发展日新月异,"黑科技"层出不穷,未来民宿行业还有更多可供挖掘的闪光点。虽然当前新冠肺炎疫情对民宿业的发展产生了一定的冲击,但可以肯定的是,未来民宿行业会更加蒸蒸日上。

【拓展阅读】

2019年民宿行业发展现状和未来趋势分析

一、在线民宿房源数和房东数同步增加

2019年4月,Trustdata公布了《2019年中国在线民宿预订行业发展研究报告》,报告中公布的数据显示,2016年—2019年,受旅游消费人数的增加及需求的拉动,在线民宿房源数和民宿经营者数同比增加,其中至2018年我国在线民宿的房源数达到107.2万个,而民宿经营者数达到32.5万个,初步核算,平均一个民宿经营者拥有3.3个民宿房源,较2016年每人约2个民宿房源数实现了明显的增加,如图9-1所示。

二、需求拉动线上交易额大幅提升

CNNIC第44次《中国互联网络发展状况统计报告》显示,至2019年我国网民规模为8.54亿人,网民普及率达到61.2%,呈稳步提升的发展趋势,在线民宿作为互联网应用的重要体现,既方便了消费者,又增加了旅游景区居民的收入水平,且在网络公开竞争领域,一定程度上促进了行业的有序竞争和规范化发展。受消费者线上消费习惯的养成,在线民宿交易额也不断增加,至2018年约为127.9亿元,2019年超过200亿元,如图9-2所示。

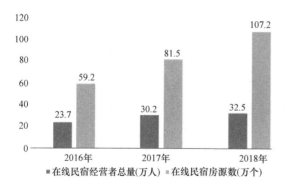

图9-1 2016年—2018年中国在线民宿房源数和民宿经营者数统计

图9-2 2016年—2019年中国在线民宿交易额(单位:亿元)

依托Trustdata的监测数据显示,2019年第一季度,休闲旅游是在线民宿预订用户住宿的主要目的,占比近六成。而访友探亲和商旅出行住宿目的占比相对较小,分别为19%和10%。而受上班族主体聚会形式多样、需求增加等的影响,也有部分在线民宿预定的用户以节日聚会为主,相比休闲旅游,占比较小,如图9-3所示。

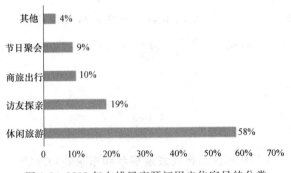

图 9-3　2019 年在线民宿预订用户住宿目的分类

三、代表性平台国内外同步拓展业务布局

目前，我国在线民宿以榛果、途家、小猪和爱彼迎几大平台为代表，而 C2C 是其主要的商业模式，为了迅速占领市场，提升品牌的竞争力，几大平台加速国内外民宿的业务布局。榛果、途家、小猪和爱彼迎蓄势国内市场，其在国内覆盖城市均在 200 个以上，其中爱彼迎已经覆盖了国内 450 个城市。小猪平台紧随其后，覆盖国内 395 个城市。几大平台除了拓展国内市场外，还积极布局海外市场，其中途家的海外拓展能力最强，截至 2018 年已经在海外 1037 个城市上线了该平台，形成了国内品牌海外民宿市场一家独大的竞争格局，如图 9-4 所示。

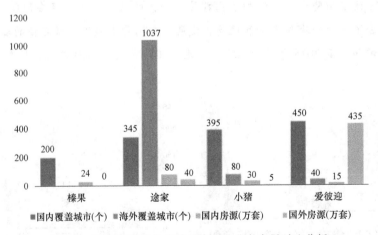

图 9-4　2018 年代表性在线民宿企业业务布局对比分析

四、各关键点同步推动在线民宿规范化、标准化发展

随着我国旅游人数的不断增加，以及在旅游过程中对民宿需求量的提升，未来我国在线民宿行业将继续发挥其独特的吸引力，成为旅游区酒店住宿的主要竞争者。但是在在线民宿的发展过程中，应该依托客源渠道拓展的市场需求，打造多元的预定渠道，拓展业务范围。通过提供优质的服务、赋能民宿主，加强管理，形成在线民宿行业的规范有序发展格局，真正提升其在旅游住宿领域的竞争力，如图 9-5 所示。

发挥平台竞争优势，提供优质服务。民宿领域代表性平台积极拓展客源渠道，提高服务质量，并拓展服务领域，为游客提供优质的标准化服务。

赋能民宿主，促进民宿行业标准化发展

上线民宿管家体系，为连锁民宿品牌提供标准化的服务参考，打造民宿入住安全体系，推动民宿产业向标准化和智能化发展。

拓展业务范围，满足民宿订购需求

积极发力，拓展业务范围，依托旅游目的地的发展形势，拓展非一线城市的房源。

打造多元预定渠道，提升民宿预定体验

以途家为例，深化与同城艺龙的合作关系，优势互补，共享在线房源，拓展客源介入渠道并提供升级服务体验。

图 9-5　未来在线民宿行业发展重点关注领域分析

（资料来源：搜狐网-前瞻产业研究院。）

2021 年中国在线民宿行业市场现状及发展趋势分析　后疫情时代市场将迎来增长

民宿行业主要品牌：目前中国民宿行业主要品牌有松赞绿谷、山里寒舍、浮云牧场、过云山居、花间堂、原舍、西坡、不负艺术、山水间、喜悦秘境等。

本文核心数据：中国国内旅游人数及收入情况、中国在线短租用户规模、中国在线民宿市场交易规模、中国在线民宿房东规模、中国民宿房源总量、中国在线民宿房源数量。

疫情期间在线民宿市场有所下滑，疫情后时代将迎来增长

近年来我国旅游业高速发展，2019 年我国国内旅游人数和旅游收入分别达到 60.6 亿人和 6.63 万亿元，分别同比增长 9% 和 11%。受疫情影响，国内旅游业受到重创，2020 年我国国内旅游人数和旅游收入分别下滑到 28.79 亿人和 2.23 万亿元，如图 9-6 所示。

图 9-6　2017 年—2021 年中国国内旅游人数及收入情况

（资料来源：中国旅游研究院、前瞻产业研究院整理。）

得益于我国旅游业迅速发展，在线民宿市场也发展迅猛。2019 年我国在线短租用户和在线民宿市场交易规模分别达到 2.28 亿人和 209.4 亿元，同比增长 55% 和 64%，如图 9-7 所示。同样受疫情影响，2020 年我国在线短租用户和在线民宿市场交易规模分别下滑至 1.82 亿人和 125.8 亿元。随着疫情得到控制及乡村民宿的大力发展，2021 年我国在线民宿市场交易规模已上升至 201.3 亿元，回到新冠肺炎疫情前水平，如图 9-8 所示。

疫情期间在线民宿供给逆势增长

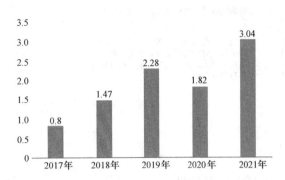

图 9-7 2017 年—2021 年中国在线短租用户规模（单位：亿人）

（资料来源：中国旅游与民宿发展协会、前瞻产业研究院整理。）

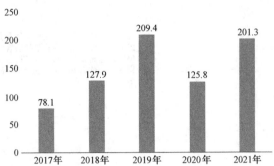

图 9-8 2017 年—2021 年中国在线民宿市场交易规模（单位：亿元）

（资料来源：中国旅游与民宿发展协会、前瞻产业研究院整理。）

在消费市场低迷的情况下，疫情期间民宿供给端却高速增长。根据中国旅游与民宿发展协会数据显示，2020 年我国民宿房源总量达到 300 万套，同比增长 88%。其中乡村民宿房源总量为 38 万套，同比增长 90%，如图 9-9 所示。

同时我国在线民宿经营者数量和房源数量均呈现逐年增长态势。2020 年我国在线民宿经营者数量为 45.8 万人，房源数量约为 156 万套，为在线民宿市场的后续发展奠定了较好的基础，如图 9-10、图 9-11 所示。

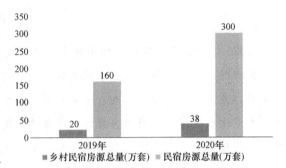

图 9-9 2019 年—2020 年中国民宿房源总量

（资料来源：中国旅游与民宿发展协会、前瞻产业研究院整理。）

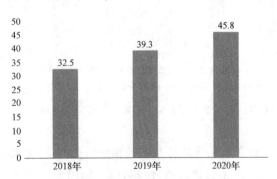

图 9-10 2018 年—2020 年中国在线民宿经营者规模（单位：万人）

（资料来源：中国旅游与民宿发展协会、前瞻产业研究院整理。）

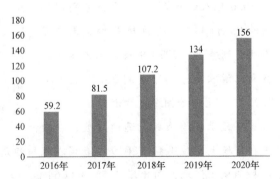

图 9-11 2016 年—2020 年中国在线民宿房源数量（单位：万套）

（资料来源：中国旅游与民宿发展协会、前瞻产业研究院整理。）

以上数据参考前瞻产业研究院《中国民宿行业市场前景预测与投资战略规划分析报告》，同时前瞻产业研究院还提供产业大数据、产业研究、产业链咨询、产业图谱、产业规划、园区规划、产业招商引资、IPO募投可研、招股说明书撰写等解决方案。

【复习思考题】

1. 如何看待民宿成长的"精神美学"之道？
2. 谈谈你对民宿业态"契约精神"的看法。
3. 展望一下未来民宿的跨界合作。

附 录

附录 A 2021 年民宿行业全国数据

2021 年的民宿行业，比 2020 年更冷一些。

2021 年，新冠肺炎疫情的阴影挥之不去，1~2 月、8 月、国庆后一直到 12 月三波区域性的疫情，让本该产单的旺季变成淡季，让淡季寒冷刺骨。体现在数据上更为直观，以平均房价跌破 300 元为代价才换来入住率的勉强持平，平均客房收益更是从 2020 年的 122 元下降到了 115 元，行业一片惨淡，见附图 A-1。

$$
\begin{array}{llll}
2019年： & 39\% \times & 348元 & = 136元 \\
2020年： & 38.5\% \times & 317元 & = 122元 \\
2021年： & 39\% \times & 295元 & = 115元 \\
 & \text{Occ} & \text{ADR} & \text{RevPAR}
\end{array}
$$

附图 A-1　2019 年—2021 年民宿房价平均收益对比

Occ（Occupancy）：客房入住率，计算方法为实际售出的客房数除以可售房数量。

ADR（Average Daily Rate）：已售客房平均房价，计算方法为客房收入除以实际售出客房数量。

RevPAR（Revenue Per Available Room）：每间可供出租客房的收入，即单房收益，计算方法为入住率乘以平均房价。

2020 年 9~12 月，2021 年 3~7 月的数据都说明，只要疫情缓解，民宿行业就会迎来报复性增长，见附图 A-2。

2020 年 9~12 月，2021 年 3~5 月平均客房收益都大于 2019 年同期的数据，新冠肺炎疫情的确是影响收益的第一因素，见附图 A-3。

2021 年 800 元以上的房间数量占比提升到 8.5%，高于 2020 年，见附图 A-4。

与 2020 年新冠肺炎疫情突发消费者纷纷退订，2021 年春节期间的 Occ 每日趋势和 2019 年类似，但每日 Occ 的数据降低了将近一半，见附图 A-5。

2021 年国庆后几天的 Occ 下滑速度快于 2020 年，说明旅游者出行的时间变短了，见附图 A-6。

国庆假期最后两天 Occ 的快速下滑，导致 ADR 也同步降低，整体来说，国庆长假消费周期相当于从 7 天变成了 5 天，见附图 A-7。

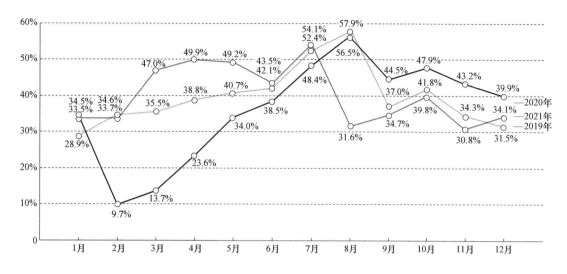

附图 A-2　2019 年—2021 年分月 Occ 对比

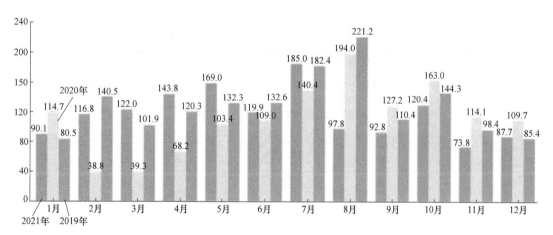

附图 A-3　2019 年—2021 年分月 RevPAR 对比

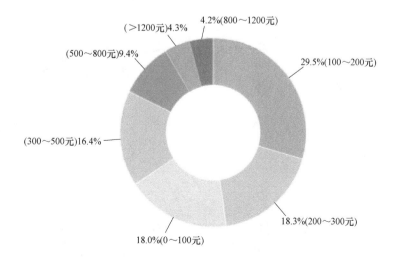

附图 A-4　2021 年不同 ADR 的房间数量占比

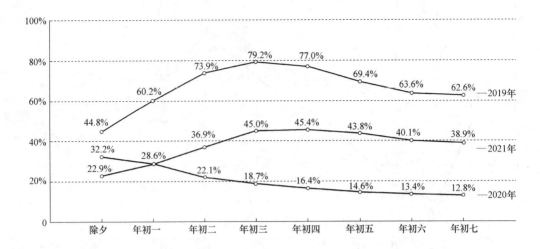

附图 A-5　2019 年—2021 年春节假期 Occ 对比

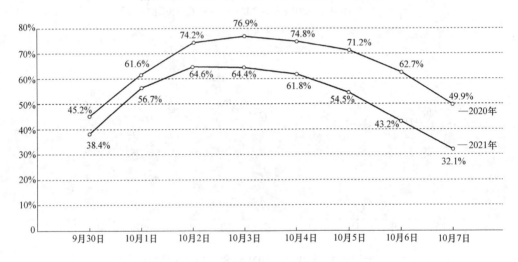

附图 A-6　2020 年与 2021 年国庆假期 Occ 对比

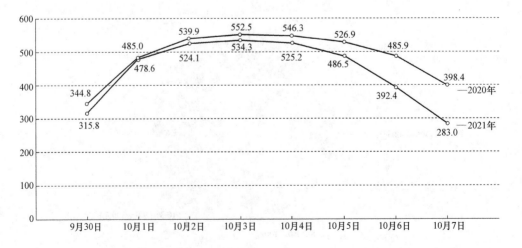

附图 A-7　2020 年与 2021 年国庆假期 ADR 对比（单元：元）

"00后"的民宿消费占比大幅度增长至17.5%,见附图A-8。

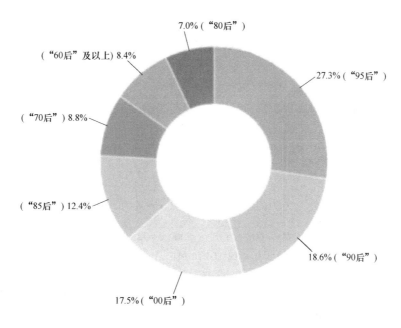

附图A-8 2021年民宿消费全国客源年龄分布占比

成都经济快速发展与成都人民乐于消费的习惯,让成都成为排名第三的民宿客源城市;作为三亚的常客,海口人民的出行也非常火热;武汉今年又回到了TOP10的行列,而厦门由于受到疫情困扰,跌出了TOP前10的行列,具体见附图A-9。

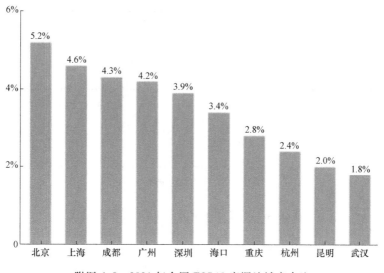

附图A-9 2021年全国TOP10客源地城市占比

三亚、成都成为民宿行业受疫情影响最小的城市,长途民宿目的地丽江、大理受影响较大;北方城市只有北京入选。具体见附图A-10。

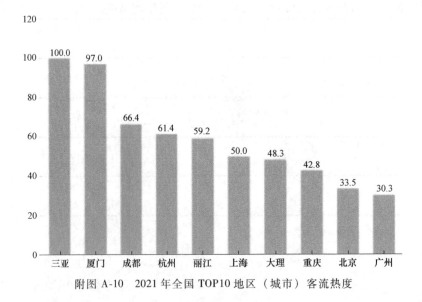

附图 A-10　2021 年全国 TOP10 地区（城市）客流热度

直接渠道顾客占比变化不大，携程/美团等传统 OTA 变化不大，值得一提的是新媒体平台的 ADR 是所有渠道中最高的。其全国销量占比不高，主要原因是覆盖率太低。但在已开通的新媒体平台的民宿中，销量占比并不低。具体见附图 A-11。

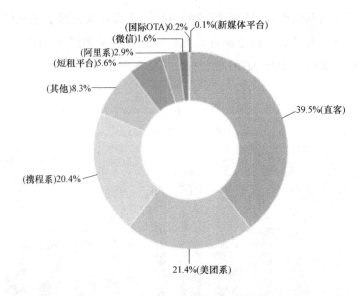

附图 A-11　2021 年全国分销渠道间夜占比

3/4 的民宿年销售额低于 100 万元，民宿平均年收入为 83.1 万元，年销售额大于 500 万元的民宿占比为 1.6%，同 2020 年持平；年销售额高的民宿可以做到 2000 万元以上。具体见附图 A-12。

综上所述，在 2021 年的经营困局之中，我们惊喜地发现行业里仍然有很多坚守的人，而且还在不断进行新的尝试来突破自己的边界。有的掌柜拓宽流量，在流量端不断耕耘，已

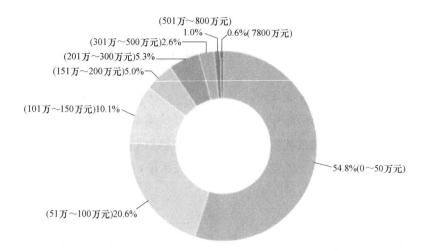

附图 A-12　2021 年销售额：门店数占比

经成为新一代行业网红。有的掌柜深研服务，不断创新，探索民宿行业的服务边界。这些尝试，源于民宿却更加丰富，我们把它叫作民宿 Plus。

（资料来源：云掌柜。）

附录B 房屋短租合同样本

出租方：_____ 身份证号码：_____（以下简称甲方）
承租方：_____ 身份证号码：_____（以下简称乙方）

根据《中华人民共和国民法典》《上海市房屋租赁条例》及《上海市居住房屋租赁管理办法》等有关规定，为明确甲、乙双方的权利义务关系甲、乙双方就房屋租赁事宜，达成如下协议：

一、甲方将位于_____，建筑面积_____ m^2 的房屋（整套/单间）出租给乙方居住使用，租赁期限自_____年___月___日至_____年___月___日止，计___（天）。

二、本房屋租金共计人民币_____元整，一次性结算。同时乙方还向甲方交纳房屋租赁押金人民币_____元整，租赁期满后，甲方在检查房屋设施后，房屋设施完好则将押金全额退还乙方。如房屋由于乙方的使用不当造成损坏，包括但不限于电器设备毁坏或故障、床单布草遗失或严重污染无法清理、房屋内家具物品遗失或损坏、房屋墙面严重污染至无法清理等，甲方有权扣除乙方交纳的押金以支付房屋或设备的维修费用。

三、乙方承租期间的水费、电费和物业费均由甲方承担。

四、在房屋租赁期间内乙方不得转租和更改用途，否则按违约处理，并立即停止合同。

五、在房屋租赁期间内乙方不得在甲方提供的房屋内从事违法活动，否则立即终止合同。

六、在房屋租赁期间，因甲方的原因提前终止合同或须收回房屋，应与乙方协商，并为乙方调配其他可住房屋。因乙方的原因提前退租的，应与甲方协商，甲方在检查屋内设施完好的情况下应在乙方退租后将押金全额退还乙方。

七、维修养护责任：修缮房屋是甲方的义务。甲方应对出租房屋及其设备定期检查，及时修缮，做到不漏、不淹、三通（户内上水、下水、照明电）和门窗完好，以保障乙方安全、正常使用。

八、违约责任租赁期间双方必须信守合同，任何一方违反本合同的规定，以交纳押金的全额作为违约金。

九、其他约定

1. 出租方需提供的物品包括：双人床及床单被套×2，单人床及床单被套×1，枕头×8，盖被×3。

2. 有线电视接收机×1，空调×4，电视机×1，洗衣机×1，冰箱×1，微波炉×1。

十、本合同发生纠纷，双方应协商解决，协商不成，任何一方均有权向当地人民法院提起诉讼。

十一、本合同自甲、乙双方签字之日起生效，一式两份，甲、乙双方各执一份，具有同等法律效力。

出租人（甲方）签字：

承租人（乙方）签字：

电话：

电话：

日期：

日期：

参 考 文 献

[1] 潘潇潇，戚山山. 民宿之美［M］. 桂林：广西师范大学出版社，2020.

[2] 黄伟祥. 微型旅宿经营学［M］. 广州：广东经济出版社，2019.

[3] 张爱琦. 基于莱西地域文化特色的民宿室内设计研究［J］. 轻纺工业与技术，2021，50（5）：35-36.

[4] 龙飞，戴学锋，张书颖. 基于L-R-D视角下长三角地区民宿旅游集聚区的发展模式［J］. 自然资源学报，2021，36（5）：1302-1315.

[5] 胡译丹. 民族地区民宿顾客满意度评价指标体系构建［J］. 江苏商论，2021（5）：16-18.

[6] 贺晓敏，黄悦，李菲. 合作竞争视角下民宿与传统酒店行业的协同发展探讨［J］. 商业经济研究，2021（10）：182-184.

[7] 刘振华，易文钦. 湖南省网约房（民宿）安全问题的调查及其防治对策［J］. 法制博览，2021（14）：17-19.

[8] 余劲松，刘娟. 民宿品牌形象设计中的自然元素应用：以"壹享屋"民宿品牌设计为例［J］. 设计，2021，34（9）：39-41.

[9] 张伟，朱立萍. 河北省打造五色智慧民宿研究［J］. 合作经济与科技，2021（10）：46-47.

[10] 何良安. 湖南民宿产业的高质量发展：现状、问题与对策［J］. 湖南行政学院学报，2021（3）：102-112.

[11] 占冬冬. 小型旅游住宿场所（民宿）消防安全管理现状探析：以北海市为例［J］. 消防界（电子版），2021，7（8）：106-108.

[12] 朱露. 现代民宿酒店现状及发展对策［J］. 商场现代化，2021（8）：173-175.

[13] 赵静. 浅析当前民宿行业发展中消防安全管理要点［J］. 四川建筑，2021，41（2）：258-259.

[14] 张杰英，朱晓娟，李玉峡，等. 基于"民宿+"发展模式的乡村振兴探索：以荥阳市石洞沟村为例［J］. 管理工程师，2021，26（2）：10-17.

[15] 邹洋. 关于民宿火灾风险及防治对策的几点思考［J］. 今日消防，2021，6（4）：90-91.